중 국 인 들 의 한 국 전 쟁

항미원조

중국인들의
한국전쟁

항미
抗　美　援　朝
원조

백지운 지음

창비
Changbi Publishers

한국전쟁의 타자

한국전쟁에서 중국의 존재는 기이할 정도로 지워져 있다. 운산전투에서 처음으로 모습을 드러냈던 1950년 10월 25일부터 2년 9개월 동안, 한반도에 들어온 중국인민지원군의 수는 연인원 240만을 넘었고, 최대 규모가 주둔했던 1953년 5월경에는 135만에 달했다. 백선엽은 한국전쟁 중 처음 3개월을 제하면 인민군은 중공군의 향도(向導)에 불과했다고 말했다. 한국전쟁의 대부분이 사실상 중공군과의 싸움이었다는 것이다.[1] 그럼에도 한국전쟁에서 중공군에 대한 우리의 기억은 이상하리만치 희미하다. 중국인민지원군 부사령관이자 병참부사령관이었던 홍 쉐즈(洪學智)의 항미원조전쟁 회고록이 1992년 한국어로 번역 출간되었을 때 역자 서문을 보면, 홍 쉐즈는 적장이었던 자신의 책이 한국에서 출

---

1 백선엽『백선엽의 6·25전쟁 징비록』(전3권), 유광종 정리 책밭 2016, 1권 52면.

간된다는 사실에 놀라워했을 뿐 아니라 한국어판 서문을 쓰는 것조차 매우 조심스러워했다. 당시는 지구적 탈냉전의 전환적 분위기 속에서 한국과 중국이 수교를 맺은 직후였다. 홍 쉐즈의 반응은 한국전쟁을 기억하고 감각하는 우리와 중국 간의 작지 않은 온도차가 있었음을 말해준다. 뿌리 깊은 반공 의식에도 불구하고 우리에게 한국전쟁에 관하여 중국을 적대시하는 정서는 이상할 만큼 미미했던 것이다. 홍석률은 한국전쟁 중 중공군의 존재를 적으로서도 인정하지 않으려는 이승만의 극단적 멸공 논리를 지적한 바 있는데,[2] 우리의 한국전쟁 기억에 중공군의 존재가 이토록 미미한 데에도 혹 유사한 논리가 작용하고 있는 것은 아닐까.

역사에서 비극적 기억은 결코 합당한 절차 없이 저절로 사라지지 않는다. 지속적인 반추와 재평가를 통해 화해를 이루지 못하면 언젠가 한층 기형적인 형태로 되돌아온다. 2018년 한반도에 돌연 평화 무드가 조성되었을 때 출현했던 '중국 패싱론'이 그런 사례가 아니었을까 싶다. 한국전쟁은 내전인 동시에 전세계 20여개국이 참전한, 자칫 3차대전으로 번질 수도 있었던 국제전이었다. 우리에게는 동족상잔의 비극이지만, 지구적 관점에서 보면 미중 적대구조를 축으로 하는 동아시아 냉전체제가 형성되는 역사적 계기였다. 남북한은 말할 것도 없고, 막대한 인력과 국력을 쏟아부은 미국과 중국 역시 한국전쟁의 주요 당사자임은 부인하기 어렵다. 특히 전쟁의 행위자로서 중국의 역할은 뒤에서 방조한 소

---

2 홍석률 「한국전쟁기 중국군에 대한 이승만의 인식과 대응」, 『역사비평』 2022년 가을호, 245면.

련은 물론 어떤 의미에선 전쟁을 일으킨 북한보다 더 컸다. 그리고 중국은 정전회담에 조인한 당사자이기도 하다. 그런데도 종전 선언에서 중국을 배제해야 한다는 사고는 어디서 온 것일까. 물론 거기에는 '사드 논란' 이후 한국사회에 증대한 반중감정 탓도 있었을 것이다. 그러나 근원적으로는 우리의 무의식 어딘가에 잠복한, 한국전쟁에서 중국의 존재를 적으로서도 인정하고 싶지 않아하는 모종의 뒤틀린 타자 의식에서 비롯된 것인지 모른다.

그런 점에서 최근 중국에서 벌어지는 항미원조전쟁의 향연을 바라보는 우리의 마음은 복잡하다. 한반도에서 일어난 전쟁인데, 중국이 제작한 영상물에 나타나는 한국전쟁의 모습은 그야말로 낯설다. 마치 영화 「디 아더스(The Others)」처럼, '우리'의 전쟁과 '그들'의 전쟁은 같은 시간 같은 장소에서 발생했지만 다른 차원에 속해 있어 서로 만나지 못하는 느낌이다. '우리'의 한국전쟁에 중국이 일관되게 삭제되었다면, '그들'의 항미원조전쟁 속의 한국 역시 극히 희미하다. 정전 70년이 지났지만 한국전쟁은 여전히 철책선에 갇혀 있다. 전쟁의 기억과 기념은 각자의 공간에서 독백으로 진행되었고 그나마도 서로 다른 이유에서 알게 모르게 억눌려왔다. 그러다 최근 미중 대결 국면을 계기로 중국 내 항미원조전쟁에 대한 금기가 일거에 걷히면서 '그들'의 모습이 돌연 우리 시야에 나타난 것이다.

충무로에서 기피되는 한국전쟁 영화[3]가 중국 극장가의 성시를

---

3 이문원 「왜 6·25 영화는 잘 안 만들어질까」, 『월간조선 뉴스룸』 2021년 6월.

이루는 불편한 상황은 물론이고, 반대편의 시각에서 그려진 한국전쟁의 모습을 받아들이기는 쉽지 않다. 중국의 민족주의, 애국주의, 왜곡된 역사인식을 비판하는 목소리로 한국의 여론 공간이 비등했고, 심지어 항미원조전쟁 기념 글귀를 SNS에 게시한 중국 소녀의 방송 오디션 프로그램 참가를 금지해달라는 요청이 청와대 국민청원 게시판에 오르는 해프닝도 있었다. 2021년에는 중국의 항미원조전쟁 영화 「금강천(金剛川)」을 수입하려던 국내 배급사가 여론의 포화를 맞고 사과하기도 했다. 상당히 오랜 시간 우리의 한국전쟁 기억에 '적으로서도 존재하지 않았던' 중국이라는 베일 벗은 타자의 얼굴을, 우리는 아직 마주할 준비가 되어 있지 않다.

그러나 관점을 바꿔 보면, 복수의 행위자들 사이의 서로 다른 기억과 서사, 감정의 충돌이 70년이나 지연되었다가 이제야 문제가 된 상황이야말로 기괴한 것 아닐까. 한국전쟁이 복수의 당사자들에게 서로 다른 이름으로 명명되고 각자의 방식으로 기억되는 것은 어느정도 불가피하다. 특히 한국전쟁을 반추하고 극복하려는 지적 작업에 당사자들 모두가 소극적이었던 그간의 상황을 생각하면 더더욱 그렇다. 탈냉전이라는 말조차 가물거리는 지금, 한국전쟁의 언저리에는 냉전의 금기가 고집스레 들러붙어 있다. 한국전쟁이 우리에게 무엇인지도 여전히 미완의 질문이지만, 적으로 싸웠던 '그들'에게 이 전쟁이 무엇이었는지, '그들'은 지금껏 이 전쟁을 어떻게 기억하거나 망각(당)했는지, 또 이 전쟁은 '그들'의 현재에 어떤 유산으로 남아 있는지, 우리는 좀처럼 아는 바가 없다. 건너편에서 벌어지는 항미원조전쟁 붐을 바라보는 우리의 불편하고 불안한 정서 밑바닥에는 이러한 무지도 한몫 차지하고 있다.

이 책은 중국에 한국전쟁, 즉 항미원조전쟁이 무엇이었나라는 물음에서 시작되었다. 우리가 잘 몰랐던 사실은 항미원조전쟁의 기억이 20세기 대부분의 시간 동안 중국에서 억눌려왔다는 것이다. 70년 가까이 지속된 미중의 적대적 공조 체제는 중국에서 항미원조전쟁이 공적 공간에 진입하지 못하고 주변을 배회한 주요 원인이었다. 좀더 안으로 들어가면, 1950년대말에 시작된 중소 갈등 역시 항미원조전쟁이 모호한 정치적 금기가 되는 과정에 내밀하게 작용했다. 이 두 요소가 인민공사, 대약진, 문화대혁명, 그리고 개혁개방으로 이어지는 현대사의 굴곡과 뒤얽히면서, 항미원조전쟁은 오랫동안 중국 대중들로부터 기억의 유배상태였던 것이다. 이 책 2장에서는 오랜 금기와 망각의 상태에 방치되었던 항미원조전쟁이 2000년대 들어 귀환하는 평탄치 않은 과정을 2000~2010년대 작품들을 통해 살펴보았다.

중국에서 항미원조전쟁이 대대적으로 소환되는 최근 몇년의 상황은 지난 70년을 돌아보면 매우 이례적이고 또 문제적이다. 수백만을 전장으로 내몰고 수십만을 희생시켰음에도 합당한 기념공간을 갖지 못했던 이 전쟁을 미중 대결이라는 정치적 위기를 맞아 또다시 대중을 동원하는 수단으로 꺼내드는 상황은 중국인들에게도 비극적이다. 그러나 악성적인 정치적 환경을 계기로 중국 문화예술계에서 항미원조전쟁에 걸려 있던 오랜 금기가 해제된 것 자체는 복잡한 양면성을 지닌다. 「장진호」처럼 막강한 자본력을 앞세워 애국주의를 부추기는 '주선율 블록버스터'가 주된 흐름을 이루는 것은 사실이지만, 주의 깊게 보면 「압록강을 건너」와 같은 모범적 혁명사극조차 주선율의 굵직한 조직 틈새로 배어나오는 기층의 시선과 목소리를 완전히 차단하진 못하는 것이다. 중국에서 항미원조전쟁 공간사(公刊史)가 출간된 것은 1980년대부터였다. 이어 지원군사령부 지휘관들의 회고록, 그들을 가까이서 보좌했던 노병들의 실록, 각군에서 발행하는 군사(軍史) 등 여러 형태의 반(半)공식적 기록들이 1980~90년대 세상에 나오기 시작했다. 거기에 2010년대에 우후죽순처럼 출시된 다큐멘터리들은 사·단·영급 기층 간부 출신 지원군 노병들의 구술을 대거 수집했다. 이처럼 지난 수십년의 반공식적 기록물의 축적이 없었다면, 오로지 공적 서사만으로 「압록강을 건너」와 같은 40부작 대하드라마를 만들 수는 없었을 터다. 이 책 3장에서는 2020년대에 제작된 주선율 블록버스터들을, 국가 지도자들의 담화와 『런민르바오(人民日報)』 사설 등의 공식 서사 및 다큐멘터리·실록·회고록 같은 반공식적 서사와 교차적으로 읽어나가면서, 국가가 제시한 가이드라인 속에서 자신의 존재를 교묘하게 드러내는 기층서사의 흔적을 찾고자 했다.

　중국의 문화예술 환경에서 국가로부터 전적으로 자율적인 목소리를 기대하기는 사실 어렵다. 그러나 그렇기 때문에 중국의 작가들은 공적 서사에 굳이 도전하거나 그에 저항하지 않으면서도 자신의 시선을 그 사이사이에 숨겨놓는 데 능하다. 서사의 공간이 아주 막혔다면 모르되 일단 열리면 이데올로기의 전일적 지배는 불가능하다. 국가의 힘이 전에 없이 강한 지금의 중국이지만, 필경 예술작품이란 다양한 행위자 간의 갈등과 협상, 타협이 발생하는 역동적 공간이다. 4장에서 살펴본 것처럼, 거대역사로서의 항미원조전쟁을 미시사로 다시 쓰는 「금강천」의 이색적인 시도가 나올 수 있었던 것도 이 때문이다.

이 책을 쓰면서 줄곧 뇌리를 맴돌았던 질문은, 70여 년 전 수백만의 중국 청년들로 하여금 자신이 상대할 수 없을 만큼 강한 적을 향해 달려나가게 한 동력이 무엇이었을까였다. 다소의 과장이 없지 않겠지만, '죽음을 두려워하지 않는 중공군'이라는 표현은 미군과 국군의 기록에도 종종 발견된다. 그들의 전근대적 장비를 조롱하는 '인해전술'이라는 말도 그 근저 어딘가에는 죽음을 불사하고 밀려드는 중공군에 대한 두려움이 깃들어 있었다. 그것을 전적으로 공산당의 세뇌나 국가 이데올로기의 산물로 돌리는 것만큼 안일한 분석은 없을 것이다. 이 글 2장 3절과 3장 1절에서는 '항미원조 보가위국'의 구호가 개개인의 마음에 내재화되어 자발성으로 전화(轉化)하는 심리적·의식적·이념적 매카니즘이 무엇이었는지 바진(巴金)의 소설 「단원(團圓)」과 마오 쩌둥(毛澤東)의 담화 등을 통해 추적해보았다. 이 어려운 질문은 중국혁명의 본질과도 맞닿아 있으며 오늘의 중국 사회주의가 결락하고 있는 무언가를 가리킨다.

항미원조전쟁이 다큐멘터리와 드라마, 영화를 통해 중국대중에게 귀환하는 과정은 결코 국가가 대중에게 이데올로기를 주입하는 단순한 것이 아니다. 비록 제한적이지만, 그 여정 곳곳에는 오랫동안 이 전쟁을 말하지 못하고 애도할 길이 막혔던 기층의 목소리와 시선이 숨겨져 있다. 그 숨은 그림들을 읽어내려는 이 책의 시도가 부족하나마 우리의 한국전쟁 기억에 부재했던 타자를 발견하고 그 이질적인 기억 속으로 침투하는 작은 오솔길이라도 열었기를 바란다. 각자의 독백을 넘어 불편한 타자들과의 대화가 형성될 때, 그래서 이 전쟁을 '우리'와 '그들'이 함께 기념할 수 있는 작은 여지라도 마련할 때, 진정한 의미에서 종전을 논할 수 있는 두서가 우리의 손에 쥐어질 것이다.[4]

이 책을 준비하는 과정에 고마운 사람들이 많다. 처음 연구 주제를 정하는 과정에서 중국 내 항미원조전쟁 관련 드라마와 다큐멘터리의 현황을 상세히 소개해준 서울대 사회학과 김란 박사의 도움이 컸다. 또한 화둥사범대학(華東師範大學) 역사학과 박사과정생으로 서울대 통일평화연구원에서 인턴으로 근무했던 인 양쯔(藺陽子) 씨는 중국에서도 구하기 힘든 회고록과 실록, 소설, 군사 등 비공식·반공식 자료들을 찾아주었다. 촉박한 일정에도 불구하고 책의 출간을 흔쾌히 수락해주시고 또 멋지게 책을 만들어주신 창비에도 깊은 감사의 마음을 전한다. 특히 초고 상태부터 원고를 꼼꼼히 읽고 훌륭하게 편집해주신 박주용·이수빈 편집자의 노고가 없었다면 이 책은 세상에 나오지 못했을 것이다.

마지막으로, 한국전쟁 전장에서 전사하신 나의 외할아버지와

---

4 이동기·구갑우·백지운·이성용·조영철·주윤정 「쿼바디스, 피시즈」, 『평화들 PEACES』 창간호, 2022, 19~20면.

어린 나이에 부모를 잃고 할머니 슬하에서 외롭게 자랐을 어머니
와 이모께 이 책을 바친다.

2023년 4월

배곧 연구실에서

백지운

차례

일러두기

1. 한국전쟁을 부르는 중국의 공식 명칭은 '항미원조전쟁'이다. 이 책은 중국의 공식 혹은 반(半)공식 서사에서 한국전쟁이 어떻게 기억되고 재구성되고 있는지를 분석하는 것을 목적으로 하기 때문에 한국전쟁을 중국인의 입장에서 부를 때는 '항미원조전쟁'으로, 일반적인 의미에서 쓸 때는 '한국전쟁'으로 표기했다.

2. 한국군과 미국군의 편제는 한국의 제도와 같이 군·군단·사단·연대·대대·중대·소대 등으로 표기하고, 북한군과 중국군의 편제는 중국의 제도를 따라 병단·군·사·단·영·연·배·반 등으로 표기했다.

3. 도서·매체·웹사이트 이름은 겹낫표(『 』)로, 드라마·영화·다큐멘터리·논문·기사 등 그밖의 콘텐츠 이름은 홑낫표(「 」)로 표시했다.

4. 이 책을 집필하는 과정에서 최근에 발표한 저자의 아래 글들이 분산적으로 활용되었다. 본문에는 별도의 인용 출처를 밝히지 않았다.

• 「항미원조전쟁의 귀환, 그 위험성과 가능성의 양날」, 『오늘의 문예비평』 2021년 가을호.

• 「중국 '항미원조전쟁' 기억의 소환과 굴절: '인민전쟁' 개념을 중심으로」, 『역사비평』 2022년 가을호.

• 「영화 〈장진호〉가 소환한 냉전과 고별한 냉전」, 『뉴래디컬리뷰』 2022년 겨울호.

• 「그들이 기억하는 한국전쟁: 최근 중국의 '항미원조전쟁' 서사에 대한 단상」, 『평화공감』 42호, 2021.12.27.

제1장
의도된 망각

01

백악관에 울려퍼진 항미원조의 선율

2011년 1월 19일 미국을 국빈 방문한 중국의 후 진타오(胡錦濤) 주석을 위해 마련된 백악관 만찬회장에 「나의 조국(我的祖國)」이라는 노래가 젊은 피아니스트 랑랑(郎朗)의 연주로 울려퍼졌다. 「나의 조국」은 1956년에 만들어진 혁명영화 「상감령(上甘嶺)」의 주제곡이다. 상감령은 한국전쟁에서 1952년 10월 14일부터 11월 25일까지, 북한의 김화군 오성산 남쪽의 537 및 598 고지를 둘러싸고 벌어진 격전의 현장이다. 우리에겐 '저격능선 및 삼각고지 전투'로 알려진 상감령 전투는 미 8군이 벌인 마지막 작전 '쇼다운 작전(Operation Showdown)'으로 시작되었다. 불과 3.7제곱킬로미터의 작은 산지에서 43일간 피아 10만명이 싸워 3~4만명의 희생을 초래한 혈투였다.[1] 이를 바탕으로 한 소설 『상감령』이

---

1 이기환 「비무장지대에 지하만리장성이 있다」, 『경향신문』, 2018.5.24.

1953년 중국 작가 루 주궈(陸柱國)에 의해 쓰여졌고, 1956년 동명의 영화가 제작되었다. 영화 「상감령」은 1964년에 나온 영화 「영웅아녀(英雄兒女)」와 더불어 항미원조전쟁을 그린 양대 정전(正傳, canon)으로 기억된다. 그 시대를 살았던 중국인 중 「상감령」을 모르는 이가 없다고 해도 과언이 아니다.

「상감령」의 주제곡 「나의 조국」은 당대의 소프라노 가수 궈 란잉(郭蘭英)이 불러 전국적으로 사랑을 받았다. 지금까지도 수많은 가수와 연주자들에 의해 새로 태어나는, 변함없는 국민 가곡이다. 영화에서 이 곡은 무자비하게 투하되는 미군의 폭격을 피해 갱도 안에 모여 앉은 지원군(志願軍)[2] 병사들을 위로하는 여위생병의 노래로 삽입되었다.

> 너른 강 넘실거리는 물살,
> 벼꽃 내음 바람에 실려 기슭으로 날아오네,
> 우리 집은 기슭 저편,
> 날마다 사공의 호령 소리 들리고
> 조각배의 흰 돛 아른거리는 그곳.

---

2 중국인민지원군(中國人民志願軍, Chinese People's Volunteer Army)의 줄임말. 1950년 10월부터 1959년 1월까지 항미원조전쟁에 참전했던 중국군대의 공식 명칭이다. 애초의 이름은 병력 원조의 의미를 분명히 한 '지원군(支援軍)'이었다가, 중국이 공식적으로 참전한다는 것을 드러내지 않기 위해 '지원군(志願軍)'으로 바꾸었다. 6월 25일 한국전쟁이 발발하자 중앙군사위원회는 둥베이 변방의 안보와 필요시 북한 인민군의 지원을 위해 중국인민해방군 13병단(兵團)을 중심으로 동북변방군(東北邊防軍)을 창설했다. 중국인민지원군은 이 동북변방군을 개편한 것이다.

이렇게 시작하는 「나의 조국」은 혁명가요라는 말이 무색하게 서정적인 선율과 애잔한 가사로 듣는 이의 심금을 울린다. 쏟아지는 포탄 소리를 배경으로 컴컴한 갱도 안에 삼삼오오 둘러앉아 장기를 두거나 가족에게 편지를 쓰고 부상병을 돌보는 지원군 병사들의 모습이 하나씩 카메라에 비춰진다. 여위생병의 노래를 따라 부르는 천진한 어린 병사들의 얼굴들을 보면, 한국의 영화 「고지전」에서 「전선야곡」을 부르는 장병들의 모습이 떠오른다. "벗이 오면 좋은 술을 꺼내고 늑대가 오면 엽총으로 맞으리"라는 3절의 구절만 없다면, 「나의 조국」은 타지에서 고향과 조국을 그리워하는 망향가라 해도 될 만큼 정치색이 옅다.

그러나 필경 이 노래가 지어진 배경은 항미원조전쟁이라는 비상한 정치적 사건이었다. 랑랑의 일화는 당시 중국의 여론장에서 커다란 소동을 일으켰다. 한편에서는 미국의 심장부에서 항미가곡을 연주한 랑랑의 결기를 칭찬하는가 하면, 어렵게 밀월기에 들어선 미중관계를 해치는 경솔한 행동이라며 비판하는 목소리도 작지 않았다. 『월스트리트저널』 등 미국의 언론도 협력과 우의를 위한 자리에서 항미영화의 주제가를 연주한 젊은 중국 연주가의 도발적 행동을 꼬집었다. 결국 백악관 대변인까지 이 노래가 가사 없이 피아노로만 연주된 만큼 정치적 의도가 있었다고 볼 수 없다며 수습에 나섰다. 랑랑 본인 역시 자신은 오직 곡의 아름다운 선율과 정서에 매료되었을 뿐이라며 예술적 행위를 정치적으로 해석하지 말아달라고 거듭 호소했다.

그런데 이 일화의 핵심은 따로 있었다. 사실 랑랑은 문제가 되기 전까지 이 곡의 배경에 대해 전혀 알지 못했던 것이다. 그해 1월 24일 미국 내셔널 퍼블릭 라디오(NPR)와의 인터뷰에서 그는 이 노래에 그런 정치적 배경이 있는지 전혀 몰랐으며 심지어 「상감령」이라는 영화도 이 사건을 통해 처음 알게 되었다고 고백했다. 「나의 조국」이 지나치게 민족주의적인 노래 아니냐는 사회자의 질문에 랑랑은 「상감령」이 나온 1956년은 자신의 모친이 겨우두살이었던 해라고 반박했다. 그렇게 오래된 사건을 어떻게 알았겠느냐는 말이다. 그는 다른 많은 중국인들처럼, 자신도 자라면서이 노래를 중국의 전통적인 선율을 담은 가곡으로 알고 좋아해왔을 뿐이라고 거듭 항변했다.[3]

시와 문학을 통해 정치적 메시지를 전하는 것은 중국 외교에서익숙한 장면이다. 그런 맥락에서 보면 백악관 국빈 만찬에서 「나의 조국」을 연주한 행위에 정치적 메시지가 없다고 믿기가 어려운 것이 사실이다. 그러나 개혁개방이 한창이던 1982년에 태어나미국에서 청소년기를 보낸 랑랑이 「나의 조국」을 항미원조전쟁과 연결시키지 못한 것은 그리 이상한 일은 아니었다. 당시 중국의 여론도 랑랑의 역사적 무지에 상당히 관용적인 편이었다. 일례로 네티즌 10만명을 대상으로 시행한 모 매체의 여론조사에서86%의 응답자가 예술을 정치적으로 해석해서는 안 된다고 답했고, 그중 상당수가 「나의 조국」은 중국인의 정서를 대표하는 아름다운 음악일 뿐이라며 랑랑을 옹호했다.[4] 랑랑의 항변처럼 적어

---

3 "Did Pianist Lang Lang Intend To Snub The U.S.?," *NPR* 2011.1.24.
4 「郎朗白宮演奏《我的祖国》引發爭議」, 『今日華聞』, 2018.1.28.

도 당시에는 중국인이라면 누구나 「나의 조국」을 흥얼거릴 수는 있지만 모두가 그것을 '반미' 혹은 '항미'와 연결시키는 것은 아니었던 듯하다. 랑랑의 일화는 '항미원조'가 흘러간 혁명시대의 노스탤지어이자 케케묵은 옛날이야기에 지나지 않았던 2011년 중국사회의 단면을 보여준다.

그로부터 10여년이 지난 지금 상황은 판이하게 달라졌다. 2020년 10월 BTS(방탄소년단)가 밴플리트상 수상 소감으로 중국 네티즌들의 거센 공격을 받았던 일은 랑랑의 일화와 판연한 대비를 이룬다. "(한미) 두 나라가 함께 겪었던 고난의 역사와 많은 남성과 여성의 희생을 영원히 기억해야 한다"는 RM의 발언은 한국전쟁에서 피 흘린 중국인의 희생을 언급하지 않았다는 이유로 중국 네티즌들의 민족 감정을 크게 상하게 했다. 공교롭게도 BTS가 받은 상은 상감령 전투를 진두지휘했던 미 8군 총사령관 제임스 밴 플리트(James A. Van Fleet) 장군을 기념하여 제정된 것이었다. 월튼 워커(Wolton Walker), 매슈 리지웨이(Matthew Ridgway)에 이어 세번째 미 8군 총사령관으로 부임한 밴 플리트가 바로 상감령 공격을 위한 '쇼다운 작전'을 계획하고 추진한 인물이었던 것이다.

사실 한국에서 상감령 전투는 낯선 이름이며 밴 플리트라는 이름을 기억하는 이도 많지 않다. 중국에서도 불과 10여년 전만 해도 젊은 세대들이 상감령 전투를 모르는 것이 이상하지 않았다. 그런데 그로부터 10년이 채 되지 않은 2020년, 어찌 보면 지극히 원론적인 수상소감에 중국의 수많은 젊은 네티즌들이 이처럼 깊이 상처를 받는 상황은 어떻게 발생했을까. 이는 지난 10여년간 항미원조전쟁을 기억하고 감응하는 중국 대중의 정서에 무언가 거대한 변화가 생겨났음을 말해준다.

냉전이 억누른 냉전 기억

브루스 커밍스(Bruce Cummings)는 한국전쟁이 현대의 어떤 전쟁보다 지연된 기억으로 둘러싸여 있다고 말했다. 그에 따르면, 미국에서 한국전쟁은 존재보다 부재가 더 두드러진 전쟁이었다. 2차대전이나 베트남전쟁에 비해 한국전쟁이 문학작품이나 영화에서 다뤄진 사례도 적었으며 작품화되었다 해도 망각의 상태를 속절없이 드러낼 뿐이었다. 『콜디스트 윈터』(*The Coldest Winter*)의 저자 데이비드 핼버스탬(David Halberstam) 역시 대다수 미국인들에게 한국전쟁은 "될 수 있으면 알고 싶어하지 않는 전쟁"이며 "역사에 의해 고아가 된 전쟁"이라고 말했다.[5] 커밍스는 한국전쟁이 "잊혀진 전쟁"이 된 원인 중 하나로 당시 미국사회를 뒤덮은 매카시즘을 들었다. 2차대전 중 혁혁한 전공을 세운 장교들이

---

[5] 브루스 커밍스 『브루스 커밍스의 한국전쟁: 전쟁의 기억과 분단의 미래』, 조행복 옮김, 현실문화 2017, 103~23면.

대거 투입되었음에도 '전근대적 농민군'에 패한 한국전쟁은 결코 보수주의나 자유주의의 아이콘이 될 수 없었다는 것이다. 한국전쟁에 관한 미국사회의 기이한 기억상실증은 냉전체제를 지속시키고자 하는 모종의 헤게모니에 의한 의도된 망각이었다.[6]

중국의 경우는 어떨까. 공식적으로 '항미원조전쟁'은 미국과 서방의 제국주의에 저항하여 '위대한 승리'를 거둔 빛나는 역사이다. 그런데 그 내면을 자세히 들여다보면, 중국에서 항미원조전쟁의 기억 역시 바깥에서 보는 것처럼 그렇게 화려한 것은 아니었다. 시기별로 굴곡이 있지만, 지난 70년간 항미원조전쟁의 기억과 서사는 시종 국제정치, 특히 미중관계의 변화에 따라 엄격하게 관리되었다. 1954년 제1차 전국인민대표대회에서 통과된 중화인민공화국 헌법 전문(前文)에 '항미원조'는 토지제도 개혁, 반혁명분자 진압, 국민경제 회복과 더불어 "점진적 사회주의 사회로의 이행에 필요한 조건을 준비한" 사건으로 기록되었다. 그러나 1975년 수정헌법 이후 항미원조는 헌법 전문에서 사라졌다. 교과서도 마찬가지다. 1960년대 문화대혁명 기간 중 민감한 현대사 서술이 회피되는 가운데 항미원조전쟁에 관한 서술은 현격히 줄었다. 개혁개방 이후에도 1949년 이후의 현대사 대부분이 제외되면서 항미원조전쟁에 관한 서술은 없거나 소략했다.[7] 1958년 단둥(丹東)에 세워진 항미원조전쟁기념관이 1966년부터 1993년까지

---

6 같은 책 308~309면.
7 김지훈 「현대 중국의 한국전쟁 인식 변화: 역사 교과서의 서술 변화를 중심으로」, 『사림』 64호, 2018, 323~28면.

무려 27년이나 문을 닫았다는 사실도 이러한 흐름과 무관치 않다. 이 기념관은 북한의 미사일 시험으로 북중관계가 긴장되었던 2014년 또다시 보수를 이유로 폐관했다가 2020년에 재개관했다. 그뿐 아니다. 한국전쟁 중 마오 쩌둥(毛澤東)으로터 최고의 보고문학으로 찬사를 얻었던 웨이 웨이(魏巍)의 산문 「누가 가장 사랑스런 이인가(誰是最可愛的人)」는 지난 20년간 중국 어문교과서에서 슬그머니 종적을 감췄다가 2021년에 복귀했다.[8]

이처럼 지난 반세기 동안 중국에서 항미원조전쟁의 위치는 어딘가 모호했다. 정권을 세운 지 1년 만에 세계 최강대국 미국과 총력전을 벌인 이 전쟁에서 중국은 2년 9개월간 총병력 240만명을 동원하고 30만명을 희생시켰다. 건국 초, 아직 기층까지 충분히 장악하지 못했던 중국공산당은 항미원조전쟁을 계기로 총동원 체제를 가동함으로써 신생국가의 정치적 기틀을 다질 수 있었다. 항미원조전쟁 중 전국적으로 확산된 항미원조운동은 토지개혁운동, 반혁명진압운동과 함께 건국 초 국가 기초를 세운 3대 운동으로 간주되었다.[9] 그런데 가히 '입국지전(立國之戰)'이라 할 이 중대한 정치적 사건은 1953년 정전(停戰)과 함께 빠르게 중국

---

8 종군작가 웨이 웨이가 항미원조전쟁 2차전역 송골봉 전투를 목도한 후 쓴 산문. 조국을 위해 고난과 희생을 기꺼이 감수하는 지원군 병사들의 고결한 정신을 국내에 알리기 위해 쓴 산문이다. 이 글은 중국공산당 기관지 『런민르바오』 1951년 4월 11일자 제1면에 실렸으며, 마오 쩌둥은 즉시 이를 전군(全軍)에 읽힐 것을 명령했다. 본서 부록에 이 글의 전문을 번역해 수록했다. 倪文尖 「被刪20年的《誰是最可愛的人》回歸, 沒在課上聽過的, 請來補一補吧」, 유튜브 채널 "China Content Center" 2021.11.16.

9 孫科佳 「毛澤東人民戰爭思想在抗美援朝戰爭中的新發展」, 『軍事歷史』 1990年 第5期, 3면.

의 공적 담론장에서 사라졌다. 냉전 시기를 통틀어 중국공산당의 사상이나 이념 노선에서 항미원조전쟁이 언급되거나 참조된 경우는 이상할 만큼이나 찾기 어렵다. 지난 70년 동안 항미원조전쟁은 국가의 공식 서사와 대중의 집단기억에서 모호한 금기의 경계선을 서성여왔다.

그 가장 큰 원인은 항일전쟁과 해방전쟁(국공내전)과 달리 항미원조전쟁이 정전 후에도 오랫동안 현재진행형이었기 때문일 것이다. 한반도에서 불붙은 전화(戰火)는 대만해협과 인도차이나반도로 옮겨갔다. 미중 간의 적대 상황은 한국전쟁 이후 오히려 더 고조되고 있었다. 1953년 10월 NSC 162/2호 문건으로 마련된 '뉴룩(New Look)' 구상에서 미국은 향후 중국과의 전쟁이 재발할 경우 핵무기를 사용할 수 있음을 시사했다. 1954년과 1958년 두차례의 대만해협 위기 중 아이젠하워(Dwight D. Eisenhower) 대통령과 닉슨(Richard M. Nixon) 부통령, 덜레스(John F. Dulles) 국무장관은 대놓고 대중국 핵공세를 쏟아냈다. 당시 일본 본토, 괌, 오키나와, 하와이, 한국에 핵무기를 배치한 미국은 대만에 추가로 전략 핵미사일의 배치를 고려하기까지 했다.[10]

설상가상으로 중국은 1950년대말부터 소련과도 갈등 국면에 접어들어 급기야 1960년대에는 소련의 핵공격 위협을 받는 상황으로 내몰렸다. 한국전쟁으로 동아시아에서 미국의 주적이 된데다 소련의 위협까지 더해지면서, 냉전시대의 양대 강대국 사이에

---

10 백지운 「진먼섬 포격과 동아시아 냉전의 역설적 중층성」, 백원담 엮음 『1919와 1949: 21세기 한중 '역사다시쓰기'와 '다른 세계'』, 진인진 2021, 187~88면 참조.

서 사면초가에 놓이게 된 것이다. 게다가 중소갈등은 1950~60년대 중국의 정치적 파란에도 내밀한 영향을 미쳤다. 1959년, 항미원조전쟁에서 인민지원군 총사령관을 역임했던 펑 더화이(彭德懷, 1898~1974)가 숙청당했을 때, 그에게 씌워진 죄목 중 '외국과의 내통(裡通外國)'과 '사대주의(事大主義)'는 소련과의 관계를 겨냥한 것이었다. '펑 더화이 반당집단(反黨集團) 사건'은 지원군 사령부 병참부 사령관이었던 훙 쉐즈(洪學智, 1913~2006)와 제1부사령관이었던 덩 화(鄧華, 1910~1980)까지 연루시켰다. 항미원조전쟁을 지휘한 고위 장성들이 잇달아 정치적으로 숙청되는 가운데, 항미원조전쟁은 중국의 공적 역사기억에서 빠르게 사라져갔다.

미중 데탕트 국면이 시작된 1970년대 이후, 항미원조전쟁이 돌아올 정치적 공간은 더더욱 찾기 어려웠다. 1971년 극적으로 열린 미중 데탕트는 미국과 소련의 이중 위협을 타개하기 위한 중국의 출구 작전이었다. 미국과 손잡고 소련에 공동 대응하는 '연미항소(聯美抗蘇)'의 길을 택함으로써 중국은 안전보장과 경제발전을 위한 조건을 얻게 되었다. 특히 2000년대 첫 10년의 미중 밀월기는 중국이 G2로 부상하는 결정적인 환경을 제공했다. 중국을 상대적으로 덜한 위협으로 간주한 미국이 중동에 온 힘을 쏟아붓던 이 시기 중국은 최대한 몸을 낮추며(韜光養晦) 체력을 키웠다. 크고 작은 굴곡은 있었지만, 적어도 2012년 오바마 정부가 '아시아 회귀(Pivot to Asia)'를 외치며 창끝을 중국으로 되돌리기 전까지, 중국에서 '항미원조전쟁'은 극도로 조심스럽게 관리되었다. 항미원조전쟁의 기억이 겉으로는 미 제국주의에 승리한 영광스러운 역사로 구가되면서 안으로는 교묘하게 억눌려온 이중성은 미중대결과 중소갈등이 중첩되는 가운데 '미중 적대적 공조체제'[11]가 유지되었던 지난 반세기 동아시아 냉전의 역설의 부산물이었다.

---

11 이남주 「동아시아 질서의 변화와 새로운 지역협력의 모색: 샌프란시스코체제의 동학(動學)을 중심으로」, 『경제와사회』 125호, 2020, 19~23면.

03

기억의 관리와 기념의 굴곡

지난 70년간 중국에서 항미원조전쟁의 기억과 기념은 미국과의 관계를 염두에 두고 관리되어 왔다고 해도 과언이 아니다. 1960년 이래 10년 단위로 항미원조전쟁 기념식의 규모와 방식, 사용된 용어들을 비교해보면 그것이 미중관계의 국면과 얼마나 긴밀하게 연동되어 있는지 잘 알 수 있다.

1960년 10월 25일과 26일자 『런민르바오(人民日報)』는 모두 1면 전체를 항미원조전쟁 10주년 기사로 가득 채웠다. 10월 25일자 1면에는 「아시아와 세계평화를 경계하여 보위하자」라는 제목의 사설과 더불어, 「평양, 중국인민지원군 항미원조 입조작전(入朝作戰) 10주년을 기념하여 성대한 연회 개최」라는 제목의 특집 글이 실렸다. 이 글에 따르면, 10월 24일 평양에서 개최된 기념식에는 김일성 수상과 최용건, 김일, 홍명희, 박정애 등 당정 지도급 인사를 포함한 각계 2천여명의 인사들이 출석했다. 중국 측에서는 개국 원수이자 중국국방위원회 부주석인 허 룽(賀龍) 등 군 관계자로 구성된 대표단과 주북한대사 차오 샤오광(喬曉光) 등 외교관들이 초대되었다. 10월 27일자 『찬카오샤오시(參考消息)』는 허 룽 원수가 북한의 수많은 군중 앞에서 미국을 맹렬하게 비판하고 "미 제국주의에 철저하게 투쟁할 것"을 주장했다고 기록했다. 그리고 기념식에 앞선 10월 14일부터 베이징, 상하이, 톈진, 선양, 광저우 등 중국의 주요 대도시에서 영화주간이 개시되어 "미 제국주의의 본성"을 폭로하는 7편의 영화가 상영되었다는 내용도 기재되었다.

10월 25일에는 베이징 인민대회당에서 항미원조전쟁 기념식이 성대하게 거행되었다. 10월 26일자 『런민르바오』 제1면 특집 글 「수도, 지원군 항미원조 10주년을 성대하게 기념」에서 이를 대서 특필했다. '중조 인민의 숭고한 국제주의 우의 만세, 중조 인민 미 제국주의 반대 투쟁의 승리 만세'를 부제로 한 이 글에서는, "10년 전 오늘 중국 인민의 우수한 아들딸들이 '항미원조 보가위국(抗美援朝 保家衛國)'의 위대한 사명을 띠고 용감하고 씩씩하게 압록강을 건너 영웅적인 조선인민들과 함께 미 제국주의 침략자를 쳐부수고 역사적 의미를 지닌 위대한 승리를 쟁취했다, 오늘 수도의 각계 인민은 무한한 희열과 자랑스러운 마음으로 이 빛나는 날을 기념한다"고 적었다. 같은 일자 4면에는 중국인민보위세계평화위원회 주석 궈 모뤄(郭沫若)와 북한의 주중대사 리영호(李永鎬)의 기념 담화문, 그리고 리영호의 주재로 북한대사관에서 열린 연회에서 발표된 천 이(陳毅) 부총리의 담화문이 실렸다.

담화문에서 궈 모뤄는 "우리 자신의 절절한 경험을 통해 미 제국주의의 침략자적 본질을 꿰뚫어 보았으며, 모든 평화를 애호하는 인민들과 함께 영원히 미 제국주의의 침략 정책과 전쟁 정책에 반대하는 투쟁을 철저히 하자"고 호소했다. 전쟁 10주년을 맞아 반미, 항미의 분위기가 드높았던 당시의 분위기를 잘 보여준다.

1970년, 20주년의 기념식 분위기는 상당히 미묘했다. 언뜻 보아서는 10주년과 크게 다르지 않았다. 『런민르바오』 10월 25일과 26일자 지면은 10년 전처럼 항미원조전쟁에 관한 기사로 가득 찼다. 기념식도 예전처럼 평양과 베이징 두곳에서 성대하게 거행되었다. 그런데 그 내용을 자세히 뜯어보면 곳곳에 모종의 변화가 숨어 있다. 가장 먼저 눈에 띄는 것은 관련된 거의 모든 기사에서 '항미원조'라는 용어가 사라졌다는 점이다. 10주년 기념 기사에서 빈번하게 사용되었던 '항미원조' '항미원조 입조작전'과 같은 용어들은 20주년에는 '항미원조' 없이 '부조작전(赴朝作戰)' 혹은 '부조참전(赴朝參戰)'으로 대체되었다. 이를테면 10월 25일자 1면의 사설 제목은 「선혈로 응결된 위대한 우의: 중국인민지원군 부조작전 20주년」이었고, 같은 일자 2면의 특집기사 제목도 「중조 군민, 미제와 일본 군국주의에 견결히 반대하는 투쟁을 투철히 전개하다, 수도 집회 중국인민지원군 부조참전 20주년 기념」이었다. '부조작전' '부조참전'은 우리말로 풀이하면 '조선으로 건너가 전쟁을 전개하다' '조선으로 건너가 전쟁에 참여하다'라는 뜻이다. '항미원조 입조작전'에 담겨 있던 뚜렷한 정치적 의미와 주동적 어감이 중립적이고 수동적인 것으로 대체된 것이다.

기념식에서 담화를 발표한 인사나 평양을 방문한 대표단장의 급도 낮아졌다. 1970년 중국인민우호대표단을 이끌고 평양을 방문한 이는 개국 중장(中將)이자 당시 후베이성(湖北省) 혁명위원인 쩡 쓰위(曾思玉)였고, 같은 날 베이징 인민대회당의 기념식에서 담화를 발표한 이는 개국 상장(上將)이자 총참모장인 황 용성(黃永胜)이었다. 북한의 현준급(玄峻極) 주중대사, 그리고 인민지원군 대표 황 쭝더(黃宗德)가 황 용성과 함께 담화를 발표했다. 당시 중국에 문화대혁명이 한창이었고, 쩡 쓰위나 황 용성 모두 당대의 주류였던 '4인방'과 가까운 인물임을 감안하더라도, 개국 원수가 평양 방문 대표단을 이끌고 또 궈 모뤄라는 지명도 높은 문화계 인사가 담화를 발표했던 10년 전에 비하면 20주년의 기념식은 상징적 의미가 상당히 축소된 것이었다.

흥미로운 점은 20주년 기념식과 담화에서 미 제국주의와 더불어 일본 군국주의에 대한 비판이 일관되게 병행되었다는 사실이다. 물론 1960년 『런민르바오』 사설에서도 미일안보조약을 거론하며 일본의 군국주의 부활을 책동하는 미국을 비판하는 대목이 있긴 했지만, 일본에 대한 비판이 큰 비중을 차지하지는 않았다. 또한 10주년 기념행사에서 일본 군국주의는 언급되지 않았다. 그런데 20주년에는 기념식을 보도하는 『런민르바오』의 특집기사 제목에 "중조 군민 미제와 일본 군국주의에 견결히 반대하는 투쟁을 투철히 전개하다"라는 문구가 걸릴 만큼 일본 군국주의 비판의 비중이 컸다. 이 기사에 따르면, 기념식에서 "중조 양국의 인민과 군대가 미 제국주의와 일본 군국주의에 대한 반대 투쟁을 철두철미하게 전개하기 위한 강철 의지"를 다짐했으며, 행사 말미에는 "미일 반동파의 일본 군국주의 부활을 견결히 반대한다"는 구호가 외쳐졌다. 이러한 기조는 『런민르바오』에 실린 황 용성의 담화문과 사설도 마찬가지였다.

1970년의 항미원조전쟁 기념식에 왜 일본 군국주의 비판의 비중이 눈에 띄게 증대했을까? 일차적으로는 1969년 닉슨-사토 공동성명에 대한 중국의 입장을 표명한 것으로 볼 수 있다. 그러나 단지 그런 이유라면 굳이 그런 입장을 항미원조전쟁을 기념하는 자리에 대대적으로 표명할 필요는 없었을 것이다. 또한 2년 후 중일 양국이 국교를 정상화한 사실을 생각하더라도, 20주년 기념 지면에 등장한 일본 군국주의 비판은 외교적 책략이나 수사의 차원에 불과하다는 의혹이 든다. 실제로 중일 수교를 위한 중국의 관심과 노력은 이보다 훨씬 전부터 시작되었다. 단적인 예로 1960년 10월 25일 『런민르바오』 1면을 보자. 항미원조전쟁 10주년 관련 기사들이 빼곡한 가운데, 생뚱맞게도 「저우 총리, 다카사키 다쓰노스케의 송별연에서 중국정부는 언제나 중일관계의 회복을 주장, 일본 집정자가 중일관계 정상화를 방해한다고 말함」이라는 기사가 기재되어 있다. 다카사키 다쓰노스케(高碕達之助)는 기시 노부스케(岸信介) 내각(1957~60)에서 통상산업대신과 경제기업청 장관을 역임한 인물이었다. 이 기사에 따르면, 다카사키는 당시 2주간의 일정으로 중국을 방문중이었다. 둥베이 공업단지 시찰을 마치고 뤄양(洛陽), 산먼샤(三門峽)를 방문한 후 귀국할 예정이었다. 송별연에서 저우 언라이(周恩來)와 다카사키는 중일 양국이 더욱 빈번한 교류를 통해 우호관계를 조기에 실현할 것을 다짐했다. 1972년 9월에 실현된 중일 국교 정상화는 이처럼 오랜 물밑 작업에 기반을 둔 것이었다.

그렇다면 1970년의 기사의 기조는 일본 군국주의 비판을 병기함으로써 미국을 단독으로 비판하는 부담을 줄이고 공격의 강도를 완화하는 효과를 의도한 것으로 볼 수 있다. 이 시기 중국은 일본뿐 아니라 미국과의 관계 개선을 위해서도 박차를 가하는 중이었다. 1969년부터 중국과 미국은 각각 다른 이유로 상대의 의중을 떠보기 시작했다. 중국은 소련의 위협으로부터 안전보장을 위해, 미국은 베트남전쟁의 출구 작전으로서, 상대와의 관계 개선이 필요했다. 당시 마오 쩌둥은 문혁 중 숙청된 4명의 인민해방군 장군 천 이, 네 룽전(聶榮瑧), 쉬 샹첸(徐向前), 예 젠잉(葉劍英)을 복귀시켜 중국의 외교정책에 대한 보고서를 작성하게 했는데, 이들은 미국과의 관계 개선을 통해 소련의 위협으로부터 중국을 방어할 것을 제안했다. 1970년 2월 20일과 3월 20일에 재개된 바르샤바 대사급 회담에서 양국 협상단은 20년의 단절을 극복하기 위한 노력으로 분주했다. 헨리 키신저(Henry Kissinger)의 회고에 따르면, 중국은 시종 강경했던 대만 문제에 대해서도 상당한 양보를 할 정도로 이 회담에 적극적이었다. 비록 회담장에서는 대만에 대한 공식 입장을 되풀이했지만, 채널 바깥에서는 미국과 대화하는 조건으로 대만 문제 해결을 요구하지 않았던 것이다.[12] 이러한 분위

---

12 헨리 키신저 『헨리 키신저의 중국 이야기』, 권기대 옮김, 민음사 2016, 252~77면.

기 속에서 1971년 키신저에 이어 닉슨 대통령의 방중이 성사되었던 바다. 이런 맥락을 생각할 때 1970년 항미원조 20주년 기념 지면에서 미 제국주의와 일본 군국주의에 대해 벌인 요란스런 비판을 액면 그대로 받아들이기는 어렵다. 국내정치용이거나 역설적으로 미국 및 일본과의 관계 개선을 촉구하는 외교적 수사라고 보는 것이 옳다.

20주년 기념 언설에서 주목할 또다른 중요한 특징은 아시아·아프리카·라틴아메리카를 포함하는 전세계 인민의 반제국주의 투쟁을 전에 없이 강조했다는 사실이다. 아시아·아프리카·라틴아메리카, 즉 AALA 연대는 1954년 반둥회의를 기점으로 비동맹운동이 고조되던 당시 국제정세를 반영한다. 사실 조중 인민 연대를 AALA 반제투쟁의 맥락에 위치시키는 표현은 1960년의 사설에도 등장한 바 있다. 그러나 20주년의 경우는 사설, 담화, 특집기사 모두에서 항미원조전쟁을 AALA 및 세계 인민의 반제투쟁과 연결시키려는 노력이 상당히 의식적으로 경주되고 있었다. 기념 담화에서 황 용성은 미 제국주의가 한국전쟁에 이어 베트남, 라오스, 캄보디아에서 침략전쟁을 벌였으며 중동에서도 이스라엘을 도와 아랍 및 팔레스타인 인민에 대한 침략을 책동했음을 힘주어 비판했다. 기념대회장에서는 "아시아·아프리카·라틴아메리카 인민 단결 만세" "신구(新舊) 식민주의와 종족차별에 대한 아프리카의 정의로운 투쟁을 지지한다" "전세계 인민이 단결하여 미 제국주의와 그 주구를 무찌르자"와 같은 구호들이 외쳐졌다. 이 자리에서 황 용성은 AALA뿐 아니라 "대양주, 북미, 유럽의 각국 인민"과 연대할 것을 주장했으며, "심지어 미국 국내에 흥기한 공전절후(空前絶後)의 반제혁명 흐름"과도 연대할 수 있음을 강하게 피력했다.

　20주년 기념의 언설 구조는 고도의 장치들을 숨기고 있다. 무엇보다, 중조 인민 대(對) 미 제국주의의 대결로 집중되었던 과거의 대결구도를 (미국 내부의 반제운동까지도 포함한) 전세계 인민의 반제국주의의 싸움으로 대거 확장함으로써, 사실상 미중 간의 양자적 적대구조를 완화하는 효과를 겨냥했던 것이 아닐까. 일본에 대해 그랬듯이, 겉으로는 미 제국주의를 소리높여 비판하면서도 은근히 미국 인민과의 연대 가능성을 언급하는 등 당시 물밑에서 추진 중이던 미국과의 관계 개선을 위한 포석을 깔아놓았던 것이다.

　조금 더 깊이 들어가면, 전세계 인민 대 '신구 제국주의' 간의 대결이라는 언설 구조는 수년 후 '삼개세계론(三個世界論)'이라는 이름으로 등장하는 중국판 제3세계론의 밑그림이었다. '삼개세계론'이 제3세계론과 구별되는 가장 두드러진 특징은 미국과 소련을 함께 묶어 제1세계 제국주의 세력으로 분류했다는 것이다. 유럽, 일본 등 선진국가의 제2세계와 아시아, 아프리카, 라틴 아메리카로 대표되는 제3세계가 연대하여 1세계의 제국주의에 저항하자는 것이 '삼개세계론'의 골자다. 여기서 중요한 것은 '삼개세계론'의 주 비판 대상이 미국보다는 소련이라는 사실이다. 사회주의권의 맹주인 소련을 1세계로 배치했다는 사실 자체가 이미 불거지고 있던 중소갈등을 반영한다. 1958년 제2차 대만해협 위기를 기점으로 불거진 중소 간의 불화는 1969년 중소 국경지대에 위치한 전바오섬(珍寶島) 전투에서 절정에 이르렀다. 그 직후에 열린 제9차 공산당대표회의에서 중국공산당은 '소련 제국주의'와의 전쟁 준비를 선언함으로써 공식적으로 소련과 대치했다. '삼개세계론'은 이러한 심상치 않은 중소 대결의 맥락에서 나온 것으로서, 겉으로는 미국과 소련 제국주의를 함께 비판하지만 실제로는 소련을 주적으로 삼음으로써 미국과 연대할 수 있는 여지를 열어둔 것이었다. 10주년 언설에서 "소련을 수장으로 하는 사회주의 진영"을 강조했던 것과 달리, 20주년 언론에 소련이 전격적으로 사라진 것 역시 이런 추정을 방증한다.

이처럼 1970년의 항미원조전쟁 20주년 기념식은 겉으로는 미제국주의에 대한 비판으로 요란했지만 실상은 '연미항소'로 가는 포석이 곳곳에 주밀하게 배치되어 있었다. '항미원조'라는 이름이 『런민르바오』 지면에서 전격적으로 사라진 것은 결코 우연이 아니었다. 1971년 중국의 유엔 가입, 1972년 2월의 닉슨 방중, 9월의 중일 수교로 이어지는 역사적 데탕트의 전야에서, 항미원조전쟁은 정치적 존립 기반을 현저하게 잃어가고 있었다.

1980년, 30주년 기념행사가 베이징에서 열리지 않은 것은 지극히 당연했다. 1979년 미국과 중국이 정식으로 수교하고 덩 샤오핑(鄧小平)이 미국을 국빈 방문하는 등 이 시기 미중 관계는 정상 궤도에 들어서 있었다. 10월 25일과 26일자 『런민르바오』 지면에서 항미원조전쟁을 다룬 기사는 사설과 주중 북한대사관에서 열린 연회에 관한 기사뿐이다. 사설 제목은 「전우의 우정, 영원히 청

춘을 간직하다: 중국인민지원군 부조작전 30주년을 기념하며」였다. "우정" "청춘"처럼 정치색을 최대한 뺀 단어 선택이 눈에 띈다. 같은 면에 「배용재 대리공사 연회 거행, 아국 지원군 부조참전 30주년, 리 셴녠(李先念) 등 출석, 조선 동지와 우정을 터놓고 이야기하다」라는 기사가 실렸다. 주중대사가 아닌 '대리공사'의 주재로 연회가 열렸다는 점에도 주목할 필요가 있다. 미중 수교 이듬해인 1980년, 북중관계가 얼마나 냉랭했을지 짐작하기는 어렵지 않다.

1990년의 상황도 대동소이했다. 『런민르바오』 10월 25일자 1면에는 민정부(民政府) 총정(總政) 주재로 "지원군 부조참전 40주년 기념"을 위한 좌담회가 베이징에서 개최되었다는 기사와 더불어, 중국정당대표단이 평양을 방문했다는 기사가 실렸다. 사설 제목은 1970년과 유사한 「선혈로 응결된 위대한 우의: 중국인민지원군 부조참전 40주년을 기념하며」였다. 간혹 문예행사 이름에 '항미원조'라는 말이 사용되기도 했지만, 공식적인 명칭은 '부조작전' 보다 더 소극적인 어감을 주는 '부조참전'으로 통일되어 있었다.

'항미원조'라는 명칭이 『런민르바오』 지면에 다시 등장한 것은 전쟁 50주년을 맞은 2000년이었다. 2000년 10월 25일자 1면에는 「애국주의와 혁명영웅주의의 불후의 금자탑: 중국인민지원군 항미원조 출국작전 50주년을 기념하며」라는 제목의 사설이 게재되었다. 해외 군대 파병을 공식화하는 '출국작전'이라는 용어를 중국이 사용한 것은 아마도 이때가 처음인 듯하다. 이 사설에는 중국 고위군사대표단이 북한 회창에 소재한 열사능원을 참배하고 장 쩌민(江澤民), 리 펑(李鵬), 주 룽지(朱鎔基), 리 루이환(李瑞環) 등이 보낸 화환이 헌화되었다는 기사가 보도되었다. 회창의 열사능원은 마오 쩌둥의 아들 마오 안잉(毛岸英)이 묻힌 곳이다. 30년 만에 베이징 인민대회당에서 항미원조전쟁 기념식이 거행되었다. 10월 26일자 1면의 특집기사「수도, 지원군 항미원조 출국작전 50주년을 성대하게 기념하다」에서 이 대회를 상세히 다루었다. 담화를 발표한 이는 장 쩌민 주석이었다. 항미원조전쟁 기념식에서 국가주석이 공식 담화문을 발표한 것은 이때가 처음이었다.

2000년에 성대한 기념식이 재개된 것은 무엇보다 50주년이라는 특별한 주기가 주는 무게 때문이겠지만, 이 시기 민간에서 고조되었던 반미 정서도 고려할 필요가 있다. 1999년 나토(NATO) 전투기의 주(駐)유고 중국대사관 오폭 사건, 2004년 베이징올림픽 개최 좌절 등의 일련의 사건들이 연발하면서 중국의 민간 사회에서는 반미정서가 들끓고 있었다. 중국정부로서는 '미국에 'No'라고 말할 수 있어야 한다'[13]는 대중의 강경한 정서를 전적으로 무시하기 어려웠을 것이다.[14] 그럼에도 2000년은 미중관계가 본격적인 밀월기에 접어드는 시점이었다. 중국은 한편으로는 항미원조전쟁 50주년을 규모와 격식을 갖춰 기념하면서도, 그것이 미중관계를 훼손하지 않도록 주의를 기울여야 했다.『런민르바오』10월 25일자 1면에 장 쩌민 주석과 월터 먼데일(Walter

---

13 1996년에 출간된『No라고 말할 수 있는 중국(中國可以說不: 冷戰說時代的政治與情感抉擇)』은 중국에서 반미 민족주의의 고조를 알리는 신호탄이었다.

14 「紀念抗美援朝: 江澤民高調鄧小平淡化的玄機」,『多維新聞』2020.10.21.

Mondale) 미 전 부통령의 회견을 다룬 기사가 실린 것은 그러한 조치의 일환으로 보인다. 항미원조전쟁 50주년 기념 사설 바로 아래,「장 쩌민, 먼데일 회견, 쌍방의 당면한 최우선 사무는 중미 양국과 양국 인민의 상호 이해를 강화하는 것임을 강조」라는 제목의 기사가 실렸던 것이다. 월터 먼데일은 지미 카터(Jimmy Carter) 대통령 시절 부통령을 지낸 민주당 인사이다. 회견은 항미원조 기념식 하루 전인 10월 24일 베이징 중난하이(中南海)에서 열렸다. 이 자리에서 장 쩌민은 "중미관계가 풍우를 겪었지만 전체적인 방향은 부단한 발전으로 향하는" 중이며 "미국의 대중국 무역의 영구 정상화 문제의 해결은 중미 양국 인민의 근본 이익에 부합"한다고 말했다.[15]

2010년의 60주년 기념행사는 오바마 대통령 방중(2009) 직후의 우호적인 분위기 속에서 좌담회 형식으로 간소하게 치러졌다. 후진타오 국가주석과 함께 신임 중앙군사위원회 부주석 시 진핑(習近平)이 인민지원군 노병을 회견했고, 시 부주석이 담화문을 발표했다. 이듬해인 2011년 1월 후 국가주석이 백악관에 초대되는 등 미중 양국의 관계는 최고의 밀월기를 과시하고 있었다.

항미원조전쟁 70주년을 맞은 2020년은 지난 50년간 퇴색했던 항미원조전쟁의 정치적 상징성이 전면으로 귀환하는 해였다. 규모에서도 70주년 기념행사는 1960년 이래 가장 컸다. 10월 23일 인민대회당의 기념식에는 가슴에 훈장을 단 150명의 인민지원군

---

15 「江澤民會見蒙代爾, 強調當前雙方要做的最重要的事情就是要加強中美兩國和兩國人民的相互理解」,『人民日報』 2000.10.25.

노병이 관중석 제1열 중앙에 배석했다.[16] 시 진핑 국가주석이 전체 상무위원을 대동하여 항미원조 출국작전 70주년 주제전시를 참관했고, 기념대회에서는 직접 기념 담화문을 발표했다. 국가주석이 담화를 발표한 것은 2000년 장 쩌민에 이어 두번째였다. 또한 기념대회에 앞서 랴오닝성(遙寧省) 선양(沈陽)의 항미원조열사능원, 단둥 항미원조기념탑, 평양의 중조우의탑과 회창의 중국인민지원군열사능원 네곳에서 동시에 시 진핑 주석의 명의로 헌화식이 거행되었다. 10월 23일 『런민르바오』는 「위대한 항미원조 정신을 널리 휘날리자: 중국인민지원군 항미원조 출국작전 70주년을 기념하며」라는 제목으로 사설을 실었다.

지난 70년을 돌아보면, 2020년의 떠들썩한 기념식의 분위기는 흡사 1960년의 시점으로 되돌아간 듯했다. 2020년 시 진핑의 담화는 10년 전 그가 중앙군위 부주석의 신분으로 발표했던 담화와 비교하더라도 상당히 강경했다. "어떤 국가든 군대든 (…) 시대의 흐름에 역행하여 침략을 확장한다면 반드시 머리가 깨어져 피를 흘릴 것"이라거나 "패권, 패도, 패릉(霸凌)의 길을 걷는 자에게는 (…) 필경 죽음만이 기다릴 뿐"이라는 표현은 근래 중국의 공적 담화에서 좀처럼 보이지 않던 거친 표현이다. 이러한 달라진 기류에 미중관계의 악화라는 정세적 요인이 놓여 있음은 더 말할 필요도 없다. 항미원조의 귀환은 1970년대 이후 미중 데탕트를 계기로 형성된 미중 공조 체제의 역사적 시한이 다했음을 의미한

---

16 「中國高調紀念抗美援朝70周年五大亮点 北京談背說意義」, 『多維新聞』 2020.10.23.

다. 트럼프 정부의 무역 갈등에서 시작하여 바이든 정부에서 전면화된 미중 대결의 정치 공간으로, 사라졌던 항미원조의 기억이 대대적으로 소환되고 있다.

제2장
기억의 해빙

두편의 금지작과 한편의 상영작
「항미원조」「북위38도선」 그리고 「38선의 여병」

냉궁에 유폐된 기억

중국 블로그나 유튜브 등 온라인 매체에서 '항미원조전쟁'을 검색하다보면 '냉궁(冷宮)에 유폐된'이라는 수식어를 심심찮게 볼 수 있다. 항미원조전쟁이 그동안 중국사회의 기념과 기억의 공간에서 알게 모르게 냉대받았던 상황을 보여주는 표현이다. 중국 문화계에서 항미원조전쟁은 2000년대 초반까지만 해도 제작자들이 선뜻 건드리지 않던 영역이었다. 종종 항미원조전쟁은 탁구의 엣지볼로 비유되곤 한다. 드러내놓고 금지된 것은 아니지만 모호한 레드라인이 숨겨져 있어, 건드리기도 쉽지 않지만 잘못 건드렸다간 곤욕을 치르기 십상이다. 건국 이래 항일전쟁과 해방전쟁(국공내전)을 다룬 영화와 드라마들이 수없이 쏟아진 데 비해, 항미원조에 관한 작품 수가 현저하게 적었던 것은 이 때문이다. 사실 항미원조에 관한 영화는 냉전의 최고조기인 1950년대와

1960년대에도 결코 많은 편이 아니었다. 중국 학자 창 빈(常彬)이 정리한 바에 따르면 1954년부터 2000년까지 항미원조를 다룬 영화와 다큐멘터리의 수는 총 30편 정도였다. 시기별로 보면 1950년대와 1960년대 각각 8편, 1970년대 5편이다. 건국 초 냉전의 긴장도가 가장 높았던 30년을 통틀어 항미원조전쟁을 주제로 한 영상물이 고작 21편밖에 되지 않는 것이다.[1] 항일전쟁 관련 영상물이 한해에 수십편씩 만들어진 것에 비하면 초라한 수치이다.

1980년대 이후 대중매체에서 항미원조전쟁이 노출되는 빈도는 더 줄어들었다. 중요한 것은 '주선율(主旋律)' 장르에서 항미원조전쟁이 거의 다뤄지지 않았다는 사실이다. 주선율이란 개혁개방 이후 과거의 소련식 선전영화를 대신하여 당과 국가 이데올로기의 선전과 대중 교양을 담당하는 영상물로 새로이 등장한 장르를 지칭한다. 이 용어가 공식적으로 처음 도입된 것은 1987년 국영영화사 수장 텅 진셴(滕進賢)에 의해서였다. 그는 주선율을 "애국주의, 사회주의, 집단주의를 구현하고 배금주의, 쾌락주의, 과도한 개인주의에 저항하며 자본주의, 부패, 착취에 중단 없이 반대"하는 내용을 포함하는 작품으로 정의했다.[2] 초기의 주선율은 주로 영화 장르를 지칭했다. 그런데 1990년대 이후 TV드라마가 영화를 대신하여 이데올로기의 발성기 역할을 하게 되면서[3] 주선

---

1 常彬 『硝煙中的鮮花: 抗美援朝文學敍事及史料整理』, 北京: 人民出版社 2018. 415~16면.

2 Stephen Yiu-Wai Chu, *Main Melody Films: Hong Kong Directors in Mainland China*, Edinburgh: Edinburgh University Press, 2022, 4면.

3 다이 진화 「역사와 기억 그리고 재현의 정치」, 김정수 옮김, 『문화과학』 2014년 가을호, 207~98면.

율 드라마라는 새로운 영역이 열리게 된다. 이제까지 주선율 영화와 드라마의 소재는 중국의 혁명 및 건국과 관련된 전쟁, 역사, 영웅 인물에 관한 것이었다. 그러나 천편일률적인 주제와 서사가 시장에서 외면받으면서, 최근에는 거대서사 일색의 플롯을 극복하는 새로운 시도가 생겨나고 있다. 특히 2017년 「전랑(戰狼)2」를 기점으로 헐리우드식 서사와 장치들을 대폭 도입하면서, 주선율 장르는 혁명서사의 단조로운 문법에서 벗어나고 있다. 대체로 현재 중국 영화시장에서 주선율 장르의 유형은 다음 세가지로 분류된다. 첫째, 항일전쟁과 해방전쟁 및 건국 과정을 다룬 역사물, 둘째, 혁명적 모범 인물을 조명한 전기물, 셋째, 앞의 두 유형을 조합하여 영웅적 이미지를 만들어낸 픽션이다.[4] 항미원조전쟁은 이중 어느 범주에도 들지 못했다. 2021년 영화 「장진호」가 나오기 전까지 항미원조전쟁은 결코 주선율에서 환영받는 소재가 아니었다. 중국에서 항미원조전쟁의 금기시는 생각보다 훨씬 최근까지 지속되어왔던 것이다.

2000년에 제작된 영화 「북위38도선」과 TV드라마 「항미원조」가 상영 금지 조치를 받은 것은 항미원조전쟁에 대한 보이지 않는 금기를 상징적으로 보여주는 사건이었다. 항미원조전쟁 50주년을 맞아 중국인민해방군 산하의 81영화제작소(八一電影制片匠)

---

4 王品淳·吳意雯·王漢軒·曾澤龍 「光影三十年: 中國主旋律電影的發展之路」, 『澎湃』(온라인) 2022.7.5; Ying Xie, "The Patriotism and Heroism Embedded in the Subtitles of Chinese-English Movies: The Mission of 'Main Melody' Films," *International Journal of Comparative Literature & Translation Studies*, Vol. 8, Issue 3, 34면.

가 영화 「북위38도선」을, 중국 관영매체 CCTV(중공중앙텔레비전)가 30부작의 대하드라마 「항미원조」를 제작했다.[5] 원래는 영화의 제목도 '항미원조'였으나, 같은 해 CCTV가 방영하기로 한 드라마와 이름이 중복되어 '북위38도선'으로 개칭했다고 한다. 두 작품 모두 제작비 3천만 위안 규모로, 당시 중국의 경제 수준을 감안하면 블록버스터급이었다. 감독과 캐스팅도 초호화판이었다. 작품의 주연급 배우들은 당대의 스타들을 총망라했으며, 스탈린, 아이젠하워, 맥아더 등 주요 역사적 인물들을 실감있게 표현하기 위해 제작진은 아시아, 유럽, 미국, 아프리카 각지의 10여개 국가에서 배우들을 캐스팅했다. 드라마 「항미원조」의 전투 장면을 위해 동원된 엑스트라만 해도 10만명에 달했다고 한다. 그리고 영화 「북위38도선」은 중국인민해방군의 전폭적인 지원 아래 실제 무기와 장비, 심지어 군부대까지 동원하여 생생한 전투 장면을 재현했다.[6]

이 시기 한국전쟁을 조명한 대작들이 제작될 수 있었던 중요한 배경 중 하나는 1980년대 이후 항미원조전쟁에 참전했던 중요 인물들의 회고록 및 실록이 대거 출간된 것이었다. 냉전시기 항미원조전쟁 기억이 억눌렸던 데에는 중국의 국내정치적 상황도 있었다. 1959년 루산회의(廬山會議)에서 중국인민지원군 총사령관 펑 더화이가 실각한 것을 시작으로 문화대혁명 시기 항미

5 김란 「중국 영화와 드라마 '항미원조' 기억과 재현」, 『역사비평』 2017년 봄호, 229면.
6 琥珀 「電視劇 『抗美援朝』: 斥資3000萬, 雪藏20年, 爲何不上映?」, https://www.gushiciku.cn/dl/02QQC/zh-tw; 「北緯38度線, 抗美援朝(2000)」, 『紅色文化網』 2013.5.1.

원조전쟁에 참전했던 수많은 지휘관들이 정치적 박해를 받은 이후, 1978년 12월 중국공산당 11기 3중전회를 계기로 이들이 대거 복권되면서 묻혀 있던 기억들이 회고록과 실록의 형태로 세상에 나오기 시작했다. 1981년 펑 더화이의 생전 필기를 모아 편집한 『펑 더화이 자술(彭德懷自述)』이 중국인민출판사에서 출간되었다. 『펑 더화이 자술』은 초판 13만부가 출간 2주 만에 완판되었다. 『펑 더화이 자술』을 구입하기 위한 독자들의 줄이 서점 앞에 늘어서는 진풍경이 발생했고 출판사와 서점에는 문의 전화가 쇄도했다. 인민출판사는 긴급하게 200만부의 추가 출간을 결정했으며, 인쇄된 책이 서점에 도착하자마자 전국 각지에서 독자들이 몰려들었다고 한다. 이런 현상은 수십년 중국 출판계에서 볼 수 없던 것이었다. 당시 『펑 더화이 자술』은 중국의 국가 지도자급 인물의 회고록 중 가장 높은 판매량을 기록했다.[7]

이어 지원군 정치부 주임이었던 두 핑(杜平)의 회고록 『지원군 총사령부에서(在志願軍摠部)』가 1989년 인민해방군출판사에서 출판되었고, 지원군 부사령관이자 병참부 사령관이었던 홍 쉐즈의 『항미원조전쟁의 기억(抗美援朝戰爭回憶)』이 1991년 해방군문예출판사에서, 1993년 5월에는 펑 더화이를 보좌했던 양 펑안(楊鳳安)과 왕 톈청(王天成)의 논픽션 『조선전쟁의 운전자(架馭朝鮮戰爭的人)』가 중공중앙당교출판사에서 나왔다. 이들 기록의 출간을 통해 항미원조전쟁의 전체적인 면모와 더불어 지원군사령부

---

7 王彪 「『彭德懷自述』手稿保存始末」, 『黨史縱橫』 2011年 第7期, 51면.

내부에서 수립된 작전 계획 및 구체적 전황에 대한 세부 정보가 공개됨으로써 대하드라마와 영화를 제작할 수 있는 자료적 기초가 마련된 것이다.

특히 양 평안과 왕 텐청의 논픽션 『조선전쟁의 운전자』는 영화 「북위38도선」이 제작되는 결정적 계기였다. 양 평안은 펑 더화이의 군사비서이자 지원군사령부 사무실 부주임이었고, 왕 텐청 역시 지원군 참전 용사로서 정전 후 지원군이 북한에서 완전히 철수하는 1958년까지 지원군사령부 참모로 근무했다. 전쟁 기간 중 이들은 펑 더화이를 가까이서 보좌하며 펑과 마오 사이에 오가는 전보를 비롯하여 지원군사령부 내부의 작전회의와 기밀자료들을 기록하고 정리하는 역할을 했다. 그런 만큼 『조선전쟁의 운전자』는 항미원조전쟁을 다룬 여러 출간물 중에서도 사령부 내부의 실상을 가장 생생하게 기록한 책으로 평가받는다. 또한 증보판 서문에서 저자들이 밝히고 있듯, 이 책은 총사령관 펑 더화이를 주축으로 삼아 전쟁의 주요 국면에서 내려진 전략적·전술적 결정을 시간 순으로 배치한 것으로서, 다른 여러 회고록 중에서도 펑 더화이의 전기적 성격이 강하다. 2010년대 이후에 나온 드라마에서 펑 더화이의 화법이나 성격을 형상화하는 데 이 책은 지대한 기여를 했다. 영화 「북위38도선」의 극본은 『조선전쟁의 운전자』를 각색한 것이었다. 1999년 증보판이 출간되면서 책의 제목이 '북위38도선: 펑 더화이와 조선전쟁(北緯三十八度線: 彭德懷與朝鮮戰爭)'으로 바뀐다. 증보판에는 중국인민해방군군사과학원 부원장 리 지쥔(李際均)이 1995년에 쓴 서평이 수록되었는데, 이를 통

해 영화 「북위38도선」의 시나리오 작가가 양 평안과 왕 톈청이며,
1995년에 영화의 제작이 시작되었음을 알 수 있다.

　　나 역시 지원군 노병으로서, 두 옛 전우가 영도자와 원수에게 보내
는 뜨거운 사랑, 역사를 향한 진실한 탐구, 중국인민지원군에 대한 깊
은 애정, 그리고 전심전력으로 집필에 몰두한 정신력에 감동을 받았
다. 말해두고 싶은 것은 저자들이 이 책을 기초로 항미원조전쟁의 찬
란한 역사를 재현하는 영화의 시나리오 「북위38도선」을 창작하여, 군
사위원회 영도자와 지원군 옛 지휘부의 주목을 받고 있다는 사실이
다. 이 심장박동을 뛰게 하는 블록버스터 역사영화가 하루빨리 세상
에 나오기를 고대한다.[8]

　　결과적으로 사산된 영화 「북위38도선」이 어떤 내용을 담았는
지, 왜 지금까지도 상영되지 못하는지 알 수 없다. 다만 시나리오
의 원 재료인『조선전쟁의 운전자』를 통해 어느정도 추측을 해볼
수는 있을 것이다. 1990년대 지원군 노병들이 이 책에 관해 쓴 서
평과 추천사들을 보면 공통적으로 지적하는 대목이 있다. 바로
이 책을 통해 이제껏 대중에게 알려지지 않은 항미원조전쟁의 내
밀한 사건과 일화들이 대거 밝혀졌다는 점이다. 이를테면, 지원군
본대가 출병하기 전 평 더화이가 지프를 타고 북한에 먼저 비밀
리에 들어간 사실, 대동 탄광에서 그가 김일성과 처음 만나는 장

8　李際均「朝鮮戰爭的珍貴紀實: 評『架馭朝鮮戰爭的人』」(1995.2), 楊鳳安・王天成『北緯
　　三十八度線: 彭德懷與朝鮮戰爭』, 中共中央黨校出版社 1999.

면, 2차전역[9]에서 큰 전과를 세운 38군(軍)에 펑 더화이가 '만세 군' 칭호를 내린 일화 등은 모두 이 책을 통해 처음 밝혀졌다. 이 러한 극적인 요소들은 대중의 흥미를 크게 돋우었다. 왜냐하면 1950~60년대 만들어진 항미원조전쟁 영화는 대부분 일반 병사들 의 영웅적 행위를 소재로 한 것으로서 지원군사령부는 베일에 가 려져 있었기 때문이다.

『조선전쟁의 운전자』에는 다소 민감한 내용들도 기술되어 있 다. 1950년말 미국이 중국에 대해 핵공격을 준비했다고 기술하는 대목은 비단 정치적으로 민감할 뿐 아니라 그 자체로 상당히 논 쟁적이다. 만약 이 내용이 영화에 삽입되었다면 상영 금지의 원 인이 되었을 가능성이 크다. 또한, 이 책에는 화천저수지에서 지 원군 180사(師)가 전멸한 사건도 포함되었다. 우리에게는 '파로 호'라는 이름으로 익숙한 이 전투는 당시 중국의 일반 대중들에 게는 잘 알려지지 않은 항미원조사의 불편한 대목이었다. 전력상 의 열세 탓도 있지만 지도부의 지휘상 실수로 발생한 참상이었던 만큼 중국 대중에게 쉽게 공개할 만한 장면은 아니었을 것이다. 180사의 사건이 TV드라마를 통해 처음 공개된 것은 2020년 「압 록강을 건너(跨過鴨綠江)」에 와서였다.

관계자들의 인터뷰나 회고를 종합해보면 드라마 「항미원조」

---

9 중국에서는 항미원조전쟁을 크게 기동전(1950.10.25~1951.6.10)과 진지전 (1951.6.11~1953.7) 두 시기로 나눈다. 그중 기동전 시기는 총 다섯차례의 전역으로 이루어진다. '전역(戰役)'이란 '전투'보다는 크고 '전쟁'보다는 작은 개념으로, 하나 의 전역은 짧게는 열흘, 길게는 석달이 되기도 한다.

全景式再現抗美援朝战争
主演: 彭德怀——丁笑宜
麦克阿瑟——TOM BUTLER (加拿大)

原　向: 赵南起　徐怀中
出品人: 郑振环　胡振江
监制: 安澜　周政忙　嵇道步
编剧: 杨风安　王天原　李平分
总导演: 宋业仿　黄艺群　杨军
导演: 宋业仿
摄影: 董汉英　曹浩
美术: 孙永凡　常荣根　赵立新
　　　高强　赵立新
录音: 王印顺　邓健如
作曲: 王宁
总制片: 赵学中

八一电影制片厂摄制

영화 「북위38도선」 포스터

역시 알려지지 않은 미공개 사실을 드러내는 데 상당한 노력을 기울였다. 역사적 실제를 사실적으로 재현하기 위해 역사가와 군사 전문가들이 대거 고문으로 초빙되었는데, 특히 전쟁 당시 중국인민지원군 부사령관이자 병참부 사령관이었던 홍 쉐즈가 총고문을 맡은 것이 눈에 띈다. 1959년 펑 더화이 실각에 연루되어 직위에서 해제되고 노동개조소로 보내지기까지 했던 홍 쉐즈는 1977년 이후 중앙으로 복귀했다. 1988년 다시 상장(上將) 군함(軍

衛)을 수여받은 그는 중국공산당 역사에서 두번 상장 군함을 받은 유일한 인물이었다. 1990년대 홍 쉐즈의 위치는 상당히 높았다. 1993년 중국인민정치협상회의 부주석이자 8기 중앙후보위원, 제11, 12기 중앙위원이었으며, 중화인민공화국 1급 81훈장, 1급 독립자유훈장, 1급 해방훈장을 받은 '6성 상장'이었다. 생존한 항미원조전쟁 참전 노병 중 최고의 권위자였다. 그런 그가 88세의 노구를 이끌고 몸소 드라마 「항미원조」의 총고문을 맡아 작품의 역사적 진실성을 보증하기 위해 온 힘을 다했던 것이다. 이처럼 권위있는 고문단의 검증 아래, 드라마 「항미원조」는 중국의 공식 서사가 피해온 민감한 지점에도 과감하게 손을 대었던 듯하다. 이를테면, 거제도 포로수용소의 미군 지휘관 프랜시스 도드(Francis Dodd) 준장이 북한 인민군 포로들에 의해 납치당하는 장면을 재현하기 위해 제작진은 다롄(大連)에 거대한 거제도 수용소 세트장을 짓기도 했다.[10]

예정 제작 기간을 훌쩍 넘긴 탓에 드라마 「항미원조」는 2002년 새해 첫날에 방영될 예정이었다. 그런데 돌연 상영이 보류되면서 지금껏 세상에 나오지 못한 것이다. 상영 보류에 대한 공식 설명이 전혀 없었던지라 대중들 사이에서는 오랫동안 추측이 분분했다. 그러다 2009년 『난팡런우저우칸(南方人物周刊)』이 전 CCTV 사장 양 웨이광(楊偉光)을 인터뷰하는 과정에서 당시의 맥락이 단편적으로나마 드러났다.

---

10 「「抗美援朝」導演李前寬接受採訪」, 『新華社』 2001.9.4.

"그렇습니다. CCTV가 만드는 드라마는 정치를 담고 있습니다. 내가 「항미원조」라는 작품을 제작했을 때, 처음엔 외교부가 신중했어요. 그런데 나중에 보니 미국인들도 조선전쟁을 기념하더란 말입니다. 조선전쟁으로 공산주의 확장을 저지했다고 말입니다. 그래서 다시 외교부를 찾아가 따졌죠. 미국도 조선전쟁을 기념하는데 우리라고 왜 못하냐고요. 결국 만들라고 동의해줬어요. 그런데 정말 유감스럽게도 제작 기간이 너무 오래 걸렸어요. 1년이 넘게 걸렸죠. 심사위원들 모두 상영 가능하다는 의견을 냈는데 갑자기 '9·11'이 일어난 겁니다. 세계무역센터가 폭파되있는데 거기다 항미원조를 내보내는 건 적절치 않다, 이렇게 된 거죠. 당시 상황을 고려하느라 방영을 못했습니다."[11]

감독들도 이 드라마가 사산될 것이라는 예측은 꿈에도 하지 못했던 듯하다. 2001년 4월 28일 「런민망(人民網)」에는 '30부작 드라마 「항미원조」 최근 제작 완료'라는 제목의 기사가 실렸다. 「항미원조」의 감독 리 첸콴(李前寬), 샤오 구이윈(肖桂雲) 부부의 인터뷰를 바탕으로 한 이 기사는 「항미원조」의 출시를 대대적으로 광고하고 있었다. 리, 샤오 부부는 1981년 『패검장군(佩劍將軍)』 이래 수많은 대하 역사극을 제작해온 주선율 장르의 거장이다. 1989년 '주선율 드라마'의 포문을 연 것으로 알려진 『개국대전(開

---

11 『南方人物周刊: 前台長楊偉光解密央視』 第20號, 2009.6.1.

國大典)』을 만든 것도 이들이었다. 인터뷰에서 감독 부부는 「항미원조」의 제작을 위해 지난 십수년간 근 100명에 이르는 인물들을 인터뷰하고 수많은 자료들을 모아왔다고 고백했다. 아울러, 항일전쟁 이래 국가 대사(大事)들을 작품화해온 자신들의 예술 여정을 「항미원조」를 통해 완성할 수 있게 되었다며 감격해 마지 않았다.[12]

저간의 사정을 들여다보면 드라마 「항미원조」의 제작 과정은 처음부터 순탄치 않았던 듯하다. CCTV가 「항미원조」 제작 기획에 들어간 것은 1996년이었다. 작가 장 샤오톈(張笑天)이 집필한 극본이 몇차례의 수정을 통해 사전 심의기구인 중앙중대제재영도소조(中央重大題材領導小組)의 심의를 통과했고, 1997년 봄 CCTV 「항미원조」 제작팀이 베이징에서 설립되었다. 그런데 이 소식을 들은 주중북한대사관에서 극본을 보여달라고 요구해왔다. 요구가 거절당하자 북한대사관은 극중에 김일성이 등장해선 안 된다고 통고해왔다. 이런 상황이 생기자 중국 외교부는 이 드라마가 가져올 외교적 파장을 우려하게 되었다. 결국 드라마 제작이 보류되었고 제작팀도 해체되었다. 그런데 1998년 10월, 드라마의 총고문을 맡았던 홍 쉐즈가 당시 중공중앙 총서기 장 쩌민에게 편지를 보내 「항미원조」의 제작을 재개하게 해달라고 요청했다. 마침내 1999년 1월 외교부는 한국전쟁 발발에 관하여 북침/남침 여부를 정면으로 다루지 않을 것, 김일성을 등장시키

---

12 「30集電視劇《抗美援朝》於近日停機」, 『人民網』 2001.4.28.

드라마 「항미원조」 촬영 현장

지 않을 것 등 몇가지 조건을 걸어 제작을 허가했다. 이렇게 하여 2000년 7월 7일 30부작의 「항미원조」가 정식으로 제작에 들어가게 되었던 것이다.[13]

2002년 방송이 금지된 후에도 드라마 「항미원조」를 상영해달라는 요구는 끊이지 않았다. 2006년 11월, 이 드라마의 제작에 열정을 쏟았던 홍 쉐즈가 세상을 떠나자 많은 사람들이 그의 생전에 「항미원조」가 세상에 나오지 못한 것을 안타까워했다. 2008년, 항미원조전쟁에 참전했던 고위 군 장성들의 부단한 요청 속에 CCTV는 2010년 항미원조전쟁 60주년에 기해 이 드라마를 방영

---

13 李前寬·肖桂雲 『雲開天地寬 : 李前寬、肖桂雲研究文集』, 北京: 中國電影出版社 2003, 223~38면.

할 것을 계획했다. 그러나 중공중앙 외사영도소조(外事領導小組)
는 같은 해에 개최될 상하이세계박람회를 구실로 이를 다시 무산
시켰다. 2011년초에는 인민해방군 고급 장성들이 국방부장관에
게 편지를 써 정전 60주년이 되는 2013년에 이 드라마를 방영해
달라고 요청했다. 그러나 이 역시 거부되었다. 당시 외사영도소조
의 대답은 항미원조전쟁의 역사적 의미는 이미 퇴색했으며 이 전
쟁을 과도하게 강조하면 미국을 자극하여 중미관계를 해칠 수 있
다는 것이었다.[14]

　2000년 즈음에 만들어진 두편의 작품이 아직도 세상에 나오지
못한 데 대해 중국의 네티즌들은 여전히 의구심과 아쉬움을 떨치
지 못한다. 그도 그럴 것이 시 진핑이 집권한 2010년대 중반부터
항미원조전쟁을 다룬 작품들이 대거 드라마로, 영화로 만들어지
기 시작한 것이다. 특히 2021년 「장진호」, 2022년 「장진호의 수문
교」가 기록적인 박스오피스 수치를 과시하고, 또 유튜브나 아이
치이(iQIYI) 등 OTT를 통해 「상감령」을 비롯한 혁명시대의 정전
급 영화들이 대거 고화질로 전환되어 무료로 공개되는 마당에 유
독 이 두 작품만이 세상에 나오지 못하는 이유는 무엇일까. 지금
으로선 추측만 가능할 뿐이지만, 어쩌면 그것은 2020년대의 중국
이 받아들일 수 없는 항미원조전쟁에 대한 감각과 시선이 2000년
을 전후한 중국사회에 존재했음을 말해주는지 모른다.

---

14 「中央曾憂損中美關係, 禁播「抗美援朝」片」, 『明報』 2020.8.1; 「《抗美援朝》電視劇被禁播多
年、究竟爲何?」, 『烏有之鄕』 http://www.wyzxwk.com/Article/shiping/2020/07/421477.
html

검열 속에 핀 꽃: 「38선의 여병」(2000)

이처럼 극도로 신중한 분위기 속에서도 2000년 1월 1일, 항미원조전쟁 50주년 기념 영화 한편이 출시되었다. 81영화제작소 출신으로 수많은 전쟁역사 영화를 제작한 왕 샤오민(王曉民) 감독의 「38선의 여병(三八線上的女兵)」이다. 이 영화는 50주년이라는 특별한 주기를 맞아 항미원조전쟁 기념식을 복원하면서도 미중 관계가 손상될까 전전긍긍했던 모순적 환경에서 제작이 허가되고 방영까지 성공한 유일한 작품이다. 이 영화가 어떤 과정에서 만들어졌는지는 알려진 바가 거의 없다. 그러나 영화를 감상해보면 이 작품이 검열을 통과할 수 있었던 이유를 추측하기는 어렵지 않다. 「38선의 여병」은 「항미원조」나 「북위38도선」처럼 전쟁의 전모를 파노라마처럼 담은 대서사시가 아니다. 여성을 주인공으로 삼아 낭만적 기법으로 전쟁의 한 단면을 보여준 소품이라는 점, 스크린이 아닌 텔레비전 영화로 제작된 저예산 영화라는 점에서, 「38선의 여병」은 정치적으로 파장을 일으킬 소지가 매우 적었다.

검열과 제작비의 부족이라는 열악한 조건에서 만들어진 「38선의 여병」은 작품의 성숙도나 기술 면에서 수작이라 하기는 어렵다. 그러나 지금 시점에서 돌이켜보면 이 작품은 의외로 의미심장한 메시지를 담고 있다. 남성 서사가 주도하는 전쟁영화에서 중심 인물이 모두 여성으로 배치된 경우는 중국의 전쟁영화를 통틀어 아마 이 작품이 유일할 것이다. 게다가 이 영화는 지원군 여병들만의 이야기가 아니다. 5인의 지원군 여병과 조선인 임산부,

영화 「38선의 여병」 포스터

그리고 미국인 종군 여기자 사이에서 형성되는 유대감을 그려낸 「38선의 여병」은 중국에서는 애국주의와 국제주의를 겸비한 작품으로 평가되었다.

작품의 첫 장면은 2001년의 어느날 한 미국인 노부인이 초로의 한국 여인과 함께 중국군사박물관을 방문하는 것으로 시작한다. 이국의 두 여인이 베이징을 찾은 이유는 50년 전 38선 부근에서 조우했던 지원군 여군의 초상화 4점을 군사박물관에 기증하고 이들의 가족을 찾기 위해서였다. 이 노부인의 이름은 메리. 한국전쟁에 참전한 미군을 취재하기 위해 한반도의 전선에 들어온 종군기자였다. 박물관 관계자를 만난 메리는 50년 전 5인의 지원군 여병과의 단 이틀 동안의 만남을 평생 잊을 수 없었으며, 죽기 전에 이들의 명예를 찾아주기 위해 베이징을 찾았다고 말했다.

메리가 지원군 여병과 조우했던 시기는 1951년 초, 지원군의 4차전역이 전개되던 때였다. 3차전역에서 서울을 점령했던 지원군은 4차전역에서 연합군의 강력한 공세에 밀려 38선 이북으로 다시 후퇴하는데, 그 과정에서 위생병 일부가 적의 포위망을 뚫지 못해 본대에서 낙오된다. 위생부대 지도원 왕 원후이와 대원 왕 자오디, 장 란, 그리고 이들이 후퇴 과정에서 구출한 문화공작단(文化工作團) 단원 리 이리와 쑨 나나. 5인의 여병이 미군의 추격을 피해 38선 부근 어느 산속 동굴로 몸을 숨긴다. 동굴에서 이들은 피난민 대열에서 낙오하여 피신해 있던 은숙을 만나게 된다. 은숙은 해산을 앞둔 만삭의 임신부였다. 그녀의 남편은 그녀를 동굴에 피신시킨 후 음식을 구하러 나가 다시 돌아오지 못했다. 여병들은 자신들의 비상식량을 꺼내 은숙을 돌보지만, 얼마 되지 않아 그녀들의 은신처가 미군에 포위당한다. 다음 날 정오까지 항복하지 않으면 동굴을 폭격하겠다는 미군 협상 대표의 최후통첩에, 지도원 왕 원후이는 결사 항전의 의지를 굽히지 않는다. 그러자 은숙의 안위가 걱정되었던 쑨 나나가 돌연 협상에 끼어든다. 단둥 미션스쿨의 음악 교사였던 쑨 나나는 한때 미국 유학을 꿈꿨던 음악가 지망생이었다. 그녀는 유창한 영어로 미군

협상대표와 통역사 메리에게 은숙을 안전하게 38선 이북으로 보내주면 항복하겠다고 약속한다. 나나의 돌발 행동은 순식간에 지원군 여병들 간의 불신과 갈등을 고조시켰다. 그러나 갈등도 잠시, 은숙의 해산이 임박해온다. 나나는 은숙이 해산할 시간을 벌기 위해 황급히 바이올린을 집어 들고 동굴 바깥으로 뛰쳐나간다. 그곳에는 공격 태세를 갖추고 최종 시한을 기다리는 미군들이 포진해 있었다. 예기치 못한 나나의 바이올린 연주에 미군들이 정신을 빼앗긴 사이, 은숙은 여병들의 도움을 받아 건강한 여아를 출산한다. 함께 가겠다는 은숙을 뒤로 하고 여병들은 항복을 기다리는 미군을 향해 걸어간다. 이윽고 나나가 연주하는 「조국의 봄날」과 「의용군 행진곡」의 선율이 멎을 무렵, 여병들의 허리춤에 감춰진 수류탄들이 일제히 폭발한다.

「38선의 여병」의 주제는 두개의 선율로 이루어져 있다. 항복하여 살길을 구하지 않고 죽음으로 산화한 여병들의 투철한 애국정신이 하나라면, 다른 하나는 그들과 은숙, 메리 사이에 형성된 모종의 유대이다. 전자가 주선율 영화에서 통상적으로 보이는 고정선율이라면, 후자는 이 영화의 특이성을 드러내는 이색적 선율이다. 동굴을 떠나기 전 여병들은 문공단원 리 이리가 동료들을 위해 그린 목탄 초상화를 은숙에게 기념으로 남긴다. 그리고 은숙은 이들에게 갓 태어난 여아의 이름을 지어달라고 부탁한다. 아기의 이름은 '애화(愛華)'. '화'는 '꽃'과 '중국'을 함께 의미한다. 50년 후 메리와 함께 베이징 군사박물관을 찾은 중년의 애화는 자신의 생명은 지원군 여병들에게서 받은 것임을 모친이 늘 강조했다고 말한다.

영화에서 애화의 존재는 흥미롭다. 그동안 항미원조전쟁 영화에서 중국 지원군과 북한의 민간인, 특히 북한 여성들과의 정서적 유대는 비교적 익숙한 주제였다. 반면 한국인과 지원군의 유대를 다룬 것은 「38선의 여병」이 처음이다. 과거 항미원조영화에서 한국인의 이미지는 '이승만의 괴뢰도당'이라는 틀에서 대체로 벗어나지 않았다. 남북 경계선이 출렁이던 시기 38선 부근에서 만난 은숙이 남한 여인인지 북한 여인인지를 따지는 것은 부질없겠지만, 협상 중 나나가 은숙을 38선 이북으로 보내달라고 요구한 것을 보면 이북 출신으로 보인다. 그러나 은숙의 딸 애화가 한국인으로 자랐음은 분명하다. 물론 지원군의 희생으로 세상에 태어난 한국 아기라는 설정이 다소 진부하고, 또 한국 청중에게 불편하게 느껴질 수도 있다. 그러나 당시 이 영화가 텔레비전 영화로 제작된 국내용이었음을 생각하면, 중국인 시청자들에게 한국 아기의 생명이 평화와 화해의 상징으로 제시된 것은 범상치 않다. 아마도 여기에는 한중수교 이후 중국인의 일상 속에 부쩍 가까워진 한국에 대한 정서적 거리가 작용했을 것이다.

더 중요한 지점은 지원군 여병들과 메리의 상징적 해후가 애화를 매개로 실현된다는 사실이다. 죽기 전 여병들의 명예를 찾아주고 그들 가족에게 경의를 표하고 싶다는 메리의 오랜 소원을 실현하는 여정에 애화가 동반한다. 애화의 존재는 메리의 기억을 입증하는 증거이다. 전쟁 중 실종자로 처리되었던 다섯 여병들은 메리의 증언을 통해 비로소 전사자의 명단에 이름을 올리게 된다.

희생의 성격에 따라 전사들의 공훈이 다르게 기록되고 살아남은 가족들의 삶이 천양지차로 달라지는 중국의 현실을 상기하면, 여병들의 희생을 증언하기 위해 50년 전의 일을 잊지 않고 이역만리에서 찾아온 메리의 행동은 단순히 정서적 유대를 넘어선다.

한국인 아기를 매개로 중국인과 미국인 여성 사이에 형성된 이 낯선 유대를 어떻게 보아야 할까. 이를 항미원조전쟁 당시의 슬로건이었던 국제주의로 설명하는 것은 적절치 않다. 국제주의의 의미를 최대한 넓게 보아 제국주의에 반대하는 전세계 인민의 연대로 정의하더라도, 이들 삼자 간 유대의 성격은 그러한 정치적 구호와 거리가 멀다. 메리가 되찾아주고자 했던 여병들의 명예의 본질은 국가를 위해, 혹은 제국주의 타도를 위해 목숨을 바친데 있지 않았다. 메리를 베이징으로 오게 한 힘은 전쟁의 포연 한가운데에서 한 생명의 탄생을 지켜낸 숭고한 행위에 대한 경외였다. 치열한 전선에서 메리와 은숙, 지원군 여병 사이 이념과 국경을 초월하는 연대의 본질은 생명에 대한 경외와 미래 세대에 대한 희망이었던 것이다.

투여된 물적 인적 자본의 낮은 수준을 감안할 때, 「38선의 여병」이 「항미원조」나 「북위 38도선」보다 완성도에서 떨어지는 작품임은 말할 것도 없다. 그러나 시각을 바꿔서 보면, 오히려 검열과 예산의 제약이라는 열악한 상황이 주류 서사의 궤도에서 이탈한, 이질적인 전쟁서사를 만들어낸 것 아닐까. 전쟁에서 치뤄진 희생을 숭고하고 아름다운 것으로 들어올려 궁극적으로 전쟁의 정당성을 옹호하는 것은 주선율 전쟁물의 일관된 서사 방향이다.

항일전쟁, 해방전쟁, 항미원조전쟁에 이르기까지 전쟁사가 혁명사의 중요한 기초인 중화인민공화국에서, 전쟁의 정당성을 근원적으로 의심하는 서사를 기대하기란 쉽지 않다. 전쟁은 민족, 국가, 인민, 평화, 정의를 위한 정당한 혁명실천으로 간주되기 때문이다. 그런 점에서 「38선의 여병」이 강고한 주선율 전쟁서사 구조에 희미하게나마 균열을 낸 것은 결코 의미가 작지 않다. 비록 영화가 전면에 내세운 것은 투항하지 않고 자결을 택한 여병들의 투철한 애국심이지만, 궁극적으로 그녀들의 희생을 숭고하게 만드는 것은 생명에 대한 경외이다. 그런 점에서 「38선의 여병」은 전쟁의 본질을 근본적으로 되묻는 반전(反戰)적 사유의 작은 가능성을 열어 보였던 것이다.

「38선의 여병」이 출현하게 된 배경을 파악하기 위해선 2000년 즈음의 중국사회의 분위기를 살펴볼 필요가 있다. 이 시기는 '반일' '반미'를 매개로 기층의 민족주의가 비등하던 때였다. 1990년대 중반 인터넷이 빠른 속도로 보급되면서 톈안먼(天安門) 사건 이후 대중들의 억눌린 정치적 욕망이 온라인 정치 살롱으로 모여들었다. 이 같은 현상에 대해 당시 학계에서도 논의가 분분했지만, 지금 돌아보면 1990년대 후반 중국사회의 기층 민족주의는 단순히 국가 이데올로기로 등치시키기 어려운 복잡한 층위가 있었다. 물론 개혁개방 이후 이데올로기의 아노미 상태를 메운 민족주의 정서를 국가가 은근히 이용한 측면도 배제할 수 없다. 그러나 이 시기 기층 민족주의는 지금처럼 강한 중국에 대한 자신감의 소산이 아니었다. 거기에는 중국이 지구적 자본주의 체제에 급속히 편입하는 과정에서 발생하는 가치체계의 붕괴에 대한 좌절, 국제사회에서 중국정부가 보여준 수동적 외교정책에 대한 불만 등이 뒤섞여 있었다. 중국정부로서는 자칫 정부 비판으로 전환되거나 혹은 외교문제를 일으킬 수 있는 이러한 정서적 흐름이 반가운 것만은 아니었다.[15] 이러한 맥락에서 보면, 30부작 드라마 「항미원조」나 블록버스터급 영화 「북위38도선」처럼 거대한 자본을 들인 작품들이 제작될 수 있었던 배경에는 기층에서 끓어오르는 거대한 정서적 수요에 예민하게 반응하는 시장의 논리가 작용했을 가능성이 크다. 국가로서는 이러한 정서적 팽창이 초래할 부작용을 관리하기 위해, 한편으로는 항미원조전쟁 50주년을 격식에 맞춰 기념하면서 다른 한편에서는 그것을 평화와 화해로 승화하는 메시지가 필요했을 것이다. 「38선의 여병」은 이처럼 국가와 기층의 충돌하는 요구가 만나는 모종의 타협점이었다.

그런 점에서 「38선의 여병」은 태생적인 한계를 지닌다. 역사물에서 주변화된 여성의 시선을 전면에 등장시킴으로써 이 영화는 기성 전쟁서사의 근간을 흔드는 생명의 가치를 중심 테마로 거머쥘 수 있었을 뿐 아니라 이념과 국경을 넘어서는 연대와 우애라는 선율을 구축해냈다. 그러나 작품에서 그것의 역할은 애국주의의 중심 선율에 도전하는 것이 아니라 그와 조화롭게 공존하는 것이었다. 결국 모성과 생명을 매개로 한 우애와 연대라는 이질적 선율이 애국주의라는 기성의 선율과 모호하게 공존함으로써,

---

15 백지운 「전지구화 시대 중국의 '인터넷 민족주의'」, 『중국현대문학』 34호, 2005, 260~69면.

「38선의 여병」은 작품으로서 돌파구를 찾지 못했다. 그러나 이러한 아쉬움에도 불구하고, 남과 북, 미국과 중국의 여성을 등장시켜 화해와 평화, 미래에 대한 은근한 희망을 기탁하는 「38선의 여병」의 시도는 20여 년이 지난 지금의 현실에서 보면 기이할 정도로 선구적이다. 화려한 자본을 등에 업고 수억 관중을 과시하는 2020년대의 항미원조전쟁 블록버스터물이 근원적으로 결락하는 지점을 「38선의 여병」은 새삼 도드라지게 하는 것이다.

펑 더화이의 문제적 복권
「펑대장군」「삼선의 펑 더화이」「펑 더화이 원수」

예기치 못한 환영

2016년 CCTV 종합채널에서 방영된 36부작 TV드라마 「펑더화이원수(彭德懷元帥)」는 생각할수록 문제적인 작품이다. 우선 그것은 중국의 대중들이 안방에서 항미원조전쟁을 제대로 접한 첫 작품이라는 점에서 기념비적이다. 그러나 동시에 그 제작과 방영, 그리고 그것이 대중들에게 소비되는 과정에서 드러난 미묘한 곡절들은 2016년이라는 시점에서도 항미원조전쟁이 여전히 당대의 예민한 신경줄 사이에서 아슬한 줄타기를 하고 있었음을 보여주었다.

드라마 「펑 더화이 원수」를 논하기에 앞서, 2000년대초 중국의 대중매체에서 TV드라마의 위상에 대해 잠시 짚어볼 필요가 있다. 중국에서 TV드라마는 이미 1990년대부터 영화를 대신하여 주류 가치를 재조직하는 역할을 담당하기 시작했다. 그러나 그 과정은 과거 혁명시대처럼 일방적으로 상층의 이데올로기를 아래로 내려 보내는 방식은 아니었다. 사회주의 가치관이 붕괴하고 소비주의와 금권주의가 중국사회를 엄습하는 가운데, TV드라마는 새로이 등장한 '중산층', 국가기구 및 지식인 엘리트, 그리고 문화자본 사이에서 다중의 권력관계가 충돌, 담합, 타협하는 역동적인 공간이었다. 1990년 당대 대중문화의 아이콘인 왕 쉬(王朔)가 제작한 TV드라마 「갈망(渴望)」이 중국사회에 커다란 파장을 일으키며 이른바 '안방 드라마'의 시대가 열렸다. 이데올로기적 요소를 피해 개인의 일상과 생애사 속으로 파고들어 통속성과 오락성에 집중하는 것이 1990년대 TV드라마의 주된 경향이었다. 그런데 겉으로 드러나는 비이데올로기적 통속성 뒤에는 복잡한 권력관계가 작동하고 있었다. 문화연구자 다이 진화(戴錦華)는 2000년대 중국 TV드라마에 대거 등장한 첩보, 군사, 전쟁물이 개인화, 상업화, 탈역사화의 방식으로 역사에 개입하는 과정에 주목한 바 있다. 「량검」「나의 사단장 나의 사단」「계략」「잠복」 등 당시 중국사회에 큰 반향을 일으켰던 TV드라마들이 신자유주의 시대의 소비대중의 요구를 만족시키면서 동시에 국가가 요구하는 새로운 주류 가치를 수립하는 데 일조했다는 것이다.[16]

항미원조전쟁은 2000년대의 TV드라마 전성시대를 맞아 조용히 대중사회로 복귀하기 시작했다. 그러나 적어도 2000년대 첫 10년 동안은 전면에 드러나기보다 후방의 배경 역할을 하는 정

---

16 다이 진화 「역사와 기억 그리고 재현의 정치」 286~305면; 다이 진화 『거울 속에 있는 듯』, 주재희·김순진·임대근·박정원 옮김, 그린비 2009, 309~51면.

도였다. 「량검」 「원대한 포부」 「역사의 하늘」 「훈장」 등 한 개인이 역사의 풍운 속에 성장해 가는 과정을 그린 드라마들에서 항미원조전쟁은 인생풍파의 배경이나 단련의 장으로 등장했다.[17] 2010년, 항미원조전쟁 60주년 기념작 「마오 안잉」 34부작이 나왔던 것도 그러한 흐름의 연장선상이었다. 드라마 「항미원조」가 상영 금지 조치된 후 근 10년 만에 항미원조전쟁에 대한 직접적 지시성을 띤 작품이 비로소 대중들의 가정에 출현한 것이다. 마오쩌둥의 장자이자 항미원조전쟁에 참전하여 전사한 마오 안잉의 묘는 지금도 북한 회창의 열사능원에 안장되어 있다. 27세의 짧은 생애를 살았던 그의 행적에 대해서는 알려진 바가 많지 않지만, 마오 안잉이라는 이름은 지금껏 '항미원조'와 '중조우의'의 강력한 상징으로 작용하고 있다.

그러나 항미원조전쟁에서 마오 안잉의 역할은 크지 않았다. 펑더화이의 러시아어 통역이자 비서로서 지원군사령부에서 근무하다 1950년 11월 2차전역이 시작될 무렵 미군의 공습 과정에서 전사했으니, 실제로 그가 한반도 전장에 있었던 것은 불과 한달이 채 되지 않는다. 따라서 드라마 「마오 안잉」에 나타난 항미원조전쟁은 매우 제한적이다. 분량으로 치더라도 총 34부 중 이 전쟁과 직접 관련된 부분은 아홉부에 불과하며, 그나마도 마오 안잉을 주축으로 서사를 끌어가다보니 허구적 요소들이 상당히 많이 가미되었다. 이를테면 주요 전투의 작전 계획이 마치 마오 안잉의

---

17 김란, 앞의 글 237~38면.

두뇌로부터 나오는 것처럼 묘사되면서 펑 더화이를 비롯한 지원군사령부의 인물들이 수동적으로 그려진 것이 대표적인 예이다.

그럼에도 불구하고 「마오 안잉」은 중국인민지원군사령부의 모습을 처음으로 대중에게 보여준 TV드라마였다. 펑 더화이, 홍 쉐즈(洪學智), 덩 화(鄧華), 셰 팡(解方, 1908~84), 한 셴추(韓先楚, 1913~86)를 비롯한 지휘부, 그리고 39군 군장 우 신촨(吳信泉), 38군 군장 량 싱추(梁興初) 등 1~2차 전역에서 활약한 고위 간부들을 비롯하여, 북한에 들어간 첫 두달 간의 지원군사령부의 모습이 이 드라마를 통해 드디어 베일을 벗은 것이다. 또한, 사령부에 잡혀온 미군 포로를 심문하는 장면, 1차전역에서 적을 제대로 포위하지 못한 38군 군장을 펑 더화이가 심하게 질책하는 장면 등은 1980년대 이래 출간된 각종 회고록과 실록에 기록된 것을 재현한 것이었다. 항미원조전쟁에 대한 금기가 여전히 풀리지 않은 당시 상황에서 지원군사령부의 모습을 TV드라마에서 재현한다는 것은 여전히 예민한 문제였다. 분명 여기에는 마오의 아들을 소재로 삼은 것이 안전판 역할을 했을 것이다. 안잉과 동생 안칭의 돈독한 우애, 아내 스치와의 애틋한 사랑, 마오 부자간의 깊은 감정 등 역사적 사실보다는 인물들의 감정선에 많은 비중을 둔 것도, 민감한 소재를 감싸는 완충장치로서의 역할을 톡톡히 했다. 이처럼 드라마 「마오 안잉」은 정치적인 것을 회피하고 개인화와 상업화 통속화를 추구하는 2000년대초 TV드라마의 흐름에 부합하면서도 상당히 신중하게, 항미원조전쟁의 실제 장면들을 대중들의 가정에 송출하는 데 성공했다. 2010년 「마오 안잉」의 방영은

2016년의 「펑 더화이 원수」의 출현을 위한 징검다리였던 것이다.

중국공산당 건당 95주년 기념작 「펑 더화이 원수」는 항미원조전쟁을 본격적으로 다룬 첫 TV드라마이다. 방영된 총 36부 중 항미원조전쟁에 관한 부분은 25집 후반부터 33집 초반까지이니, 분량상으로는 많다고 할 수 없다. 그러나 마오 안잉과 달리 펑 더화이는 항미원조전쟁을 진두지휘한 지원군 총사령관이다. 개인의 일생에 초점을 맞춘 전기적 드라마라 하더라도 펑 더화이를 항미원조전쟁과 떨어뜨려 생각할 수는 없다. 서사구조 면에서도 「펑 더화이 원수」는 2000년대의 군사 드라마와 질적으로 달랐다. 이 시기 드라마들이 개인의 생애사를 전면에 내세우고 역사를 배경으로 깔았다면, 「펑 더화이 원수」는 항일전쟁, 해방전쟁, 항미원조전쟁이라는 중화인민공화국 건국의 기초가 되는 세 축의 역사적 사건을 주축으로 하면서 펑 더화이라는 인물의 생애사를 흥미진진하게 결합시켰다. 중국의 평론가들이 이 드라마에 대해 역사적 진실과 예술적 진실의 결합이라고 극찬한 것은 지나친 과장이 아니다.

「펑 더화이 원수」는 시장에서 예상을 뛰어넘는 뜨거운 반응을 얻었다. 2016년 5월 20일 CCTV 종합채널 황금시간대에 방영된 이 드라마는 첫 방송일에 전국 위성채널 최고 수신율을 기록했다. 이후에도 시청률은 지속적으로 증가하여, 평균 시청률 1.76%, 단일 편수 시청률 2.37%를 넘어섰다. 가구점유율로 계산하면 4.42%로서, 이는 2016년 CCTV 황금시간대 드라마의 최고 기록이었다. 6월 19일 종영까지 누적 청중수는 4억 명 이상이었으

드라마 「펑 더화이 원수」 포스터

며 인터넷 조회수는 5억회를 넘겼다.[18] 이는 2015년~2016년 사이에 방영된 역사드라마 중 가장 높은 수치였다. 당시 발표된 평론들을 참고하건대, 「펑 더화이 원수」는 주선율 드라마에 대한 대중들의 선입관을 크게 바꿔놓았다. 아래는 해방군 신문문예부 주임 천 셴이(陳先義)의 말이다.

---

18 姜雨衫「彰顯信仰之美 凝聚中國力量」,『電視研究』 2016年 第7期, 6면.

한 시대 이래 무거운 혁명역사를 제재로 삼는 영상물의 창작자들은 일종의 잘못된 관념을 지녀왔다. 이런 작품은 쓰는 사람도 없고, 써도 찍는 사람이 없으며, 찍어도 방영하는 사람이 없고, 방영해도 보는 사람이 없다는 것이다. 그래서 시장은 있으나 사상이 결여된 '통속드라마'로 벌떼처럼 몰려들었던 것이다. 「펑 더화이 원수」의 성공적 방영은 시장의 수요나 관중의 입맛을 따라가는 것보다 인민들이 환영할 만한 고품격의 작품을 만드는 것이 더 중요하다는 것을 일깨워주었다. 이 드라마의 성공은 예술창작의 중심은 언제나 내용과 사상이며, 대중들은 사상성과 예술성을 갖춘 진실한 작품을 기다리고 있음을 말해주었다.[19]

「펑 더화이 원수」의 극본 작가 마 지홍(馬繼紅)은 이렇게 말했다.

「펑 더화이 원수」를 처음 방송에 내보낼 때 그야말로 걱정스러웠다. 동시간대 다른 위성채널에 수억 위안의 제작비에 초호화 캐스팅을 자랑하는 차도남 차도녀의 아이돌 드라마가 다수 예정되어 있었기 때문이다. 이런 힘겨운 경쟁에서 「펑 더화이 원수」가 살아남을 수 있을까? 그런데 뜻밖에도 「펑 더화이 원수」는 시청률과 입소문 모두에서 이들을 제쳤다. 전국 각지 80~90세의 노인에서 18~19세의 청년에 이르기까지 '펑 더화이 붐'이 형성되었다. 사람들은 펑 더화이의 인간

---

19 姜雨衫, 같은 글 5~6면.

적 매력에 빠져들었고 그의 혁명정신에 감동받았다. 이 작품의 인터넷 조회수는 5억회를 넘었다. 나는 이 작품을 창작하면서, 인민이 문예를 필요로 하고 문예가 인민을 필요로 한다는 것이 바로 이런 것이구나 깨닫게 되었다.[20]

이처럼 「펑 더화이 원수」는 상업 드라마가 절대적 우세를 점하는 2010년대의 대중문화 시장에서 주선율 드라마가 경쟁력을 가질 수 있음을 보여준 획기적 계기였다. 물론, 이듬해인 2017년 「전랑2」가 공전의 박스오피스 기록으로 오랫동안 대중들에게 외면받았던 주선율 영화를 주류 문화의 궤도에 진입시킨 사실을 고려해야 할 것이다. 시 진핑 시대 주선율 장르에 대한 정부의 대대적지원, 그리고 2030세대를 포함하여 사회 전반적으로 애국주의와민족주의가 고양된 문화 감성의 지형 변화도 「펑 더화이 원수」가시장에서 성공하는 데 기여했을 수 있다. 그러나 확실히 「펑 더화이 원수」는 잘 만들어진 수작이다. 세밀한 역사고증을 기반으로탄탄한 시나리오를 쓴 마 지훙 작가와 81영화제작소 출신으로 혁명역사물에 잔뼈가 굵은 송 예밍(宋業明) 감독의 실력도 컸지만,특히 펑 더화이의 역을 맡은 배우 동 용(董勇)의 몰입된 연기력을빼놓을 수 없다. 부친과 모친이 모두 항미원조전쟁에 참전한 지원군 전사였던 그는 이 드라마에 각별한 애착을 보였다. 신들린듯한 그의 연기는 주선율 장르 특유의 반듯한 영웅 이미지를 탈

---

20 姜雨衫, 같은 글 6면.

피하여 정의롭고 자유분방하며 인간미 넘치는 '펑 더화이 원수'를 대중들에게 선사해주었다. 대중들은 시종 '니미럴'을 입에 달고 사는 소탈한 '펑쫑'(彭總, '펑 총사령관'의 줄임말의 중국어 발음)의 매력에 이끌려 오랜 금기의 영역 항미원조전쟁의 역사 속으로 빠져들었다.

잘려나간 열편

드라마 「펑 더화이 원수」가 이처럼 예상을 훌쩍 뛰어넘어 대중의 큰 관심을 받았던 데에는 펑 더화이가 중국현대사의 무대에서 일찌감치 사라진, 비운의 인물이라는 점도 한 요인이었다. 항미원조전쟁에서 큰 공을 세우고 돌아온 펑 더화이는 한동안 승승장구했다. 1954년 국무원 부총리 겸 국방부장관, 중공중앙 국방위원회 부주석에 임명되었고, 1955년 인민해방군 군함(軍銜) 개편 때는 10대 개국원수(開國元帥)의 반열에 올랐다. 원수 서열은 주 더(朱德) 다음인 두번째였다. 그런 그가 1959년 루산회의에서 돌연 실각한 후 끝내 복권되지 못한 채 1974년 비참하게 생을 마감했던 것이다. 펑 더화이의 정치적 복권이 이뤄진 것은 1978년 중국공산당 제11기 3중전회(11기 중앙위원회 제3차 전체회의)에서였다. 그러나 어쩐 일인지 그후로도 오랫동안 펑 더화이는 국가의 공적 기억에 진입하지 못했다. 드라마 「펑 더화이 원수」는 펑 더화이를 실질적으로 복권시킨 작품이라고 해도 과언이 아니다.

문제는 방영 당시 46부작으로 시작된 드라마가 돌연 36부에서 종영을 고하면서, 펑 더화이의 실각 이후의 분량이 몽땅 잘려나간 것이다. 2016년 5월 20일, '중국공산당 성립 95주년 중점 TV드라마'라는 표제를 걸고 첫 방송을 시작한 「펑 더화이 원수」는 6월 19일 예고 없이 종영되었다. 항미원조전쟁을 마치고 중화인민공화국 초대 국방부장관이 된 펑 더화이가 국산 핵무기 개발을 위해 분전하는 장면 이후, 돌연 '극종(劇終)' 두 글자가 화면에 뜬 것이다. 화면 아래로는 "린 뱌오, 4인방의 핍박 아래, 1974년 11월 29일, 펑 더화이 원수는 베이징에서 서거했다. 향년 76세였다."라는 짧은 자막이 붙었을 뿐이다.

이러한 갑작스런 종영 처사에 청중들의 반응이 어땠을지 짐작하긴 어렵지 않다. 대부분 삭제되긴 했지만, 아직도 일부 인터넷 블로그나 기사에서 당시의 황당했던 대중들의 반응을 엿볼 수 있다. '펑대장군'이 그렇게 훌륭한 사람이라면 왜 끝까지 제대로 보여주지 않는가, 펑 더화이를 높이고 마오 주석을 낮추었기 때문인가, 드라마 내용이 정치적 수요와 맞지 않아서인가, 혹 당 고위층의 심기를 불편하게 했는가, 당은 왜 그렇게 자신감이 없는가 등 볼멘소리들이 터져나왔다.[21] 드라마 「펑 더화이 원수」의 인터넷 조회수 5억회라는 기록적인 수치에는 이런 돌발적 종영 조치도 적잖은 역할을 했을 것이다.

더 궁금한 것은, 문제가 되는 후반부를 왜 처음부터 자르거나 편집하지 않고 방영 중에 중지시켰을까 하는 것이다. 중국의 모든 TV드라마는 국무원 직속기관인 국가라디오텔레비전방송총

---

21 「『彭德懷元帥』禁播10集的背景」, 2016.6.25 (https://www.backchina.com/blog/281424/article-253560.html).

국(國家廣播電視總局)의 관리감독과 심의를 받는다. 극본 단계부터 편집까지 여러 단계의 심의를 통과해야 전파를 탈 수 있다. 따라서 정치적으로 민감한 내용은 대부분 제작자들의 자체 검열을 통해 사전에 걸러지며, 그래도 문제가 되는 경우는 심의를 통과하지 못한다. 「항미원조」나 영화 「북위38도선」처럼 최종 심의를 통과하고도 방영되지 못하는 것도 흔치 않지만, 「펑 더화이 원수」처럼 방영 중간에 긴급 종영시키는 것은 지극히 드문 사례였다.

「펑 더화이 원수」는 2020년대의 주선율 드라마처럼 엄청난 제작비 지원을 받는 블록버스터는 아니었지만, 제작 당시의 정치적 환경은 비교적 양호한 편이었다. '문화 자신감, 역사 자신감 회복'이 시 진핑 체제 영상물 제작의 주요 방향이 되면서 항미원조 전쟁에 대한 본격적 해금의 조짐이 나타나고 있었다. 드라마 「펑 더화이 원수」의 기획이 시작된 것은 2009년 무렵이었다. 후난성(湖南省) 샹탄(湘潭)에 소재한 펑더화이기념관의 당조서기(黨組書記)이자 관장인 리 르팡(李日方)은 펑의 일대기를 담은 드라마 연속극 제작을 기념관의 중점 사업으로 삼았다. 수년의 분전 끝에 그는 81영화제작소의 1급 감독 송 예밍과 중앙군위(中央軍委) 병참보장부TV예술센터 소속의 국가1급 시나리오작가 마 지훙 등과 제작팀을 꾸렸다. 1년 반에 달하는 극본 집필과 심의 과정을 거쳐 마침내 2014년 12월 드라마의 제작이 정식으로 승인된다. 총서기 시 진핑을 비롯하여, 중앙군위 부주석 판 창룽(范長龍)과 쉬 치량(許其亮), 중국인민해방군총병참부 정치위원 겸 상장 류 위안(劉源)이 각각 서면 동의서를 하달했다. 그리고 제9대 전국정협

(全國政協) 부주석 겸 상장인 자오 난치(趙南起)와 류 위안이 드라마의 총고문을 맡았다.

작업 성사 과정에 조선족 출신의 상장 자오 난치(한국어명 조남기)의 역할을 빼놓을 수 없다. 그는 펑 더화이의 조선어 통역사로 지원군사령부에서 근무했다. 러시아어 통역을 맡은 마오 안잉과 같은 방을 썼다고 한다. 1988년 중국인민해방군 군함제가 복원될 때, 그는 상장 군함을 단 17인 중 하나였다. 펑 더화이 사령관에 대한 남다른 경모의 감정을 품었던 자오 난치는 2000년 영화 「북위38도선」 제작비 조달을 위해서도 백방으로 애썼던 인물이다. 2013년 그는 드라마 「펑 더화이 원수」의 원활한 제작을 위해 중공중앙에 수차례 편지를 써, 시 진핑의 서면 동의를 받는 데 큰 공헌을 했다. 구순의 나이에 「펑 더화이 원수」의 총고문을 맡았다는 사실은 그가 이 작업에 얼마에 애착을 가졌는지를 보여준다. 자오 난치와 공동으로 고문을 맡았던 류 위안은 류 샤오치(劉少奇)의 아들이다.[22] 드라마에서 자오 난치는 펑의 비서이자 마오 안잉의 동료로 등장한다.

2014년 12월 20일에는 드라마 「펑 더화이 원수」의 크랭크인을 기념하는 행사가 베이징 인민대회당에서 기자회견과 함께 성대하게 열렸다. 대외적으로 미중 관계의 냉각, 국내적으로는 민족주의의 고양이라는 흐름을 타고, 「펑 더화이 원수」는 정계와 군, 문예계 각 부문의 관심 속에 순탄하게 출항했다. '대형 혁명 제재

---

22 「1987年、老幹部聯名擧報朝鮮族人趙南起是臥底、爲何仍被授上將?」, 『騰迅網』 2018.6.17.

TV드라마'라는 표제와 함께 「평 더화이 원수」는 제작 단계부터 다양한 매체를 통한 홍보로 세간의 관심을 끌어모았다. 2014년 12월 16일자 『런민망』은 40부작의 「평 더화이 원수」가 2015년 9월 18일 CCTV 제1채널에서 방영될 예정이라 보도했다.[23] 2014년 12월 23일자 『창사완바오(長沙晩報)』 역시 「평 더화이 원수」의 크랭크인 기념식을 소개하면서 다음과 같은 내용의 기사를 내보냈다.

> 40부작 드라마 연속극 「평 더화이 원수」는 무산계급혁명가이자 군사가 평 더화이의 일생을 중심으로 한 중대 혁명역사 제재의 전기 드라마이다. 평 더화이의 찬란한 고난의 일생을 두서로 삼아 중국 인민이 독립과 해방을 쟁취한 투쟁의 역사를 전면적으로 그려낸다. 여기에는 백단대전(百團大戰), 항미원조, 루산회의 등의 역사적 사실이 포함된다. 이로부터 다혈질이면서 강직하고 또 일편단심 백성을 위했던 평 대원수의 입체적인 형상을 관중의 눈앞에 펼쳐낼 것이다.[24]

놀랍게도 위의 보도는 평 더화이 실각의 직접적 계기가 된 루산회의가 다뤄진다는 내용을 광고로 내보내고 있었다. 또한, 드라마 촬영이 완성되던 시점인 2015년 5월, 월간잡지 『둥팡뎬잉(東方電影)』 5월호는 '「평 더화이 원수」 헝뎬(橫店)[25] 분전'이라는 제목

---

23 「軍委領導批示同意拍攝《彭德懷元帥》劉源等任總顧問」, 『人民網』 2014.12.16.
24 「電視劇《彭德懷元帥》開機」, 『長沙晩報』 2014.12.23.
25 저장성(浙江省) 진화시(金化市)에 소재한 대형 영화 세트장.

으로 두 페이지에 걸쳐 전면 사진 광고를 실었다. 분장한 출연 배우가 총집결한 사진 하단에 아래와 같이 적혀 있었다.

상하이영화그룹, 해방군 총병참부TV예술센터 등의 기관이 연합하여 촬영한 40부작 중대 혁명역사 제재 TV연속극 「펑 더화이 원수」의 촬영 열기로 헝뎬이 뜨겁다. 4월 21일, 상하이시 선전부 부부장 천 둥(陳東)은 상하이영화그룹 총재 런 중룬(任仲倫) 등의 안내를 받아 헝뎬 촬영 현장을 방문했다. (배우 소개 생략 — 인용자) 감독 송 예밍의 설명에 따르면, 본 드라마는 대서사시적 서사 방법과 도약식 창작 방법을 통해 선배 세대 혁명 영웅의 위대한 공적을 진실하게 재현했다. 소식에 따르면, 국가영화총국이 이 드라마를 반파시즘전쟁 승리 70주년 중점 작품으로 확정했으며, 올 9월 관중과 만날 예정이다.[26]

이들 기사를 참조할 때, 촬영이 마무리된 2015년 5월의 시점까지 「펑 더화이 원수」의 제작과 방영과정은 순조로웠던 것으로 보인다. 40부작 예정으로 2015년 9월에 방영되는 것이 거의 확정되어 있었다. 그런데 어떤 사정에서인지 방영 시기가 이듬해 5월로 연기되었고 분량도 46부작으로 늘어났다. 분량이 늘어났다는 것은, 루산회의를 포함한 펑의 실각과 문화대혁명의 파국을 다룬 작품 후반부가 방영 시점까지 문제되지 않았음을 의미한다. 이로 보건대, 드라마 「펑 더화이 원수」가 기획·제작되던 2010년에서

---

26 「「彭德懷元帥」 "奮戰" 橫店」, 『東方電影』 2015年 5月號, 4~5면.

2015년 사이, 정치적 금기에 대한 중국 당국의 입장은 이례적으로 유화적이었던 듯하다. 사실 항미원조전쟁, 루산회의, 대약진은 문화대혁명보다 더 민감한 정치적 금기의 영역이었다. 1981년 「건국 이래 당의 약간 역사문제에 대한 결의」에서 문화대혁명을 '전면 과오'로 선언한 후 문화대혁명을 비판적으로 다룬 영화나 문학작품들이 쏟아져나왔다. 반면, 문혁 발동의 중요한 계기인 루산회의나 대약진에 대해서는 여전히 무언의 금기가 작동하고 있다. 드라마 「펑 더화이 원수」에는 중국현대사의 정치적 금기들이 총 망라될 예정이었던 것이다.

당시에 어떻게 이런 민감한 역사적 소재들을 담는 시도가 가능했을까. 「펑 더화이 원수」의 갑작스런 종영 이틀 후인 6월 21일, 홍콩 『싱다오르바오(星島日報)』는 이에 관해 흥미로운 보도를 냈다. 이에 따르면, 애초 이 드라마가 루산회의를 포함할 수 있었던 계기는 중앙문헌연구실의 모 인사의 제안에 따른 것이었다. 중앙문헌연구실이란 중공중앙 직속기관으로서 1950년 중공중앙 마오 쩌둥 선집 출판위원회로 설립된 기관이다. 1980년 중공중앙문헌연구실로 개편되었고 현재는 중공중앙당사및문헌연구원이다. 역대 당 지도자들의 저작을 출판하는 국가 최고 권위의 문헌기관이다. 「펑 더화이 원수」의 작가 마 지훙은 처음 극본의 대강을 잡을 때 영상물의 절대 금기인 루산회의를 넣을 생각은 감히 하지도 못했다고 말했다. 그런데 중앙문헌연구실에서, 펑 더화이를 진실하게 묘사하려면 루산회의를 피해 갈 수 없으며 이미 반세기가 지난 이 역사를 깊이 반성할 때가 되었다며, 그녀를 독려했다는

것이다.[27]

시 진핑의 부친 시 중쉰(習仲勳)과 펑 더화이의 각별한 관계도 「펑 더화이 원수」가 펑 만년의 비운의 생을 담는 데 모종의 작용을 했을지 모른다. 1947년 중국인민해방군 서북야전군(西北野戰軍)이 수립되었을 때 펑 더화이가 사령관 겸 정치위원, 시 중쉰이 부정치위원이었다. 펑 더화이가 서북야전군 3만을 이끌고 국민군 최정예 후 종난(胡宗南)의 25만 대군에 삼전삼승을 거둔 역사적 순간을 시 중쉰은 함께했다. 해방 후 1949년 펑 더화이가 중공중앙 서북국(西北局) 제1서기로 임명되었을 때 시 중쉰은 제3서기로 그를 보좌했다. 「펑 더화이 원수」에서 시 중쉰 부부는 펑 더화이 부부와 가족 같은 관계로 그려진다. 펑의 실각 3년 후인 1962년, 시 중쉰 역시 소설 『류즈단(劉志丹)』 사건에 연루되어 10여년간 모진 고초를 겪다 1980년 2월에 복권되었다. 그런데 복권된 바로 이듬해인 1981년 시 중쉰은 『런민르바오』 1월 25일, 26일, 28일 3회에 걸쳐 펑 더화이를 기념하는 장문의 글을 연재했다. "충성스럽고 대쪽 같던 펑 더화이 원수가 린 뱌오, 4인방의 잔혹한 박해로 세상을 떠난 지 벌써 5년이다. 그의 고된 전장의 생애를 떠올릴 때마다 내 가슴에는 감정의 조수가 밀려들고 만감이 교차한다"로 시작하는 이 글에서, 시 중쉰은 1940년대 서북전장에서 펑과 나눈 우정, 장수로서의 펑의 걸출한 면모, 당과 주석에 대한 충성심과 숭고한 품성에 대한 회념의 정을 절절히 표현했다.[28] 충성을 바쳤

---

27 「『彭德懷』腰斬10集 盧山會議文革盡刪」, 『星島日報』 2016.6.21.
28 習仲勳 「彭總在西北戰場」, 『人民日報』 1981.1.25·26·28.

던 국가로부터 박해받아 숨진 펑 더화이의 생애를 담은 드라마의 제작이 시 진핑 집권 초기에 허용될 수 있었던 데에는, 펑에 대한 시 중쉰의 각별한 관계가 어느정도 작용했을 것이다.

이러한 가시적 혹은 비가시적 요인들의 결합 속에서, 문제적인 펑 더화이의 만년 생애를 포함한 46부작의 「펑 더화이 원수」가 2016년 세상에 나올 만반의 채비를 마쳤던 것이다. 이미 여러 매체를 통해 루산회의와 문화대혁명 시기가 다뤄질 것이라 공표되었고, 이는 이 드라마가 방영 초기부터 엄청난 화제를 일으키며 시청률 고공행진을 벌인 이유이기도 했다. 그런 가운데, 수억 관중의 관심이 고조되던 36부에서 돌연 방송이 종영된 것이다.

잘려나간 열편에는 루산회의, 삼선건설(三線建設), 문화대혁명으로 이어지는 중국현대사의 파란을 끝내 견디지 못하고 떠난 펑 더화이 만년의 고달픈 생이 담겨 있다. 이 열편은 종영 직후 한동안 유튜브를 비롯한 온라인 사이트를 통해 시청이 가능했다. 지금은 거의 다 차단되었지만 아직도 38부의 전부와 46부의 일부를 볼 수 있다. 38부는 고향 후난성 시찰 중 지방 간부들의 부패와 교조주의 행태, 대약진과 인민공사가 초래한 경제적 비효율성과 그로 인한 인민들의 궁핍한 삶을 목도한 펑 더화이가 분노하는 장면들이 담겨 있다. 이때는 아직 그가 실각하기 전이다. 그리고 일부만 공개된 46부에는 눈에 띄게 수척해진 백발의 펑 더화이가 홍위병들에 둘러싸여 공개비판과 폭행을 당하는 장면이 그려졌다. 어느 인터뷰에서 배우 동 용은 이 장면을 제대로 표현하기 위해 단식과 절식으로 체중을 크게 줄였다고 고백했다.

드라마 「펑 더화이 원수」의 방영과 조기 종영을 둘러싼 해프닝을 곱씹어보면, 중국에서 항미원조전쟁이 오랫동안 금기시된 이유가 단지 미중관계 때문만은 아니었다. 펑 더화이의 실각은 항미원조전쟁의 위상이 중국에서 격하된 중요한 요인 중 하나였다. 문혁 시기 청두(成都) 삼선건설 현장에 있던 펑 더화이를 야밤에 체포해오는 비밀작전을 주도했던 치 번위(戚本禹)의 회고에 따르면, 루산회의 당시 펑 더화이의 당내 지위는 상당히 높았다. 정치국 상무위원은 아니었지만, 항미원조전쟁으로 그의 명성은 국내는 물론 국제적으로까지 높았다.[29] 그런 인물을 정치적으로 제거하기 위해서는 항미원조전쟁의 위상에 대한 수정이 불가피했을 것이다. 펑 더화이와 분리된 항미원조전쟁을 생각할 수 없기 때문이다. 홍 쉐즈, 덩 화 등 지원군사령부에서 함께 복무했던 장성들이 펑과 연루되어 잇달아 실각한 상황도 고려해야 한다. 그렇다면, 중국에서 항미원조전쟁이 오랫동안 금기시된 데에는 아직도 제대로 밝혀지지 않은 루산회의와 인민공사 등 1950~60년대 중국 내부의 정치문제가 놓여 있는 것 아닐까. 냉전의 최고조기였던 이 시기 중국공산당의 문서에 항미원조전쟁이 좀처럼 언급되지 않았던 것을 보더라도, 그것의 금기시는 미중 데탕트가 일어나기 훨씬 전부터 이미 내부적으로 진행중이었던 듯하다. 심지어 펑 더화이가 정치적으로 복권된 지 40년 가까이 지나서야 비로소 중국 대중들에게 돌아올 수 있었던 것, 그마저도 긴급종영

---

29 戚本禹 『戚本禹回憶錄』, 香港: 中國文革歷史出版社 2016, 온라인판(https://www.marxists. org/chinese/reference-books/qibenyu/index.htm.) 10장 2절 참조.

이라는 헤프닝 속에 불철저하게 돌아왔다는 점에서, 항미원조전쟁을 둘러싼 금기는 생각보다 뿌리가 깊어 보인다.

그 점에서 펑 더화이의 만년을 포함한 영상물이 국가주석의 서면 비준을 받아 제작되는 환경이 2010년 즈음에 조성되었다는 사실은 그 자체로 의미심장하다. 그리고 그것이 2016년에 다시 좌절된 상황도 오늘의 중국에 대해 많은 이야기를 해 주고 있다. 후반 열편에는 대약진과 인민공사를 위시한 1950년대 후반 마오의 무리한 정책에 대한 펑의 충정 어린 비판이 '펑 더화이 반당집단(反黨集團)' 사건으로 날조되고 끝내 그를 죽음으로 내모는 과정이 담겨 있다. 그것이 돌연 방영 중지된 이유는 펑의 비참한 최후가 자유로운 언로를 막는 현 중국정부에 대한 비판으로 해석될 소지가 있어서가 아닐까. 미완으로 끝난 드라마 「펑 더화이 원수」의 방영은 해금 후에도 어딘가 여전히 위태로운 항미원조전쟁의 현주소를 보여준다.

중소갈등의 시작과 펑 더화이 지우기

중화인민공화국의 역사에서 항미원조전쟁은 이율배반적인 존재이다. 1940년대까지만 해도 농민 유격대에 기반을 둔 중국공산당이 미국과 소련의 막대한 지원을 등에 업은 장 제스의 국민당을 제치고 정권을 세울 것이라 생각한 사람은 거의 없었다. 그렇게 탄생한 신생 공화국이 이번에는 세계에서 가장 강한 국력을 자랑하는 미국을 상대로 2년 9개월을 싸워 전쟁 전의 경계선인 38도선 부근에서 정전을 이끌어내는 성과를 거둔 것이다. 중국으로서 항미원조전쟁의 결과는 매우 고무적인 성취였다. 전장에서 올린 성적도 컸지만, 2년에 걸친 정전 담판에서 중국은 국제 외교무대에서 존재감을 제대로 드러냈다.[30] 그뿐인가. 전쟁 기간 중 국내에서 대대적으로 전개된 항미원조운동은 공산당이 기층까지 권력을 확고히 장악하는 중대한 계기가 되었다. 1954년에 만들어진 중화인민공화국 헌법 전문(前文)에 항미원조전쟁이 기입되었다는 사실은 '입국지전(立國之戰)'으로서의 그 위상을 상징적으로 보여준다.

그랬던 항미원조전쟁이 10년도 채 되지 않아 국가의 공적 기억의 주변으로 슬그머니 밀려나는 데 암암리에, 그러나 결정적 역할을 했던 사건이 1959년의 루산회의였다. 루산회의 사건의 자초지종을 간단히 서술하면 이렇다. 1959년 7월 2일부터 8월 1일 사이 장시성(江西省) 루산(盧山)에서 중공중앙 정치국확대회의가, 8월 2일에서 6일 사이 중공 8기 8중전회가 개최되었다. 루산회의란 한달 여에 걸친 이 두 회의를 말한다. 7월 14일, 이 회의에 참석 중이던 펑 더화이는 인민공사와 대약진운동에 대한 자신의 비판적 견해를 담은 편지를 마오에게 보냈다. 그런데 개인적으로 보낸 그의 편지를 마오가 이틀 뒤 「펑 더화이 동지 의견서」(이하 「의견서」)라는 이름으로 전 회의장에 배포하면서 장장 3개월에 걸친 펑 더화이 비판이 전개된다.

사실 루산회의 전부터 대약진과 인민공사에 대한 비판이 당내

---

30 김명호 『중국인 이야기 8』, 한길사 2020, 135~36면.

에서 제기되고 있었고, 마오 역시 자신의 과오를 시인한 바였다. 1958년 8월 베이따이허(北戴河) 회의에서 마오가 사회주의건설 총노선, 대약진, 인민공사의 '삼면홍기(三面紅旗)'를 발동함으로써 전국에 대약진의 열기가 석권했다. 그러나 곧 부작용이 속출했다. 이에 11월 우창(武昌)에서의 8기 6중전회에서 마오는 이 두 사업의 실패를 공식적으로 시인하고 국가주석직에서 물러난다. 1959년 6월 중난하이(中南海) 정치국 확대회의에서도 그는 자아비판을 했다. 루산회의는 그러한 흐름의 연장이었다. 대약진과 인민공사의 좌경적 오류를 교정하는 것이 루산회의의 중요 안건이었다. 펑이 마오에게 보낸 편지의 내용은 당시의 이 같은 정치적 기조에 부합하는 것이었다. 그런데 아이러니하게도 「의견서」는 그런 정국을 180도로 뒤바꾸는 계기가 되었다. 펑의 편지를 계기로 돌연 루산회의의 주제가 '펑 더화이 우경 기회주의 비판'으로 대체되면서, 대약진과 인민공사의 좌경 오류를 교정하고자 했던 애초의 안건을 덮어버린 것이다.[31]

펑 더화이 비판은 사상 및 노선 투쟁을 넘어 '군사조직' 사건으로 비화되었다. 40여일의 루산회의가 마무리되던 8월 16일, 8기 8중전회에서 채택한 문건 「중국공산당 8기 8중전회 펑 더화이 동지를 수괴로 한 반당집단의 과오에 대한 결의」는 다음의 다섯 부분으로 요약된다.

---

31 志田善明 『彭德懷の中國革命』, 東京: 文藝社 2021, 184~89면; 編寫組 編 『彭德懷傳』, 北京: 當代中國出版社 2015, 361~74면.

첫째, 당내에 펑 더화이를 우두머리로 황 커청(黃克誠), 장 원톈(張聞天), 저우 샤오저우(周小舟)의 우경 기회주의 반당집단이 출현했다.

둘째, 펑 더화이의 「의견서」는 당을 향한 공격 강령으로, 당내 우경 사상 및 불평불만 분자를 선동하고 국내외 반동파와 공모하기 위한 작전이다.

셋째, 이는 사전에 준비된 계획적·목적의식적 조직 활동으로서 가오라오(高饒, 高崗과 饒漱石) 반당 연맹에 이어 펑 더화이의 '독립왕국'을 세우기 위한 음모이다.

넷째, 펑 더화이의 과오는 사회·역사·사상적 근원을 지닌바, 펑 더화이는 본질적으로 혁명사업에 참가한 일부 자산계급 혁명가의 대표였다. 리 리산(李立三) 노선, 두차례 왕 밍(王明) 노선, 가오라오 반당 사건 때 펑 더화이가 마오의 반대 입장에 섰고 준이(遵義) 회의 때에도 대체로 그랬다는 것이 그 근거이다.

다섯째, 펑 더화이 국방부장관, 황 커청 국방부차관, 장 원톈 외교부차관, 저우 샤오저우 후난성위(湖南省委) 제1서기의 직위 해제를 결의한다.[32]

8월 18일에서 9월 12일 사이 베이징에서 개최된 중앙군위 확대회의에서 펑 더화이 비판은 더욱 백열화되었다. 새로 국방부장관에 오른 린 뱌오(林彪)가 주재한 이 회의는 대군구(大軍區)와 성군구(省軍區)의 사령관, 정치위원, 야전군 군장(軍長) 및 정치위원

32 『彭德懷傳』 387~88면.

1,070명이 참석한 공전의 규모였다. 여기서 펑 더화이에게 또다른 죄목이 추가되었다. '외국과의 내통(裡通外國),' 즉 소련과 내통했다는 혐의였다. 루산회의 직전인 1959년 4월 24일에서 6월 13일 사이 펑 더화이는 중국군사대표단을 이끌고 소련과 동유럽 국가에 순방을 다녀왔다. 그런데 누군가가 순방 중 펑 더화이가 흐루쇼프를 단독으로 접견했다고 밀고한 것이다. 펑 더화이는 자신의 사상 및 노선 비판에 대해서는 대체로 수용하고 자아비판을 했지만, 군사조직 결성과 소련과의 내통 혐의에 대해서는 완강하게 저항했다. 회의장의 분위기는 격렬해졌고, 그 과정에서 펑 더화이를 옹호했던 중 웨이(鍾偉) 베이징군구 참모총장, 완 이(萬毅) 국방위원이 연루되어 실각했다. 또한 펑과 가까웠다는 이유로 항미원조전쟁 중 지원군 부사령관이었던 덩 화, 홍 쉐즈의 군 직위가 해제되었다.[33]

　3개월에 걸친 펑 더화이 비판의 과정을 살펴보면, 그 발단은 펑 더화이의 편지라는 우발적 계기에서 촉발되었을지언정 그 뿌리가 상당히 깊었음을 알 수 있다. 군내에 비밀조직을 결성했다거나 소련과 내통했다는 죄목도 심각하지만, 무엇보다 그것은 항일전쟁 시기까지 거슬러올라가 공산당원이자 혁명가로서 펑의 생애를 송두리째 부정하는 철두철미한 숙청이었다. 왜 이 시기 펑에 대해 이처럼 가혹한 숙청이 전개되었을까. 펑과 마오 간의 내밀한 은원관계도 있었지만, 근본적인 원인은 한국전쟁 이후 국내

---

33 같은 책 387~88면. 388~92면.

외의 정치적 모순들이 누적되었던 중국 내부의 상황에서 찾아야 할 것이다. 선 즈화(沈志華)의 말을 빌리자면, 펑 더화이의 편지는 언제 터질지 모를 벌집을 건드린 것에 불과했다.[34]

관련 연구들을 종합해보면, 펑 더화이의 숙청의 원인은 대체로 세 방면에서 추측할 수 있다. 첫째, 대약진의 실패로 당내에서 수세에 몰렸던 마오가 비판의 화살을 펑에게 집중시킴으로써 국면 전환을 꾀했다는 해석이다. 시다 요시아끼(志田善明)에 따르면, 당시 고조되는 대약진 비판으로 심한 압박을 느꼈던 마오는 펑의 편지를 자신에 대한 도전으로 받아들였으며 그를 일벌백계함으로써 국면을 돌파하려고 했다. 탁월한 군사가였지만 정치가는 못되었던 펑 더화이의 정치적 미숙함도 한 원인이었다.[35]

둘째, 한국전쟁 이후 펑의 높아진 정치적 위상에 마오가 위협을 느꼈다는 주장도 있다. 치 번위는 회고록에서 루산회의 직전 펑의 동유럽 순방 중 흐루쇼프가 펑 더화이를 '국제 영웅'이라 치켜세웠으며 심지어 국가원수의 의례로 그를 대했다고 말했다. 또 치 번위는 당시 펑의 안중에는 마오 주석 외에 아무도 없었다고도 했다.[36] 문혁중 펑 더화이를 가해한 자의 자기항변임을 감안하더라도, 치 번위의 회고는 한국전쟁 직후 영웅으로 부상한 펑에 대한 견제의 분위기가 당내에 존재했음을 말해준다. 루산회의 이

---

34 沈志華 主編『中蘇關係史綱: 1917~1991 中蘇關係若干問題再探討』(上), 北京: 社會科學文獻出版社 2016, 287면.

35 志田善明, 앞의 책 190~93면.

36 戚本禹, 앞의 책.

전 상하이에서 열린 상무회의에서 마오가 펑의 면전에서 "내가 죽고 나면 너를 당할 사람이 없을 것"이라 말했다는 기록은 여러 자료에서 보인다. 또한, 루산회의에서 갑작스레 전개된 펑 더화이 비판에 많은 이들이 당황해할 때, 펑의 유력한 경쟁자인 린 뱌오가 나서 펑에게 '야심가' '음모가' '위선자'의 딱지를 붙여가며 분위기를 주도했던 사실도 치 번위의 주장을 뒷받침한다.

셋째, 군에서 명망이 높았던 펑을 마오가 위협으로 여겼다는 해석도 가능하다. 루산회의 중 마오는 "해방군이 나를 따르지 않는다면 나는 다시 홍군을 찾으러 농촌으로 들어가겠다. 해방군이 나와 같이 가는지 안 가는지 보자"고 발언하여 장내를 술렁이게 했다. 펑 더화이 비판을 개시하기 직전 베이징에 있던 펑의 최측근 황 커청을 황급히 루산으로 불러들인 것도 혹시 모를 군사 쿠데타의 싹을 사전에 자른 것이었다는 추측도 있다.[37]

그러나 펑 더화이 실각의 근본적인 원인을 제공한 것은 중소관계의 악화였다. 펑의 숙청은 마오와 흐루쇼프 간의 반목과 표리를 이루는 것이었다. 실제로 루산회의에서 마오는 '펑 더화이 반당사건'을 흐루쇼프와 연관 짓는 발언들을 쏟아냈다. 8월 1일 그는 "백화제방, 인민공사, 대약진을 반대하고 의심하는 것들은 죄다 흐루쇼프 일당이며, 이들과 싸우는 것은 세계와 싸우는 것"이라고 했다. 또 8월 19일에는 "인민공사에 대한 국내외의 적과 당내 우경 기회주의자들의 공격에 대항하기 위해 모두가 싸워야 한

---

37 『彭德懷傳』 387면; 志田善明, 앞의 책 195면.

다"고 말했다. 9월 4일자 『런민르바오』에서 "전국의 인민이 흐루쇼프가 인민공사의 반대파임을 알고 있다"고 선포했던 것도 그 일환이었다. 선 즈화는 루산회의에서 마오가 흐루쇼프에게 선전포고를 했다고 말했다.[38] 당시 수리전력부차관으로 펑 더화이 반당집단에 연루되었던 리 루이(李銳) 역시 1989년 출간한 『루산회의실록(廬山會議實錄)』에서 "루산회의는 '소련 수정주의' 반대의 효시"였다고 기록했다.[39]

한국전쟁 직후 마오는 전후의 피폐한 경제를 복구하기 위해 소련의 원조를 필요로 했지만 흐루쇼프와의 관계는 시종 미묘했다. 흐루쇼프 집권 초기에 벌어진 스탈린 격하운동, 특히 스탈린 집권기의 실력자였던 베리아(Lavrentiy Beria)의 처형은 소련공산당에 대한 중공 지도부의 경계심을 증대시켰다. 1954년 2월 당내 소련통인 가오 강(高崗)을 중앙조직부장 라오 수스(饒漱石)와 엮어 반당집단으로 숙청했던 것은 당시 소련에 대한 중공의 경계심을 드러낸 대표적 사건이었다. 1951년 마오는 소련의 경제원조를 제대로 받아내기 위해 둥베이 인민정부 주석으로 있던 가오 강을 중앙으로 불러들여 국가계획위원회 주석으로 기용했던 바였다. 가오 강의 숙청은 한국전쟁으로 '대소일변도(對蘇一邊倒)' 정책을 취할 수밖에 없으면서도 소련을 극도로 경계했던, 마오와 중국공산당의 소련에 대한 이중적 태도를 보여준 것이었다.[40]

---

38 『中蘇關係史綱』(上) 286~90면.

39 李銳 『廬山會議實錄』, 北京: 春秋出版社 1989, 272면.

40 高橋伸夫 「高崗事件再考」, 『法學研究』 91卷 11號, 2018, 41~43면.

그로부터 5년 후에 발생한 '펑 더화이 반당집단' 사건은 '가오강 반당집단' 사건과 매우 닮았다. 펑 더화이를 소련통이라고 부를 수 있을지는 의문이지만, 숙청 과정에서 그에게 가해진 '외국과의 내통'이나 '대국주의자'라는 딱지는 펑에게 친소파 낙인이 찍혀 있었음을 말해준다. 실제로, 8기 8중전회에서 통과된 「결의」는 '펑 더화이 반당조직'을 '가오라오(高饒) 반당 연맹'의 연장으로 명시했다. "펑 더화이의 독립왕국"이라는 용어 역시 "가오 강 독립왕국"을 연상시키는 표현이었다. 펑의 숙청은 한국전쟁 이후 강화되는 듯 파열하고 있었던 중소동맹의 모순된 실상을 여지없이 드러냈다.

마오와 흐루쇼프 간의 균열이 가시화되기 시작한 것은 1958년경이었다. 1958년 소련이 장파 라디오 송신기를 중국의 하이난다오(海南島)에 설치할 것과 핵잠수함을 중국 영해에 배치할 것을 제안한 데에 마오가 대노한 사건이 있었다. 치 번위의 회고록에서는 당시 소련과 직접 연락했던 펑 더화이가 이에 대해 애매한 입장을 취했다고 말했다. 1958년 10월 중국의 진먼다오(金門島) 포격으로 중소관계는 급속히 악화된다. 핵잠수함 사건으로 인한 오해를 풀기 위해 중난하이로 날아왔던 흐루쇼프가 본국으로 돌아가자마자 마오는 진먼다오 포격을 개시했다. 국제사회로 하여금 마치 흐루쇼프가 중국의 진먼다오 공격을 동의한 것처럼 보이게 하려는 속셈이었다. 이 사건 이후 소련은 중국에 약속했던 원자탄 기술정보와 견본 제공을 이런저런 핑계를 대며 이행하지 않았다. 그런데 공교롭게도 펑 더화이가 소련과 동유럽 순방을 다녀온 직후인 1959년 6월 20일, 소련공산당은 서구와 핵실험 금지를 약속한 제네바조약을 거론하며 중국과의 약속을 원점으로 돌리는 편지를 중국공산당에 보내온 것이다.[41] 회고록에서 치 번위는 이 과정에서 펑 더화이가 모종의 역할을 했다는 의심을 받았다고 말하고 있다.

인민공사에 대한 흐루쇼프의 공공연한 비판 역시 중소 양자가 갈라서는 결정적 계기였다. 1959년 1월 소련공산당 21차 전국대표대회에서 흐루쇼프는 "평균주의는 공산주의를 파괴하는 것"이라고 발언하여 인민공사를 겨냥했다. 이어 7월 18일 폴란드 순방 중 흐루쇼프는 수많은 군중들이 모인 집회에서 공개적으로 인민공사를 비판했고 그 발언 전문이 7월 21일 『프라우다』에 실렸다. 그것이 루산에 있던 마오를 격분케 했던 것이다.[42] 펑이 마오에게 편지를 쓰는 행위 뒤에 소련이 있었던 것 아니냐는 혐의가 씌워진 것도 이런 맥락에서였다. 루산회의 중 "인민공사에 대한 국내외의 적"에 대항해야 한다는 마오의 말은 당시 '펑 더화이 반당집단'과 '소련 수정주의 비판'이 하나로 엮이고 있었음을 말해준다.

펑 더화이가 흐루쇼프와 내통했다는 혐의는 근거가 없음이 훗날 밝혀졌지만, 그가 당시 당의 주류였던 반소(反蘇) 분위기에 동참하지 않았던 것은 분명해 보인다. 당시 중국 군대에서 소련의 경험을 배우는 문제는 매우 논쟁적인 주제였다. 한국전쟁 이후 군의 현대화의 필요성이 절실하게 제기된 상황에서 국방부장

---

41 『中蘇關係史綱』(上) 328~30면.
42 같은 책 285~86면.

관이었던 펑 더화이가 소련으로부터 군사원조를 얻어내고 소련의 앞선 시스템을 배우는 데 적극적이었던 것은 자연스러운 일이었다. 그가 1950년대 후반 군에 큰 영향을 미쳤던 소련 교조주의 비판에 명확하게 동조하지 않았던 것은 그런 연유였을 것이다. 1958년 5월에서 7월 사이 중앙군위 확대회의를 주재할 때, 펑은 마오의 지침인 '교조주의 비판'을 회의의 중요 안건으로 상정하지 않았을 뿐 아니라, 소련 경험의 비판적 학습을 교조주의로 과도하게 모는 것이야말로 착오라고 발언했던 것이다. 그것은 1년 후 린 뱌오가 펑을 공격하는 구실이 되었다.[43]

펑 더화이의 숙청은 1950년대의 미묘했던 중소관계와 내밀하게 연결되어 있을 뿐 아니라, 어떤 면에서 문화대혁명보다 더 민감한 사건인 대약진운동 전후 중국의 정치적 상황과도 복잡하게 뒤얽혀 있다. 이것이야말로 펑 더화이의 숙청에 대한 자세한 시말이 그가 공식적으로 복권되고 수십년이 지난 지금까지도 제대로 알려지지 못한 이유일 것이다. 1981년 중공 11기 6중전회에서 통과된 「건국 이래 당의 약간 역사문제에 대한 결의」 중 루산회의에 관한 아래 서술에서 그러한 모호성을 감지할 수 있다.

1958년, 당의 8기 2차회의가 통과시킨 사회주의 건설 총노선 및 기본 사항의 정확한 측면은 우리나라 경제문화의 낙후한 상황을 개선할 것을 절박하게 요구하는 광대한 인민군중의 보편적 염원을 반영한 것

---

43 『彭德懷傳』335~38면.

이다. 그 결점은 객관적 경제 규칙을 가볍게 보았다는 것이다. 이 회의 전후, 전(全) 당의 동지와 전국 각족(各族) 인민은 생산건설 과정에서 사회주의의 고도의 적극성과 창조 정신을 발휘하여 소기의 성과를 얻었다. 그러나 주요하게는 사회주의 건설 경험과 경제발전 규칙 및 중국경제의 기본 상황에 대한 인식이 부족했다. 특히 마오 쩌둥 동지와 중앙 및 지방의 많은 영도자 동지들은 승리에 취해 자만한 나머지 성급하게 성과를 추구하고 주관적 의지와 노력의 역할을 과대평가했다. 그리하여 진지한 조사연구와 시험을 거치지 않은 채 총노선을 제출하고 '대약진' 운동과 농촌 인민공사화 운동을 경솔하게 발동했다. 이에 무리한 지시, 엉터리 지휘, 과장풍, '공산풍'으로 대표되는 좌경 오류가 심각하게 범람하기 시작했다. 1958년말에서 1959년 7월 중앙정치국 루산회의 전기까지, 마오 쩌둥 동지와 당 중앙은 당이 일찍부터 깨달은 오류를 교정하도록 이끌고자 노력했다. 그러나 루산회의 후기, 마오 쩌둥 동지는 펑 더화이 동지에 대한 잘못된 비판을 발동하였고 나아가 전당 차원에서 잘못된 '반우경' 투쟁을 전개했다. 8기 8중전회에서 제출한 이른바 '펑 더화이, 황 커청, 장 원톈, 저우 샤오저우 반당집단'에 대한 결의는 완전히 잘못된 것이다. 이 투쟁은 정치적으로 당내 중앙에서 기층에 이르는 민주적 삶에 심각한 손상을 입혔고, 경제적으로는 좌경 오류의 교정을 중단시켜 과오를 장기적으로 지속시켰다. '대약진'과 '반우경'의 오류에 더해 당시의 자연재해와 소련 정부의 배신적인 계약 불이행이 겹쳐지면서, 우리나라 국민경제는 1959년에서 1961년까지 심각한 어려움을 겪었고, 국가와 인민은 막대한 타격을 입었다.[44]

위의 구절은 펑 더화이의 복권이 많은 의문을 남기고 있음을 말해준다. '펑 더화이 반당결의'는 오류로 규정하면서도, 사회주의 총노선, 대약진, 인민공사 그리고 그것을 발동한 마오와 당에 대한 발본적인 비판은 보류되어 있는 것이다. 마오가 "당이 일찍부터 깨달은 오류를 교정하도록 이끌고자 노력했다"고 하는 대목도 문제적이지만, '펑 더화이 반당집단'에 대한 잘못된 투쟁이 "좌경 오류의 교정을 중단시켜 과오를 장기적으로 지속시켰다"는 표현도 심각하다. 이 말에는 펑 더화이 사건이 없었더라면 마오와 당이 대약진과 인민공사의 좌경 오류를 스스로 교정했을 것이라는 뉘앙스가 담겨 있다. 또한, 대기근의 책임을 "자연재해와 소련 정부의 배신적인 계약 불이행"에 일부 전가하는 대목도 문제이다. 이 시기 중소관계가 상당히 악화되었음을 감안하더라도, 3천만에서 4천 5백만명의 아사자를 낳은 대기근은[45] 필경 대약진과 인민공사가 야기한 참극이었다. 그것은 또한 수년 후 마오가 문화대혁명을 발동한 원인이기도 했다. 중국에서 대약진과 대기근은 문화대혁명보다 더 민감한 정치적 금기로 봉쇄되어 있다.

이처럼 펑 더화이의 숙청과 복권은 중화인민공화국 정치사의 가장 민감한 지점과 연결되어 있다. 복권된 뒤에도 그가 수십년간 대중들의 기억의 변방을 맴돈 것이나, 항미원조전쟁이 중국의 공

---

44 「關於建國以來黨的若幹歷史問題的決議」, 『人民日報』 1981.6.27.

45 프랑크 디쾨터 『마오의 대기근: 중국 참극의 역사 1958~1962』, 최파일 옮김, 열린책들 2021, 473~75면.

적인 역사 기억에서 그토록 오랫동안 주변화되었던 원인은 이 때문이 아닐까. 드라마 「펑 더화이 원수」의 조기 종영은 펑 더화이의 완전한 복권까지 아직도 갈길이 먼 중국의 현실을 보여주었다.

돌아온 '펑사령관'

미완의 복권이지만 「펑 더화이 원수」는 중국인민지원군 총사령관 펑 더화이를 중국 대중들에게 돌려준 첫 작품임에 틀림없다. 물론, 항미원조전쟁을 다룬 부분은 분량면에서 제한적이고 내용에서도 전쟁 첫 1년에 편중되었지만, 대중들은 반세기 이상 배일에 가려진 사연 많은 펑사령관의 모습을 처음으로 제대로 볼 수 있게 된 것이다.

본격적으로 「펑 더화이 원수」에 들어가기 전에, 1980년대와 1990년대에 만들어진 두편의 영화를 함께 놓고 보면, 그 대비가 흥미롭다. 1988년 시안(西安)영화제작소에서 나온 「펑대장군(彭大將軍)」과 1995년 베이징영화제작소의 「삼선의 펑 더화이(彭德懷在三線)」는 모두 실각 중이던 펑 더화이가 삼선건설(三線建設)의 부총지휘관으로 부임했던 1년 2개월의 시기를 다루었다. 삼선건설이란 1960년대 베트남전쟁의 발발과 소련의 위협으로 안보 위기가 고조되자 중국 서북과 서남 내륙지구에 대규모 후방기지를 건설한 사업을 뜻한다. 1965년 9월, 베이징 근교에 기거하던 펑은 돌연 마오의 부름을 받고 삼선건설의 지휘부 청두(成都)로 파견된다. 그는 1966년 12월 홍위병에게 체포되기 전까지 약 1년 2개월을 서남의 삼선건설 현장에서 보냈다. 개혁개방 이후 문화

영화 「평대장군」(좌), 영화 「삼선의 평 더화이」(우) 포스터

대혁명 시기의 상처를 고발하는 '상흔문학(傷痕文學)'의 흐름에
서 나온 작품임에도, 「평대장군」과 「삼선의 평 더화이」에서 루산
회의와 평 숙청의 구체적 사정은 매우 모호하게 처리되어 있다.
그저 문화대혁명의 대파국의 문턱으로 묵묵히 걸어가는 평의 말
년의 모습을 통해, 인민과 혁명을 위해 바친 그의 삶이 하릴없이
배반당하는 과정을 침울하게 보여주었을 뿐이다.

주목하고 싶은 것은 두 작품에서 항미원조전쟁이 소환되는 방
식이다. 직접적으로 말하거나 드러내지 않는 방식으로, 항미원조
전쟁은 매우 조심스럽게, 그러나 인상적으로 삽입되어 있다. 「삼
선의 평 더화이」에는 구이저우(貴州) 삼선건설 현장에 시찰을 나
간 평이 전(前) 중국인민지원군 병사들의 군례를 받으며 열병하
는 장면이 나온다. 다시 발발할지 모를 전쟁에 대비하여 후방기

지를 건설하는 삼선현장에 인민해방군이 대거 투입되었고, 그중 적잖은 수가 항미원조전쟁에 참전한 지원군 출신이었다. 전쟁 중 한반도에 투입된 지원군은 연인원 240만으로 당시 인민해방군의 절반에 달했으니, 이는 이상한 일이 아니다. 그들은 평사령관을 잊지 않고 있었다. 황량한 건설현장에서 노래 「압록강을 건너」를 합창하는 소리가 울려퍼지고, "전 인민해방군 38군이자 중국인민 지원군 108명"이 평 앞에 대열을 갖추어 경례한다. 38군은 항미원 조전쟁 당시 한반도에 1차 파병된 6개 군 중 하나로 평 더화이로 부터 '만세군' 칭호를 받았던 부대이다. 지원군 대열 곳곳에서 홍 기가 휘날리고, 그 배경으로 미군의 폭격을 뚫고 돌격하는 왕년 의 지원군의 모습이 낡은 흑백 필름으로 지나간다. 어느새 음악 은 「인터내셔널가」로 바뀌고, 평을 태운 차량이 느린 속도로 지원 군의 대열을 사열한다. 그가 떠난 자리에 다음과 같은 내레이션 이 이어진다. "이곳의 산천이 아무리 그 이름을 외치고 이곳의 전 사와 인민들이 애타게 기다렸어도, 평 더화이는 다시 돌아올 수 없었다".

유사한 장면이 「평대장군」에도 삽입되어 있다. 삼선건설 시찰 을 나간 어느 탄광 현장에서, 평 더화이는 서북전장과 항미원조 전쟁에 참전했던 옛 부하 대원들과 재회한다. 그들은 평을 항미 원조전쟁에 참전한 상이군인이 기거하는 '영군원(榮軍院)'으로 안내한다. 감격에 겨워 '평사령관'을 부르는 상이군인들에게 평 은 이렇게 화답한다.

"이곳은 아직도 지원군의 기세가 남아 있군. 동지들의 씩씩하고 낙관적인 모습을 보니 나도 기쁘다. 자네들은 조국의 오늘을 위해 엄청난 댓가를 치렀어. 지금은 영군원에 이렇게 있지만, 인민은 자네 '가장 사랑스런 이'들을 영원히 잊지 않으리라 믿는다."

　'가장 사랑스런 이'란 항미원조전쟁 당시 지원군에 대한 애칭이었다. 마오 쩌둥이 극찬했던 웨이 웨이의 산문 「가장 사랑스런 이」에서 나온 표현이다. 그러나 "'가장 사랑스런 이'들을 영원히 잊지 않으리라"는 평의 말은 초라한 영군원에서 생을 보내는 상이군인들의 쓸쓸한 현실을 오히려 부각시킨다. 그날 저녁, 영군원의 쇠락한 극장에서 퇴역 문공단원들의 합창과 연주로 「압록강을 건너」가 울려퍼진다. 객석에 앉은 상이군인들의 표정 없는 얼굴 위로 하염없이 흘러내리는 눈물은 그 자체로 항미원조전쟁에 대해 너무나 많은 말을 하고 있다. 영군원에서 귀가하는 밤길, 누군가 평에게 지원군 부사령관 덩 화 역시 숙청되어 청두에 머물고 있다고 알려준다. 그리고 긴 침묵이 이어진다.

　「평대장군」과 「삼선의 평 더화이」는 1980~90년대의 시점에서도 항미원조전쟁을 직접적으로 말할 수 없었던 중국의 현실을 여실히 보여준다. 이를테면 1947년의 서북전장에 관한 기사를 준비하던 어느 여기자와의 인터뷰 방식으로 전개된 「평대장군」에는 서북야전군 총사령관으로 신장지역을 누볐던 평 더화이의 찬란했던 시절이 플래시백 형태로 상당 부분 삽입되었다. 스크린에 생생하게 펼쳐진 서북전장과 대조적으로 항미원조전쟁은 장애를

입은 퇴역 군인들과의 쓸쓸한 재회를 통해 암시적으로 드러날 뿐
이다. 개혁개방 후에도 항미원조전쟁은 여전히 기억의 유배 상태
였던 것이다.

드라마 「펑 더화이 원수」는 '비운의 영웅' 펑 더화이를 펑 총사
령관으로 귀환시켰다. 「펑대장군」과 「삼선의 펑 더화이」가 생의
비극적인 종결을 향해 뚜벅뚜벅 걸어가는 펑의 뒷모습에 보내는
뒤늦은 추도의 염이었다면, 「펑 더화이 원수」는 혁명가이자 군사
가로서 최고 전성기 시절의 펑 더화이를 불러냈다. 그리고 전자
에서 간접적으로 암시될 뿐이었던 항미원조전쟁은 이제 역사의
무대 한가운데에 환하게 모습을 드러냈다.

서사의 불일치와 자기 균열

「펑 더화이 원수」에서 중요한 한 가지 사실은 2000년에 사산된
영화 「북위38도선」이 일부 여기에 포함되었다는 것이다. 「펑 더
화이 원수」의 감독 송 예밍은 영화 「북위38도선」의 감독이기도
했다. 그는 상영 금지조치를 받아 공개되지 못한 「북위38도선」의
약 30여분의 분량을 「펑 더화이 원수」에 활용했다. 스펙터클한 전
투 장면이나 맥아더와 리지웨이를 비롯한 미군 사령부의 장면 들
은 모두 「북위38도선」에서 절취한 것이다. 주목할 지점은 그것이
드라마 「펑 더화이 원수」의 서사 흐름에 간간이 미묘한 균열을 일
으킨다는 것이다. 그것이 감독이 의도한 것인지, 예기치 않게 발
생한 효과인지는 알 수 없다. 다만 지금의 관점에서 돌아보면, 드
라마의 서사와 「북위38도선」의 삽입 장면 간에 발생하는 묘한 어

굿남은 지난 십여년 중국에서 정형화되어온 항미원조전쟁 서사를 낯설게 하는 효과를 은근하게 발휘하고 있다.

그 대표적인 예가 38군 '만세군'에 관한 부분이다. 2차전역에서 펑 더화이로부터 '만세군' 칭호를 받았던 38군의 활약은 항미원조전쟁의 관련 저작이나 영상물에서 단골로 등장한다. 「마오안잉」을 비롯하여 「펑 더화이 원수」 그리고 2020년의 드라마 「압록강을 건너」에서도, 만세군의 일화는 빠짐없이, 비중있게 그려졌다. 원래 38군은 홍군(紅軍) 제3군단의 일개 사(師)에서 발전해나온 부대였다. 해방전쟁 시기 둥베이 지역 100여개 도시를 해방시킨 유서 깊은 부대로서, 1948년 린 뱌오 휘하의 동북야전군으로, 1949년 중국인민해방군 제4야전군으로 배속되었다. '상승장군(常勝將軍)'이라 불렸던 38군 군장 량 싱추(梁興初)는 아홉차례 중상을 입고도 핑싱관(平型關), 헤이산다오(黑山島) 전투에서 혁혁한 공을 세운 역전의 장수였다. 38군에는 '호군호장(虎軍虎將)' '강철군' 같은 이름이 언제나 따라다녔다. 그런데 항미원조전쟁 1차전역에서 량 싱추의 38군은 펑 더화이로부터 호된 질책을 받는다. 희천에서 군우리로 후퇴하는 국군 8사단의 후방을 우회하여 사전에 퇴로를 차단하는 임무를 완수하지 못했기 때문이다. 양 펑안 등의 책 『북위38도선』에는, 1차전역 후 대유동에서 열린 사령부 회의에서 펑 더화이가 화를 삭이지 못하고 량 싱추에게 불호령을 내는 장면이 그려져 있다.[46]

---

46 楊鳳安·王天成 『北緯三十八度線: 彭德懷與朝鮮戰爭』, 北京: 中共中央黨校出版社, 1999, 182면.

그럼에도 불구하고 이어진 2차전역에서 평 더화이는 또다시 38군을 주력으로 삼아 작전을 짰다. 이번에는 38군에게 삼소리를 우회하여 미 8군의 퇴로를 차단하는 임무를 맡겼다. 개천(군우리)과 평양을 잇는 관문인 삼소리는 미 8군의 배후지이자 이들이 남쪽으로 후퇴하기 위해 반드시 거쳐야 하는 관문이었다. 이미 덕천에서 국군 7, 8사단 및 6사단의 잔여부대를 격파한 38군 113사는 거리상으로 자신들보다 3배나 앞서 있는 미 2사단보다 먼저 삼소리에 도달하기 위해 산지 72.5킬로미터를 먹지도 자지도 않고 14시간을 달리는 초인적 행군을 통해 삼소리와 용원리 두곳에서 연속으로 적의 퇴로를 차단하는 데 성공한다.[47] 38군의 활약은 2차전역에서 지원군이 승리를 거두는 데 결정적 역할을 했다. 「평 더화이 원수」는 38군의 이 활약이 세계 보병사의 기적을 창조한 것이며 송골봉의 전투는 그 자체로 한곡의 영웅찬가였다고 자평했다.

2차전역에서 38군의 활약은 『백선엽의 6·25전쟁 징비록』(전3권)에서도 확인할 수 있다. 당시 국군 1사단 사단장이었던 백선엽은 1950년 11월 군우리까지 진출했다가 후퇴에 나선 미군 2사단과 25사단이 '죽음의 계곡에서 인디언 태형을 맞았다'고 표현했다. '인디언 태형'이란 서부개척 시대 인디언들이 붙잡혀온 미군을 2열로 늘어선 인디언들 사이를 걸어가게 하며 매질했던 것에서 나온 표현이다. 백선엽은 군우리에서 후퇴하던 미 2사단이

---

47 군사과학원군사역사연구소(軍事科學院軍事歷史硏究所) 『중공군의 한국전쟁사: 항미원조전사』, 한국전략문제연구소 옮김, 세경사 1991, 53~58면.

순천으로 향하는 협곡에 매복한 중공군을 만나 총구와 포탄으로 혹독한 태형을 당했으며, 최종 병력 손실 4,000명을 웃돌아 서울에 도착했을 때는 이미 사단으로서의 편제를 유지할 수 없을 정도였다고 썼다. 또한 그는 한국전쟁 중 중공군을 '인해전술'의 군대로만 생각하는 것은 오산이며 중공군은 화려한 전술을 구사했다고 회고했다. 중공군은 "지형이 그려내는 군사적 이해(利害)를 정확하게 파악하면서 후퇴할 길목을 미리 선점"하는 데 노련했으며, "보이지 않는 곳에서 휘감고 들어오는 우회와 매복, 빈틈을 뚫고 곧장 쳐내려와 아군을 둘러싸는 포위 전술"이 능한 군대였다.[48] 『북위38도선』을 보면, 백선엽이 말한 '인디언 태형'을 당시 지원군사령부에서는 "문 닫아걸고 개 패기(關起門打狗)"라고 불렀다. 백선엽이 군우리 남쪽 협곡에서 매복하고 있었다고 말한 중공군은 바로 38군 112사 335단이었다. 당시 미군들 사이에서 '죽음의 계곡'이라 불린 그 협곡의 전투는 중국의 항미원조전쟁사에서는 이름도 유명한 송골봉 전투였던 것이다. 38군의 송골봉에서 견인해낸 2차전역의 승리는 한국전쟁 전체를 통틀어 지원군이 거둔 가장 큰 승리였다.[49]

「펑 더화이 원수」는 상당한 분량을 할애하여 이 부분을 흥미진진하게 그렸다. 1차전역에서 임무에 실패한 량 싱추를 향해 책상을 내려치며 모욕적인 말로 호통을 치는 펑 더화이, 다음 전장에서 보자며 자리를 박차고 나가는 량 싱추의 모습은 위계적인 군

---

48 백선엽, 앞의 책 2권 200면, 3권 88, 94면.
49 楊鳳安·王天成, 앞의 책 197~212면.

체계에 익숙한 지금의 관점에서 보면 낯설기에 더 흥미롭다. 『북위38도선』의 이 대목에는 량 싱추가 "치미는 화를 억눌렀다"고 쓰여 있는데, 드라마는 한층 더 극적으로 그렸다. 군내 상하평등을 강조했던 지원군사령부의 분위기를 엿볼 수 있는 장면이기도 하다. 아무튼 2차전역에서 울린 승전고에 지원군사령부의 분위기는 일순 희색이 만면해졌다. 크게 만족한 펑 더화이는 38군의 전공을 치하하는 전문(電文) 맨 아랫줄에 "중국인민지원군 만세! 38군 만세!"를 적어 보냈고, 그것을 받아들고 감격에 차 울먹이는 량 싱추의 모습이 화면에 이어졌다.

여기까지는 2차전역의 승리를 기록하는 항미원조 서사의 대체로 공통된 줄기이다. 그러나 대승을 거뒀다고 하지만 지원군이 치른 댓가는 결코 작은 것이 아니었다. 국방부 군사편찬연구소가 펴낸 『6·25전쟁사』에서는 2차전역 동부전선과 서부전선을 모두 합쳐 중공군의 인명 손실을 10만으로 추산했다. 반면 미군의 사상자는 약 1만 7000여명이었다.[50] 중국의 항미원조전쟁사에서는 상대편의 사상자만을 기록하기 때문에 지원군 사상자의 정확한 수치를 알기는 어렵지만, 사령부에서 주고 받은 서신 등 여러 자료들과 대조해보면 수치는 대체로 엇비슷하다. 다시 말해, 지원군에게 2차전역의 서부전선은 작전상으로는 대승이었지만 인명 손실의 관점에서는 '승리'라는 말이 어불성설일 만큼 댓가가 컸다. 지원군이 제아무리 적의 후방을 빠르게 우회하여 포위, 섬멸하는

---

50 백선엽, 앞의 책 1권 261면.

전술에 능하다 해도, 강력한 화력과 제공권을 갖춘 미군에 대적하기 위해서는 수배의 희생과 맞바꾸어야 했다.『북위38도선』은 이 불가능에 가까운 임무를 이렇게 적고 있다.

> 113사는 삼소리와 용원리에 도달하기 위해 산길과 가파른 골짜기를 넘어 72.5킬로미터를 달려야 했다. 그곳은 대부분 적이 점령하고 있는 곳이었으니 겹겹이 난관이었다. 또한 이곳을 향해 북상하거나 이곳을 통해 후퇴하는 미군 3개 사단은 모두 미군의 주력이었다. (…) 적 3개 사단에는 300여대의 탱크, 400대의 대포가 있었지만, 우리 133사엔 고작 10여대의 박격포와 탱크 격파용 수류탄이 있을 뿐이었다. (…) 량 싱추는 113사의 임무가 얼마나 어려운 것인지 절감했다. 제시간에 적의 후방에 도달하기도 어렵지만, 포위한 다음 이 고도의 기계화된 탱크집단의 진격에 맞서 이 흉포한 적군의 퇴로를 끊는다는 것은 더더욱 어려운 일이었다.[51]

승리를 위주로 기록한 전사(戰史)와 전장의 참혹한 실상 사이의 불일치를 드라마 「펑 더화이 원수」는 영화 「북위38도선」의 한 장면을 삽입하는 방식으로 절묘하게 표현했다. 승전보를 받아 들고 환호의 탄성을 터뜨리는 지원군사령부 장면에 이어, 전투가 끝난 후 포연이 자욱한 송골봉이 화면에 펼쳐진다. 곳곳에 아군과 적군의 시신들이 처참하게 널려 있는 죽음처럼 고요한 골짜기

---

51 楊鳳安·王天成, 앞의 책 205면.

어딘가에서 홀연 무전 소리가 들려온다. "평사령관이 우리를 칭찬했다. 우리를 '만세군'이라 불렀다. 중국인민지원군 만세! 38군 만세!" 무전 소리를 들은 통신병이 울먹이며 쓰러져 있는 전우들을 불러 세운다. "동지들, 평사령관이 우리를 칭찬했다! 38군 만세라고 불렀다!" 널려 있는 시신들 사이로 생존자들이 하나둘 몸을 일으킨다. 그런데 그들의 얼굴에 표정이 없다. 아무런 감정도 느끼지 못하는 듯한 그들의 얼굴은 승리의 기쁨으로 환호하는 지원군사령부의 분위기와 확연한 대조를 이룬다. 그 얼굴들은, 288.7미터의 낮은 산언덕에서 벌어진 이 전투가 얼마나 참혹했는지를 말해준다. 2020년의 대하드라마 「압록강을 건너(跨過鴨綠江)」에서도 이 장면이 다시 등장했지만, 그 모습은 극명하게 달랐다. 즉, 「압록강을 건너」에서는 언덕에 가득 널린 시신들을 배경으로 하여 112사의 사장(師長) 양 다이(楊大易)와 너덧명의 생존대원들이 "38군 만세"라는 함성을 외치며 힘차게 홍기를 휘두르는 장면으로 바뀌었던 것이다.

영화 「북위38도선」은 송골봉 생존자들의 얼굴들을 통해 무엇을 말하려고 했을까. 드라마 「펑 더화이 원수」는 승리의 서사와 어울리지 않는 이 장면을 왜 굳이 택하여 삽입했을까. 항미원조전쟁 중 가장 빛나는 승리로 기억되는 '만세군'의 서사에 의도적으로 작은 균열을 내어 그 틈새로 전장의 실상을 조금이나마 보여주려고 했던 것 아닐까. '만세군'이나 '강철부대' 같은 집단 서사로 환원되지 않는 개인 존재의 특이성을 짧은 순간이나마 드러내고 싶었던 것 아닐까. 『북위38도선』에서는 송골봉을 차지하기 위해 지원군 112사 335단과 미 2사단이 벌인 전투의 참상을 다음과 같이 생생하게 묘사했다.

양 샤오청(楊少成)이 두번째 대오를 이끌고 고지 위로 올라왔을 때 그가 본 것은 차마 눈 뜨고 보지 못할 광경이었다. 진지에는 3명의 전사만이 살아남아, 참호에 의지하여 사격 자세를 유지하고 있었다. 진지 전방의 언덕 위로 적의 시체 몇십 구가 누워 있었다.

"연장은… 전사했습니다." 전사 하나가 비참한 어조로 말했다.

양 샤오청은 비통한 심정을 억누르며 두번째 대오를 이끌고 전투에 돌입했다. 얼마 후 양 샤오청이 전사했다.

유례없이 참혹한 이 전투는 그로부터 3시간 이상 더 지속되었다. 오전 10시가 되었을 때까지 미군은 자신들이 총탄과 포화로 거듭 유린한 이 산언덕 이북에 여전히 갇힌 상태였다. 그때 연 전체 4개의 대오에서 생존자는 단 20여명이었다.

남측 퇴로를 뚫기 위해, 미 2사단 2개의 영(營) 약 1,200명이 맹렬히 공격해왔다. 전투기, 탱크, 대포가 죄다 동원되었다. 도로에는 현대적 장비를 갖춘 거대한 미군 부대가 조수처럼 끝없이 밀려오고 있었다.

전투는 어느덧 막바지 단계에 이르렀다. 미 2사단의 악에 받친 다섯차례의 공격 중 32대의 전투기, 18대의 탱크, 수십 대의 유탄포가 언덕 위 완강하게 버티는 3연의 진지를 향해 탄환을 쏟아부었다. 작은 언덕이 거센 화염의 파도에 미친 듯이 출렁였다. 타오르는 소이탄의 불길이 숨통을 막았다. 진지는 순식간에 불바다가 되었다. 곧이어 1,000여명의 미군 보병들이 돌진해왔다.

미군 보병이 마지막으로 고지를 공격했을 때, 진지에 남아 있던 것은 겨우 6명의 중상자뿐이었다. 그들은 적을 향해 함께 돌진했다. 누군가는 안전핀을 뽑은 수류탄을 들고 적과 함께 폭사했고, 누군가는 지글거리는 적의 총신을 손으로 움켜쥐었다. 누군가는 적을 껴안고 화염 속으로 뛰어들었고, 누군가는 입으로 적을 물어뜯었다. 누군가는 철모로 적의 몸을 짓눌렀다. (…)

참혹한 전장이었다. 지원군 112사 3연 전사들의 죽음을 두려워하지 않는 정신에 미국인들도 혀를 내두를 정도였다.[52]

「펑 더화이 원수」에 삽입된 송골봉 전투 생존자들의 얼굴은 마치 위의 장면을 응축해 놓은 듯하다. 38군 112사 335단 3연의 이야기는 당시 종군작가로 전장을 방문했던 웨이 웨이에 의해 「누가 가장 사랑스런 이인가」라는 산문으로 쓰여졌다. "가장 사랑스런 이"라는 이 시적인 표현은 송골봉의 처참한 전투에서 탄생한 것이었다. '만세군'의 서사 이면에는 이같은 아수라의 전장이 있었다. 「펑 더화이 원수」는 송골봉 전투 생존자의 표정 없는 얼굴을 「북위38도선」으로부터 절취해 넣음으로써, 죽음을 승리의 대의와 맞바꾸는 정형화된 항미원조전쟁 서사를 잠시 멈춰세우는 효과를 냈던 것이다.

2차전역 동부전선의 장진호 전투를 그리는 대목에서도 유사한 방법이 사용되었다. 「펑 더화이 원수」는 지원군사령부에서 펑 더

---

52 楊鳳安·王天成, 앞의 책 210~11면.

화이와 덩 화가 나누는 짧은 대화 장면과 더불어 「북위38도선」 중 '빙조련(氷雕連)'의 한 장면을 삽입하는 방식으로 장진호 전투를 처리했다. '빙조련'의 이야기는 장진호 전투를 다루는 모든 영상물과 문자기록에 공통적으로 등장한다. '얼음조각 연대'를 뜻하는 이 말은 장진호에서 흥남항으로 후퇴하는 미군의 퇴로를 봉쇄하기 위해 매복해 있던 지원군 부대가 대형 그대로 동사한 것에서 유래했다. '빙조련' 이야기는 미군들의 기록과 증언에도 등장하는만큼 그 자체는 허구가 아니다. 중국 측 자료를 보면, '빙조련'은 여러 곳에서 발견되었다. 그런데 지난 10여년 중국에서 제작된 영상물을 보면, '빙조련'에 대한 모종의 정형화된 서사틀이 주조되고 있음을 알 수 있다. 즉, 2011년의 다큐멘터리 「빙혈 장진호(冰血長津湖)」에서는 지원군들이 "사격 자세를 유지한 채 진지 위에서 동사해 있었다"고 했고, 2020년의 다큐멘터리 「국가기억: 빙호혈전(國家記憶: 氷湖血戰)」에서는 "하나같이 손에 무기를 든 자세로, 눈은 전방을 주시하면서, 눈밭에서 동사했다"고 말했다. 2021년의 다큐멘터리 「뜨거운 눈: 위대한 항미원조(热的雪: 偉大的抗美援朝)」에서도 빙조련은 "공격 자세를 유지하고 있었다". 이들 작품의 재연 화면에는 하나같이 총을 들고 전방을 주시한 채 사격자세를 유지하고 있는 얼음 전사들이 그려졌다. 2021년의 영화 「장진호」에서 이 장면은 미 해병 1사단장 올리버 스미스(Oliver P. Smith)가 얼어붙은 빙조련을 향해 거수 경례하는 것으로 표현되었다.

이런 추세를 염두에 두고 보면, 2016년의 「펑 더화이 원수」에 그려진 빙조련의 모습은 매우 특이하다. 우선 지원군 부사령관 덩 화가 펑 더화이에게 동부전선의 전보(戰報)를 전달하는 장면을 보자.

"좋아, 쑹 스룬(宋時輪) 정말 대단해. 미군 전투력 최강의 해병 1사단을 무너뜨리다니."

"하지만 아군 측 손실도 상당합니다. 어느 연의 전사들은 120여명이 멀쩡하게 산 채로 진지 위에서 얼어죽었습니다. 생명의 마지막 순간까지 공격 자세를 유지한 상태로 말입니다. 이번 동부전선의 열악한 현실은 상상을 초월합니다. 어떤 전사들은 9일간 더운밥은 고사하고 하루에 미숫가루 한줌도 감지덕지였다고 합니다. 동상자와 아사자 수가 28,954명에 달합니다."

"영하 40도에 변변한 솜옷도 없이 전장에서 산 채로 얼어죽다니. 내 책임이 커."

"사령관님 책임이 아닙니다. 전쟁이란 원래 잔혹한 것이지요."

"덩 화, 나는 여태껏 홍군의 대장정 때가 제일 힘들었다고 생각했어. 그런데 이제 보니 지금 일선에서 싸우는 전사들의 고통은 대장정 시기를 능가하는 것이야. 이들의 이름을 모두 기록해두게. 그 연의 번호를 군사(軍史)에 남겨야 하네."(「펑 더화이 원수」 29부)

이 대화에 묘사된 '빙조련'은 대체로 2010년대 이후의 서사 방향과 일치한다. 그런데 이어지는 화면에 나타난 빙조련의 모습은 덩 화가 묘사한 것과 딴판이었다. 영화 「북위38도선」으로부터 절취된 짧은 장면에서 빙조련은 결코 "생명의 마지막 순간까지 공격 자세를 유지한" 모습이 아니었다. 어떤 이는 총대를 꼭 끌어안은 채 눈밭에 엎어지거나 쓰러져 있었고, 어떤 이는 세워놓은 총신에 의지하고 앉아 고개를 떨군 채였다. 총은 그들의 손에 쥐여 있기도 했고 시신 옆 눈밭에 놓여 있기도 했다. 병사들의 얼굴과 몸 위로 눈이 수북이 쌓여 있었다. 그것은 언제든 싸울 준비가 된 공격 태세와는 거리가 멀었다. 병사들의 얼굴은 오랜 인고의 시간에 벗어나 마침내 긴 잠에 빠져든 듯했다. 이러한 모습은 이후의 영상물에 그려진 정형화된 빙조련의 상과는 확연히 다른 것이었다.

「펑 더화이 원수」의 빙조련 장면에 또 하나 눈여겨볼 대목은 그들이 북한 주민들에 의해 발견된다는 설정이다. 얼음 전사들이 누구에 의해, 어떻게 발견되느냐에 대해서도 다양한 이야기가 전해진다. 관련 증언이나 기록을 보면, 아군이 발견한 것도 있고 미군에 의해 발견된 경우도 있었다. 영화 「장진호」에서 이 장면은 하갈우리에서 흥남항으로 철수하던 미 해병 1사단 본대가 도로변 언덕 위에서 사격 자세로 얼어붙은 일군의 중공군을 발견하는 것으로 그려졌다. 이들을 숙연하게 올려다보는 미 해병대의 모습 위로 장엄한 배경음악과 함께 올리버 스미스의 음성이 내레이션으로 흐른다. "이처럼 강인한 의지를 지닌 적들과 싸우는 한 우리는 이길 수 없다." 반면, 「펑 더화이 원수」에서 빙조련을 발견한 이들은 지원군을 돕기 위해 솜옷과 양식을 지고 산으로 올라온 북한 주민들이었다. 눈보라 소리만이 간간이 들려오는 고요한 화면 위로, 눈앞에 펼쳐진 광경을 믿을 수 없다는 듯한 북한 노인의 흔들리는 눈동자, 손으로 입을 막고 울음을 터뜨리는 아낙, 자신들이 보고 있는 것이 무엇인지 이해하지 못하는 어린아이의 멍한 얼굴들이 하나씩 지나간다. 눈 덮인 병사들의 시신에 다가가 솜옷을 내려놓은 그들은 그앞에 꿇어앉아 한참동안 일어나지 못한다.

증언과 기록, 기억이 천차만별인 전장에 어떤 재현 방식이 실상을 가장 진실하게 담았는지를 따지는 것은 무의미할 것이다. 중요한 것은 어떤 감정과 시선으로 당시의 비극적 순간과 감응하여 그것을 현재로 불러오느냐이다. 영화 「장진호」가 그린 빙조련이 적장조차도 경외를 표할 만한 숭고한 영웅이었다면, 「펑 더화이 원수」와 「북위38도선」의 빙조련이 보여준 것은 전쟁의 비극 그 자체였다. 배경음악도, 내레이션도, 과장된 몸짓도 없이, 오로지 흔들리는 눈동자와 오열하는 울음을 통해 전해지는 것은 병사들이 생명의 마지막 순간까지 겪어야 했을 극한의 고통이었다. 노인과 아낙, 어린아이의 눈에 비춰진 병사들은 영웅이 아니었다. 그저 누군가의 불쌍한 아들이고 형제일 뿐이다. 「펑 더화이 원수」와 「북위38도선」의 빙조련은 이들을 영웅으로 신화화하는 최근 중국의 항미원조 서사를 되묻게 한다.

사령부와 중난하이의 거리

「펑 더화이 원수」가 항미원조전쟁의 실제 전투의 작전 배치와 전개 과정을 구체적으로 보여준 것은 1950년 10월에서 12월까지의 1~2차 전역에서 사실상 종결된다. 제한된 분량에서, 자신들이 크게 승리한 1~2차 전역에 집중한 것이다. 분명 지원군은 3차전역 이후 어려운 상황으로 빠져들었다. 1~2차 전역에서 그들은 적을 경시하는 미군의 약점을 영리하게 활용했고, 또 산지가 많은 북한의 지형은 오랜 유격대 경험으로 단련된 그들에게 절대적으로 유리했다. 그러나 38선을 넘은 후에는 평지에서 완전히 노출된 상태로 막강한 장비를 갖춘 미군과 대결해야 했다. 길어진 보급선 또한 지원군의 고질적 약점이었다. 3차전역 이후 지원군이 치른 희생은 막대했다. 션 즈화는 한국전쟁에서 발생한 지원군의 전체 병력 손실 42만 6천여명의 90%가 넘는 38만 9천여명이 3차전역 이후에 발생했다고 추산했다.[53] 그런 점에서, 3차전역 이후의 전쟁 국면을 중국의 드라마나 영화에서 다룬다는 것은 상당한 부담이 따르는 일이었을 것이다.

「펑 더화이 원수」는 적지 않은 분량을 3차전역 이후에 할애했다. 작품 전체에서 항미원조전쟁을 다룬 것은 25부 후반부터 33부 초반까지이다. 그중 26부에서 29부 초반까지가 1~2차 전역에 관한 내용이라면, 29부에서 32부까지는 3~4차 전역을 배경으로 한다. 전자가 주로 전투 장면을 중심으로 구성되었다면, 후자에서는 전쟁을 바라보는 인식과 방향에 관한 모종의 논쟁적 지점을 조명했다. 3차전역을 둘러싸고 지원군이 38선 이남으로 진격할 것인가의 여부는 중요한 문제였다. 그것은 군사적 차원을 넘어 정치적 선택이었다. 애초 중국이 한국전쟁에 참전했던 명분은 38선 이북으로 북진하여 자국의 국경선을 위협하는 미군에 대항

---

53 션즈화 『조선전쟁의 재탐구: 중국·소련·조선의 협력과 갈등』, 김동길 옮김, 선인 2014, 618~57면 참조.

하여 집과 나라를 지킨다는 것이었다. 그런 점에서 중국이 38선을 넘는다는 것은 전쟁의 목표와 방향을 재설정하는 것을 의미했다. 그것이 과연 올바른 정치적 선택이었는지는 항미원조전쟁을 반추할 때 반드시 짚어야 하는 관건적 문제이다.

중국 내 한국전쟁 연구의 최고 권위자인 선 즈화는 이 문제에 대해 매우 의미심장한 질문을 던졌다. 지원군이 연합군을 37도선 이남으로 밀어내고 서울을 점령했던 1951년 1월초, 중국으로서는 더없이 유리한 시점에서 유엔의 정전회담이 제기되었는데, 왜 그것을 받아들이지 않았냐는 것이다. 1~2차 전역에서 중공군이 예상치 못한 선전을 보이자 국제사회에서는 조기 정전을 추진하는 움직임이 일어났다. 1950년 12월 7일 주중 인도대사 파니카(Sardar K. M. Panikkar)가 아시아와 아프리카의 13국을 대표하여 「정전에 관한 비망록」을 중국 외교부에 전달했고, 중국에 38선을 넘지 말 것을 조언했다. 그러나 중국은 12월 17일 『런민르바오』 사설을 통해 이를 거부했다. 지원군이 38선을 넘어 서울을 점령하자, 1951년 1월 11일, 유엔은 다시 3인위원회를 열어 '한반도 문제 해결을 위한 5개항 원칙'을 담은 보고서를 제출한다. 5개항 원칙에는 즉각적 정전 실현, 평화회복을 위한 정치회의 개최, 모든 외국 군대의 단계적 철수와 남북총선거 실시, 대만의 지위와 중국의 유엔 대표권 문제 해결을 위한 미·영·소·중 회의 개최 등 당시 중국이 만족할 만한 내용을 담고 있었다. 그럼에도 불구하고 중국은 '오직 미군에 숨 돌릴 시간을 줄 뿐'이라며 그것을 거부했다. 이에 대해 선 즈화는 마오 쩌둥이 돌이킬 수 없는 정책적

과오를 범했다고 비판했다. 참전 초기에 정했던 것처럼 '미군을 38선 이남으로 몰아낸다'는 전략목표와 '속전속결'이라는 전술방침을 견지하여 3차전역 직후 정전을 추진했어야 했다는 것이다. 그랬다면 중국은 협상장에서 훨씬 유리한 위치를 점할 수 있었고 또 전쟁의 장기화로 인한 막대한 인명 손실과 경제적 부담, 그리고 외교적 고립이라는 뼈아픈 댓가를 치르지 않았어도 되었을 것이다.[54]

서울 점령 이후 추가 진격을 할 것인지의 여부를 두고 평양과 베이징, 모스크바 사이에 벌어진 갈등에 대해서는 연구가 꽤 되어 있는 반면,[55] 중국 내부에서 어떤 다른 기류가 있었는지는 좀처럼 알려진 바가 없다. 이를 테면, 선 즈화의 책에는 38선을 넘는 문제를 두고 마오 쩌둥과 펑 더화이 사이에 모종의 긴장이 있음을 보여주는 단서들이 나온다. 2차전역이 마무리되던 12월 8일 펑은 마오에게 보내는 전보에서, 만일 2차전역 말기에 미군과 국군 각 2개 사단을 섬멸할 수 있으면 즉각 38선을 넘어 서울을 점령할 수도 있겠으나 그렇지 못할 경우라면 "38선을 넘거나 서울을 점령할 수 있어도 하지 않는 것이 좋겠다"고 제안한다. 그러나 마오는 13일에 보낸 회신에서 "반드시 38선을 넘을 것"을 명령한다. 19일 펑은 다시 마오에게 전보를 보내, "두차례 승리 후 속전속결론과 맹목적 낙관론이 높아졌음"을 우려하며 "완만한 진격 방침을 취할 것"을 제안한다. 그러나 마오는 국제정치적 이유를 들어

---

54 같은 책 618~57면 참조.
55 션즈화 『최후의 천조』, 김동길·김민철·김규범 옮김, 선인 2017, 348~54면.

즉각 3차전역을 일으켜 38선을 돌파할 것을 명령한다.[56] 이로 보건대 3차전역을 전후한 시점에서 마오 쩌둥과 펑 더화이 간에는 전쟁의 방향과 목표를 놓고 모종의 간극이 발생했던 듯하다. 그러나 선 즈화는 그 간극이 무엇을 의미하는지 더 추궁하지 않았다. 그의 관심사는 베이징, 평양, 모스크바의 불화에 더 맞춰져 있었다.

항미원조전쟁에 대한 학술계의 토론조차 여의치 않은 중국의 현실에서 TV드라마가 이런 민감한 문제를 다루기는 쉬운 일이 아니다. 그럼에도 불구하고 「펑 더화이 원수」는 이 문제를 은근하지만 집요하게 묻고 있다. 2차전역 후반부터 4차전역 중반까지, 구체적으로는 1950년 12월초 13국 정전회담 제안, 1951년 1월 4일 지원군의 서울 점령, 2월 20일 펑 더화이의 베이징 방문으로 이어지는 시점에서, 지원군사령부와 베이징 중난하이 사이의 미묘한 기류를 표현하기 위해 「펑 더화이 원수」는 세심한 노력을 기울였다.

이 부분은 2020년에 나온 40부작 대하드라마 「압록강을 건너」와 비교하면서 보면 그 대비가 흥미롭다. 두 작품에서 펑 더화이와 소련군사고문단장 라주바예프(Vladimir Razuvaev)가 논쟁을 벌이는 장면이 어떻게 그려지는지 살펴보자. 1월 8일 펑 더화이가 전군에 추가 진격 중지 명령을 내리자, 1월 10일 라주바예프가 군자리에 소재한 지원군사령부를 찾아온다. 양 평안 등이 쓴 『북위

---

56 『최후의 천조』 346~47면; 『조선전쟁의 재탐구』 626~29면.

38도선』을 보면 이날 사령부를 찾아온 것은 라주바예프만은 아니었다. 김일성과 박헌영도 주북한 중국대사 차이 청원(柴成文)을 대동하고 찾아왔다. 그러나 「펑 더화이 원수」와 「압록강을 건너」에서는 모두 라주바예프만을 등장시켰다. 북한과의 외교관계를 고려한 조치일 것이다. 『북위38도선』은 이날의 논쟁이 "상당히 격렬했다"라고 기록했다. 그런데 두 작품에서는 그 격렬함이 상당히 다르게 표현되었다. 「펑 더화이 원수」에서는 펑을 수정주의라고 비판하는 라주바예프의 논리를 펑이 단호하지만 차분한 어조로 조목조목 반박하는 것으로 그려졌다면(30부), 「압록강을 건너」에서는 펑이 라주바예프에게 찻잔을 집어던지며 고성을 지르는 등 매우 격하게 반응한다(23부). 흥미로운 사실은 펑 더화이가 2월 24일 베이징 총참모부에서 당 중앙군위 간부들과 만나는 장면에서는 이 대비가 정반대로 뒤바뀐다는 것이다.

4차전역에서 지원군은 매우 고전했다. 연속된 작전으로 피로가 누적된데다 보급상황도 좀처럼 개선되지 않았기 때문이다. 2월 20일, 펑 더화이는 '기동적 방어' 즉 공격과 방어를 동시에 진행하라는 고육지책의 결정을 내리고 황급히 베이징으로 돌아온다. 마오 쩌둥과 당 중앙에 전장의 절박한 상황을 직접 보고하고 지원을 촉구하기 위해서였다. 마오와의 독대 장면은 잠시 후에 다루겠다. 2월 24일, 펑 더화이는 저우 언라이가 소집한 중앙군위 각 부 총책 회의에 참석한다. 토론 안건은 군대의 윤번제 투입과 병참보급 문제였다. 이 장면을 『북위38도선』에서는 이렇게 묘사했다.

평사령관은 지원군이 직면한 심각한 어려움을 소개하고 국내 각 부문에서 조선 전선을 대폭 지원할 방법을 찾아달라고 요구했다. 구체적인 문제로 들어가자, 어떤 이들은 이런저런 곤란함을 강조하며 실현하기 어렵다고 말했다. 그러자 평사령관이 버럭 화를 냈다. 자리에서 벌떡 일어나 탁자를 내려치며, 이렇게 말했다. "이래서 어렵다, 저래서 어렵다, 조선 전선에 있는 지원군만큼 어렵소? 당신들이 전선으로 가서 한번 보시오. 전사들이 무엇을 먹는지, 무엇을 입는지. 그 많은 사상자들이 누구를 위한 희생이란 말이오? 지금 우리에겐 제공권(制空權)도 없고 식량과 피복 공급도 부족하오. 굶어죽고 얼어죽은 수많은 전사들은 모두 지금 한창 꽃피울 나이의 사랑스런 아이들이란 말이오! 당신들은 마음이 아프지도 않소?" 평사령관의 격노가 있고 나자, 장기간 해결되지 않던 문제들이 금세 해결되었다.[57]

「평 더화이 원수」 31부에서는 이 장면을 위의 기록에 기반하되 한층 격하게 표현했다.

"당신들이 전선으로 한번 와 보라고. 우리 지원군 전사들이 얼어붙은 눈밭에서 무엇을 먹고 무엇을 입고 있는지. 당신들이 말하는 그 '가장 사랑스런 이'들이 미군의 전투기와 대포, 탱크의 포화 속에 눈구덩이를 포복하며 굶주림과 싸우고 있어. 말로는 '눈 한줌에 미숫가

---

57 楊鳳安·王天成, 앞의 책 309면.

루 한줌'이라지만, 실제로는 미숫가루는커녕 눈만 퍼먹고 있다고. 그들은 도대체 누구를 위해 희생하는 거지? 누구를 위해 피 흘리는 거냐고? 그 아이들과 비교하면, 당신네들은 여기 앉아서 이래서 어렵다, 저래서 어렵다. 창피하지도 않소? 부끄럽지도 않아? 니미럴."(「펑 더화이 원수」 31부)

그러고도 분이 안 풀리는지, 펑 더화이는 의자를 걷어차고 자리를 박차고 나간다. 그런데 같은 장면이 4년 후에 방영된 「압록강을 건너」에서는 눈에 띄게 수정되었다. 중앙군위에 모인 각 부처 담당자들이 모두 이구동성으로, 비록 국내 상황이 어렵지만 미 제국주의와 싸우는 것만큼 어렵겠냐며 조선 전장으로 보내는 물자를 우선적으로 공급하겠다고 약속하는 것이다. 이에 펑 더화이가 감격에 찬 표정으로 감사의 경례를 붙이고, 참석자들은 박수로 화답한다(26부). 이러한 차이는 항미원조전쟁의 역사가 TV를 통해 대중들의 안방으로 돌아오는 과정이 어딘가 평탄치 않음을 말해준다. 기억이 돌아오는 길목 곳곳에, 보이지 않는 싸움과 타협, 굴절이 발생하고 있는 것이다. 『북위38도선』의 저자이자 펑 더화이의 군사비서였던 양 펑안은 펑의 베이징행에도 함께했던 인물이다. 따라서 사실의 핍진성에서 보면 「펑 더화이 원수」의 재현이 더 신뢰할 만하다. 「펑 더화이 원수」의 중앙군위 총참모부 회의 장면은 1951년 2월이라는 시점에서 전쟁을 바라보는 전선과 후방, 중국 지도부 내의 감각과 인식 상의 간극을 드러내고 있었다. 그 문제의식이 「압록강을 건너」로 오면 흔적도 없이 지워진 것이다.

두 작품의 이러한 차이는 사령부와 중난하이, 펑 더화이와 마오 쩌둥 사이의 관계에서도 유사하게 드러난다.「펑 더화이 원수」는 3차전역을 전후하여 사령부와 중난하이 사이의 모종의 긴장을 조심스럽지만 예리하게 표현하고 있다. 아래 장면은 1950년 12월 13일, '38선을 넘으라'는 마오의 전보를 받아든 사령부의 긴장된 분위기를 보여준다.

홍 쉐즈: (마오의 전보를 대독하며) '현재 미·영 각국은 아군에게 38선 이북에서 멈출 것을 요구함. 이는 정비 후 재공격하기 위한 수작임. 하여, 아군은 반드시 38선을 넘어야 함. 38선 이북에서 멈추면 정치적으로 매우 불리해짐.'

펑 더화이: 다들 의견을 말해보게.

덩 화: 만약 즉각 3차전역을 발동하면, 부대의 피로, 보급의 곤란, 혹한 등의 불리한 조건은 둘째치고, 산지의 기동전에서 평지의 진지전으로 전환해야 한다는 문제가 있습니다. 기동전에선 우리가 우세였지만, 이런 열악한 장비로 진지전은 절대적으로 열세입니다.

홍 쉐즈: 38선을 넘기도 전에 전사들은 벌써 배를 곯고 있습니다. 38선을 넘고 나면, 38선 이남에서는 양식 한톨도 현지에서 조달할 수 없습니다. 주린 배로 무슨 싸움을 한단 말입니까.

셰 팡: 탄약, 무기장비 보급도 큰일입니다. 우리 전사들의 수중의 무기는 모두 해방전쟁 때 적에게서 뺏어온 것이라 총기 구경이 제각각입니다. 게다가 탄약 운송도 매우 어렵습니다.

펑 더화이: 자네들이 말한 상황은 모두 객관적으로 존재하고 또 3차전역의 성패를 제약하는 중요한 요인이다. 그러나 중앙의 전보는 분명하게 말하고 있다. 국제정치투쟁의 관점에서 우리는 반드시 38선을 넘어야 한다. 군사는 필시 정치적 목적에 복종해야 하니까. 마오 주석이 싸우라고 결정하셨으니 곤경이 있어도 명령을 수행한다.(「펑 더화이 원수」 30부)

위의 장면은 홍 쉐즈의 회고록에서도 상세하게 그려져 있다. 그에 따르면, 당시 펑 더화이는 군사적 각도에서 공격 재개는 바람직하지 않다고 판단했다. 당시의 상황을 홍 쉐즈는 "현지의 군사적 상황과 정치적 주문의 거리감"이라고 표현했다. 결국 심사숙고 끝에 펑 더화이는 "군사는 정치에 종속돼야 한다"는 최종 결론에 이른다.[58] 그러나 실제로 펑 더화이는 보름 후인 12월 28일 마오에게 다음과 같은 전보를 보냈다.

이번 전역 중 부대의 일부가 38선 진격의 의미를 선동하여 강조함(실제 정치적 의미는 크지 않음). 38선을 점령하고 다시 버리게 되면 또 설명이 필요하게 됨. 내 생각엔 기왕에 점령했다면 특별한 이유가 없는 한 점거하되, 서울은 위협하지 말고 적에게 점령케 함. 만약 적이 평양처럼 스스로 포기하면 인민군 1군단이 점령케 하고 (9병단을 제외한) 지원군 4~5개 군은 38선 이북으로 물러나 집결, 식량을 보충함. 이

---

58 홍학지 『중국이 본 한국전쟁』, 홍인표 옮김, 한국학술정보 2008, 183~95면.

이 전보는 3차전역을 개시하기 직전까지도 펑 더화이가 38선 진격과 서울 점령에 회의적이었음을 보여준다. 심지어, 문구상의 일부 표현은 도발적으로 읽힐 소지마저 있다. 군 내 38선 진격의 정치적 의미를 과도하게 선동하는 분위기가 있다고 말하거나 굳이 괄호를 사용하여 38선 진격의 정치적 의미가 크지 않음을 명기한 것은 마오에 대한 도전으로 보일 수도 있는 것이다. 당시 마오는 38선의 진격과 서울 점령을 정치적으로 접근하고 있었다. 이는 작품에서도 명료하게 나타난다. 13국이 38선에서의 정전회담을 제안했다는 저우 언라이의 보고에 마오가 버럭 화를 낸다. "왜 13국은 미국이 38선을 넘었을 때는 아무 말 않다가 중국이 넘으려고 할 때 정전을 제안하느냐"며 "그들이 두려워할수록 우리는 더더욱 38선을 넘어야 한다"고 말한 것이다(30부). 실제로 마오는 위에서 인용한 펑의 12월 28일자 전보에 대한 29일의 회신에서 "38선에 대해 사람들이 가지고 있던 낡은 인상을 이번 기회에 반드시 씻어버려야 함"이라고 하여 38선 돌파의 중요성을 재차 강조했다.[60] 사령부와 중난하이, 펑과 마오 사이 전쟁을 바라보는 인식과 감각의 간극은 결코 작은 것이 아니었다.

「펑 더화이 원수」 30부에서 이 간극은 펑의 다음 대사에서 명확하게 나타난다. 1950년 12월 31일, 3차전역 개시 명령을 내리기 직

---

59 彭德懷傳記編寫組 編 『彭德懷軍事文選』, 北京: 中央文獻出版社 1988, 359~60면.
60 홍학지, 앞의 책 193면.

전 펑더화이의 표정은 눈에 띄게 어둡다. 그는 마치 독백하듯 이렇게 말한다.

"국내에서는 모두가 폭죽을 터뜨리고 설 쇨 준비를 하는데, 여기 우리 아이들은 영하 20도의 추위에 눈구덩이에서 10시간 넘게 잠복하고 있어. 우리 앞에 놓인 이 38선은 결코 지도상의 위도만이 아니야. 그것은 얼음 강물이고 지뢰이고 철조망이며 총탄이 빗발치는 토치카(tochka)[61]야. 1초에 하나씩 우리 전사들의 생명이 희생되고 있어."(「펑더화이 원수」 30부)

38선이 지도에 그려진 추상적인 선이 아니라 1초에 한명씩 생명이 죽어가는 전장이라는 펑의 대사는 분명 38선을 국제정치라는 체스판의 힘겨루기로 접근하는 마오를 겨냥한 것이다. 이 장면은 비록 공산당원으로서 당 중앙의 명령에 복종하지만 군사가로서는 3차전역을 납득하지 못하는 펑더화이 내면의 충돌을 보여준다.

서울을 점령한 후 펑더화이의 불안은 더 깊어진다. 1951년 1월 4일, 모두가 승리에 취해 들떠있을 때 유독 펑더화이만이 침울한 얼굴을 하고 있다. 바깥에서는 문공단의 흥겨운 축하 공연이 벌어지고, 사령부 안 라디오에서는 베이징 방송 아나운서의 격앙된

---

61 총안이 있는 콘크리트 따위로 쌓은 방어기지. 수류탄 등으로부터 자신을 방어하면서 효과적으로 기관총 사격을 할 수 있게 만든 진지이다. 우리말로 번역하면 기관총 특화점(特火點)이다.

목소리가 경쾌한 군가소리와 함께 낭랑하게 울려퍼진다.

"서울의 광복은 다시 한번 중국인민지원군과 조선인민군의 위력을 증명했습니다. 중국인민지원군과 조선인민군은 조선의 침략자인 미국을 완전히 소탕하여, 대전을 향해, 부산을 향해 진격할 것이며, 끝까지 버티는 미군들을 바닷물 속으로 처넣을 것입니다."(「펑 더화이 원수」 30부)

사령부로 들어온 펑 더화이는 화난 듯한 얼굴로 라디오를 끄라고 말한다. 그는 새로 부임한 미 8군 사령관 매슈 리지웨이가 아군을 남쪽으로 유인하기 위해 일부러 서울을 내준 것임을 잘 알고 있었다. 지원군이 보급의 결핍으로 인해 공격 기간이 짧다는 것을 간파한 리지웨이는 1주일 정도 후퇴하다가 지원군의 체력과 보급이 떨어질 때 반격하는 '자석전술'을 구사하고 있었다. 무엇보다 펑 더화이가 두려웠던 것은 아군이 남쪽으로 진격한 사이 미군이 제2의 상륙작전을 벌일 가능성이었다. 고심을 거듭한 끝에, 그는 1월 8일 전군에 추격 중지 명령을 내린다. 「펑 더화이 원수」에서 이 장면은 상당히 긴장되게 표현되었다. 사령부에 덩 화, 홍 쉐즈, 한 셴추 등이 들어와 펑 더화이에게 항의한다. 추격 중지 결정을 당 중앙에 알리는 전보를 펑 더화이 단독으로 발송하려 했기 때문이다.

덩 화: 진작부터 펑사령관이 우릴 안 믿는 걸 알아봤습니다. 당초

군위의 명령을 받아들이지 말았어야 했습니다.

　평 더화이: 추격 중지 명령은 나 혼자 결정한 거야. 책임도 나 혼자 진다. 그래서 제군들에게 검토를 안 시켰어. 양 참모, 바로 발송하게.

　그러자 덩 화가 전보를 발송하려는 양 평안을 불러세운다. 그리고 전보 하단에 자신의 서명을 기입한다. 이어, 홍 쉐즈, 한 셴추도 연달아 자신의 이름을 적는다. 이 장면이 실제로 있었던 일인지 관련된 기록은 찾기 어렵다. 극적 효과를 위해 만든 허구일 가능성이 크다. 그런데 그렇기 때문에 이 장면은 더 흥미롭다. 이 허구의 장면을 삽입함으로써 「평 더화이 원수」가 말하고자 하는 바를 선명하게 보여주기 때문이다. "당초 군위의 명령을 받아들이지 말았어야 했"다는 덩 화의 말은 38선 이남으로 진격하라는 명령이 처음부터 잘못되었다는 것인데, 그것은 곧 당 중앙의 명령이자 마오의 명령이었다. 당이 군보다 앞서는 중국의 정치체제에서 당 중앙의 명령을 군 사령부가 받아들이지 말았어야 했다는 말은 그 자체로 중대한 항명의 소지를 담고 있다. 또한, 평 더화이가 부하 지휘관들을 보호하기 위해 단독으로 서명하려 하고 또 지휘관들은 평을 보호하기 위해 연대책임을 지려고 하는 이 장면은 한편으로는 사령부 내부의 돈독한 우애를 보여주면서도, 그 이면에는 평의 추격 중지 결정이 상당한 정치적 위험을 감수한 것임을 암시하고 있다. 아울러, 덩 화의 단호한 언사나 적극적인 행동은 훗날 평 더화이가 루산회의에서 숙청당할 때 함께 연루되는 그의 운명을 예고하는 복선이기도 하다.

사령부와 중난하이 사이에 흐르는 긴장은 펑이 마오와 독대하는 장면에서도 팽팽하게 감지된다. 1951년 2월 20일 펑 더화이는 황급히 베이징으로 돌아간다. 4차전역이 진행되던 중 사령관이 전장을 떠나 베이징으로 돌아갔다는 것은 그만큼 중난하이와의 의사소통이 원활치 않았음을 말해준다. 주석의 취침 중엔 누구도 깨울 수 없다는 비서의 만류에도 아랑곳없이 펑이 마오의 집무실로 돌진하자 못마땅한 얼굴로 마오가 자리에서 일어난다.

"내 취침 중에 쳐들어와 따지는 사람은 펑형 자네뿐이네. 앉게."

"주석, 전선으로 보내신 전보는 모두 받아봤습니다. 글로는 전달이 안 될 것 같아 직접 뵙고 보고하기 위해 달려왔습니다. 근래 국내엔 우리가 조선에서 압도적 승리를 했다고 요란법석을 떨며 선전하는데, 실상은 안에서 생각하는 것과 다릅니다. 우리가 몇차례 승전을 하긴 했지만, 적의 유생역량(有生力量)에 근본적인 타격을 주진 못했습니다. 미 제국주의가 조선을 통째로 집어삼킬 가능성은 이제 더는 존재하지 않지만, 우리가 미 제국주의를 바다로 쫓아낸다는 것도 헛된 망상입니다. 저의 공격 중지 명령은 주변의 반대를 무릅쓰고 혼자 내린 것입니다. 지금 서울도 같은 문제에 직면해 있습니다. 지킬 것인가 버릴 것인가."

"서울을 버리겠다? 왜지?"

"주석, 싸움의 목적은 적의 유생역량을 소멸시키는 것이라 항상 말씀하지 않았습니까. 우리 지원군의 후방 보급선은 벌써 500킬로미터가 되었습니다. 서울이라는 큰 짐을 짊어지고, 만약 연합군이 해공(海

空)의 강세를 이용하여 후방보급선을 차단한다면 그 결과는 상상할
수 없습니다."

"득달처럼 달려와 직접 보고하겠다는 게 그거였나?"

"주석, 어떤 상황은 저도 정확하게 판단하기 어렵습니다. 만약 조금
이라도 착오가 생기면, 수백 수천의 지원군 전사들의 생명이 위험에
빠집니다. 그렇게 되면 전사들은 전장에서 죽는 게 아니라 얼어죽고
굶어죽습니다."(「펑 더화이 원수」 31부)

펑의 긴박한 어조와 마오의 피곤하고 불편한 표정은 양자 간의
인식적 심리적 거리를 미묘하게 드러낸다. "국내에서 (…) 요란법
석을 떨며 선전"하는 것이 전장의 현실과 동떨어져 있다거나 "미
제국주의를 바다로 쫓아버린다는 것은 헛된 망상"이라는 펑 더화
이의 직설적인 표현은 이날 두 사람의 만남이 결코 편안하지 않
았음을 보여준다. 이 장면 역시 「압록강을 건너」와 비교하면 차이
가 확연하다. 「압록강을 건너」에서는 마오의 비서가 펑을 완곡히
만류하는 사이, 취침 중이던 마오가 직접 나와 "맥아더도 못 막는
펑 더화이를 자네가 무슨 수로 막겠나"라며 반농조로 그를 맞이
한다. 비록 대화 초입에서 "펑형, 군위의 몇몇 동지들이 왜 승기
를 잡았을 때 추격하지 않느냐고 말들이 많아"라며 슬쩍 떠보기
도 하지만, 시종 마오는 펑의 말에 진지하게 귀를 기울인다. "지금
은 미군을 바다 밖으로 쫓아내는 걸 생각할 계제가 아니라 38선
을 지킬 수 있느냐를 생각할 때"라는 펑의 말에 마오는 "나는 자
넬 지지하네, 공산당원이라면 필히 실사구시를 해야지. 전군 모두

38선으로 후퇴하여 방어태세로 전환하게"라고 말한다. 또한, 전장에 후속부대를 투입하는 문제나 병참보급을 보강해야 한다는 요구에 대해서도 마오는 "무조건적으로 자네를 지지"한다며 힘을 실어준다(26부). 수일 후, 총참모부에서 열린 군위 회의의 화기애애한 분위기는 그 연장선상이었다.

2016년의 「평 더화이 원수」와 2020년의 「압록강을 건너」가 전쟁의 중요 관절에서 보여주는 이런 차이는 반세기 만에 귀환하는 항미원조전쟁의 기억에 풀어야 할 과제가 만만치 않음을 말해준다. 「평 더화이 원수」는 항미원조전쟁에 대한 공적 서사를 대변하고 선전하는 데 멈추지 않았다. 일면 '승리한 전쟁'이라는 주선율과 보조를 맞추면서도, 중국이 항미원조전쟁을 다시금 역사 장으로 불러들이는 과정에서 짚어야 할 문제들을 신중하게, 그러나 집요하게 던지고 있었다. 반면, 「압록강을 건너」는 기술이나 자본, 스케일에서 「평 더화이 원수」에 비할 수 없는 대작임에 틀림없지만, 여기에는 질문이 없다. 「평 더화이 원수」가 심혈을 기울여 표현했던 균열들은 대체로 「압록강을 건너」에서 봉합되었다.

중국의 TV드라마가 개인이나 특정 집단의 가치관이나 창작 경향을 반영하기란 거의 불가능하다. 특히 역사드라마는 국가, 당, 군, 지방정부, 영화사, 방송사 등 복수의 주체들의 협력과 긴장, 타협과 갈등 속에서 수많은 단계의 장애물을 넘어야만 비로소 전파를 탈 수 있다. 그런 점에서, 2016년과 2020년의 두 작품의 차이는 항미원조전쟁의 해석에 관한 중국사회의 달라진 기후를 반영하는 것으로 보아야 한다. 다만 그 차이를 단순히 4년이라는 시간

차로 설명해서는 안 될 것이다. 「펑 더화이 원수」가 방영된 것은 2016년이지만, 그 안에는 1993년에 출간된 『조선전쟁의 운전자』(『북위38도선』으로 재출간)와 그것을 저본으로 한 영화 「북위38도선」 등 복수의 텍스트가 켜켜이 깔려 있기 때문이다. 「펑 더화이 원수」는 개혁개방 이후 항미원조전쟁에 참전했던 군 고위간부들의 정치적 복권이 이뤄지고, 또 사회 전반적으로 언론의 자유가 상대적으로 확보되었던 1990년대의 목소리가 담긴 귀중한 자료이다. 그 복수의 목소리들이 항미원조전쟁의 공적 서사를 구축하면서도 미세한 균열을 내보였던 것이다. 그 균열이 던지는 질문이 2020년의 「압록강을 건너」에서 상당 부분 지워졌다는 것이야말로 최근 중국에서 벌어지는 항미원조전쟁의 기억정치에서 우리가 주목해야 할 지점이다.

　「펑 더화이 원수」의 시나리오 작가 마 지훙은 플롯의 기본 골격을 "삼차임위수명(三次臨危受命)" 6자로 요약했다. '세차례의 위기에 임해 명을 받들다'라는 뜻이다. 세차례의 위기란 징강산(井岡山) 보위전, 옌안(延安) 보위전, 항미원조전쟁을 말한다. 징강산 보위전은 1929년 국민군의 토벌 공세를 맞아 마오 쩌둥과 주 더가 이끄는 홍4군이 징강산을 떠나 새 근거지를 찾기로 결정했을 때의 일이다. 마오는 펑 더화이의 홍5군에게 지도부가 안전하게 철수하는 동안 징강산에 남아 적을 물리칠 것을 명령했다. 징강산 보위전으로 펑의 홍5군은 심각한 타격을 받았지만, 그 덕에 홍군 지도부와 주력부대가 무사히 간난(贛南)에 새 근거지를 수립할 수 있었다. 연안 보위전도 유사하다. 1947년 샨간닝(陝甘寧) 혁명 근거지에 국민군이 대규모 토벌공세를 벌이자 중공중앙은 옌안 철수를 결정한다. 이때에도 펑 더화이가 서북야전군 3만을 이끌고 장 제스의 적계(嫡系)부대인 후 종난의 25만 대군을 상대로 칭화볜(青化砭), 양마허(羊馬河), 판룽(蟠龍)에서 역사적인 삼전삼승을 거두어 당 중앙과 중앙군위가 무사히 탈출하도록 후미를 지켰다.[62] 그리고 세번째의 위기가 바로 1950년, 세계 최강의 미군을 상대로 한반도로 출정한 사건이다. 모두가 이 어려운 전쟁을 반대할 때, 오직 펑 더화이만이 마오의 참전 결정을 지지하여 두말않고 전장으로 나아갔던 것이다.

'세차례의 위기에 임해 명을 받들다'라는 플롯을 통해 작가가 그리고자 했던 것은 당이 절대절명의 위기를 맞을 때마다 최전선에 나선 '수호신 펑장군'의 형상이다. 그런데 작가의 의도였는지는 알 수 없지만, 이 플롯은 매우 민감한 문제를 담고 있다. 바로 마오 쩌둥과 펑 더화이의 특수한 관계이다. 절박한 위기를 만날 때마다 마오는 펑에게 불가능에 가까운 임무를 맡겼고 그때마다 펑이 그것을 기적처럼 완수했다는 서사의 줄기가 「펑 더화이 원수」에 관통해 있다. 이 줄기는 심각한 자가당착을 예고한다. 비록 중도에 잘려나갔지만, 방영 시점에서 이 작품은 루산회의와 문화대혁명의 풍우를 만나 비참하게 생을 마감한 펑의 말년을 포함하고 있었다. 그렇다면, 위기 때마다 마오의 부름을 받아 임무를 완수한 펑장군이라는 플롯은 펑의 배반당한 노년의 삶을 어떻게 담

---

62 『彭德懷傳』 34~44, 176~206면.

왔을까. 어쩌면 그 비극적 종말을 담은 마지막 열편으로 가기 위해, 「펑 더화이 원수」는 항미원조전쟁의 장면 곳곳에 마오와 펑의 '돈독한 군신관계'를 균열하는 복선을 깔아두었던 것 아닐까. 그 점에서 「펑 더화이 원수」와 「압록강을 건너」는 구조적으로 다르게 그려질 수밖에 없었던 것이다.

03

포스트혁명 전쟁서사와 원작의 귀환
「단원」「영웅아녀」「나의 전쟁」

포스트혁명 시대의 전쟁서사?

2016년은 항미원조전쟁이 대중매체의 영역으로 진입하는 획기적인 해였다. 5월 TV드라마 「펑 더화이 원수」와 같은 시기에 윈난·베이징·랴오닝 위성채널에서 38부작 「38선(三八線)」이 방영되었고, 9월 15일에는 블록버스터 영화 「나의 전쟁」(我的戰爭, My War, 2016)이 스크린에 걸렸다. 두편의 대하드라마와 한편의 블록버스터 영화가 한해에 나온 것이다. 항미원조전쟁을 전면적으로 다룬 대형 영화가 극장에서 상영된 것은 30여년 만이었다. 2000년 「항미원조」와 「북위38도선」이라는 두 야심작이 제작되고도 세상에 나오지 못했던 불운을 극복하는 데에도 무려 16년이 걸린 것이다.

물론 「나의 전쟁」 이전에도 항미원조전쟁을 직간접적으로 건드린 B급 영화들이 없지 않았다. 2010년 상감령 전역에서 '특급 영웅' 칭호를 받은 치우 샤오윈(邱少雲)의 성장과정을 담은 영화

「치우샤오윈」이, 2011년 지원군사령부의 부사령관 한 셴추의 해방전쟁 시기 활약을 담은 「선풍 사령관 한 셴추(旋風司令韓先楚)」가 만들어졌다. 또한 2016년에는 청소년 교육을 위한 애니메이션 영화 「누가 가장 사랑스런 이인가」가 제작되기도 했다. 다큐멘터리까지 포함하면, 항미원조전쟁에 관한 영상물은 가히 때를 만났다고 할 만하다. 「단도: 조선전장 대역전(斷刀: 朝鮮戰場大逆戰)」(5부작, 평황TV 2010), 「조국을 위해 싸우다(爲了祖國而戰)」(5부작, CCTV 2011), 「빙혈 장진호」(81영화제작소 2011), 「훙 쉐즈(洪學智)」(7부작, CCTV 2012), 「상감령: 가장 긴 43일(上甘嶺: 最長的43天)」(10부작, CCTV 2012), 「정진호 혈전(血戰長津湖)」(CCTV 2013), 「잊지 못할 대승리(不能忘却的偉大勝利)」(12부작, 81영화제작소 2013), 「위대한 항미원조(偉大的抗美援朝)」(6부작, 베이징위성TV 2014), 「불타는 철원: 지원군 제63군의 철원전기(鐵在燒: 志願軍第63軍鐵原戰記)」(6부작, CCTV 2015), 「혈전갱생: 50군조선전기(血戰重生: 五十軍朝鮮戰記)」(4부작, 평황TV 2015), 「생사돌파: 조선에서의 180사(生死突圍: 180師在朝鮮)」(5부작, 평황TV 2015) 등이 우후죽순처럼 등장했다. 이처럼 2010년대 밑바닥에서 꿈틀거리는 분위기가 무르익으면서, 마침내 1억 5천억 위안이라는 막대한 투자금과 초호화 캐스팅을 거느린 「나의 전쟁」이 은막 위에 걸리게 되었던 것이다.

다이 진화에 따르면, 1990년대 이후 대중매체가 국가나 엘리트 집단을 대신하여 주류 가치의 조직자이자 전달자의 역할을 도맡게 되었는데 그중 영화의 역할이 남달랐다. 특히 대규모로 제작되는 A급 영화, 즉 블록버스터 영화는 또다른 층위에서 주류 가치와 패권 매커니즘을 직관적으로 보여주는 창구였다. TV드라마나 B급 영화가 다중적 사회 역량과 언설 주체들 간의 길항·담판·타협이 벌어지는 공간이라면, 블록버스터 영화는 이미 공감대가 형성된 패권 담론이 스스로 모습을 드러내고 인정받는 장소였다. 2000년대 「영웅」이나 「황후화」 같은 역사 블록버스터들이 보여준 "중심이 비어 있으면서 화려한 이미지만을 드러내는 현상"은 주류 가치가 이미 대중 위에 군림하고 있어 굳이 설득할 필요가 없어졌음을 의미한다.[63] 2016년 「나의 전쟁」의 돌연한 출현도 유사한 맥락에서 설명할 수 있다. 수십년간 주류 문화장에 들어오지 못했던 항미원조전쟁에 관한 영상물이 어느날 거대 자본과 권력 기관의 전폭적 지원을 등에 업고 대중 앞에 나타날 수 있었던 것은, 베이징올림픽 이후 고개 들기 시작한 기층 민족주의의 욕구와 그것을 적절한 선에서 관리하려는 국가기관, 그리고 문화자본의 상업적 수요 사이의 타협과 협상을 통해 얼마간 축적된 토양이 있었기 때문이다.

그러나 결과적으로 「나의 전쟁」은 너무 빨리 나왔다. 2천 2백만 달러의 투자금 대비 수익금 520만이라는 박스오피스 수치는 이 영화가 대중들의 공감을 얻기에 태부족이었음을 말해준다. 물론 2016년은 중국에서 주선율 영화가 지금처럼 맹위를 떨치던 시기가 아니었다. 2억 달러의 투자금으로 9억 달러의 수익을 거둔

---

63 다이 진화 「역사와 기억 그리고 재현의 정치」, 297~98면.

2021년의 「장진호」와 비교할 바는 아닌 것이다. 그러나 동시기의 주선율 영화와 비교하더라도 「나의 전쟁」의 실패는 참담했다. 사실 2010년대 중후반은 주선율 영화가 기존의 정치계몽주의에서 벗어나 변신을 시도하던 때였다. 2017년 3천만 달러의 투자금으로 8억 7천만 달러의 수익을 거둔 「전랑2」는 주선율 영화가 상업적으로 돌풍을 일으킨 대표적인 예였다. 더 이전으로 거슬러 올라가더라도 2007년의 「집결호」(集結號, Assembly), 2010년의 「대지진」(唐山大地震, Aftermath)에서 2017년의 「방화」(芳華, Youth)로 이어지는 펑 샤오강(馮小剛)의 작품들도 주선율과 상업영화의 경계를 넘나들며 계몽성과 흥행성의 성공적 결합을 이루어냈다. 「나의 전쟁」 역시 주선율 영화의 변신이라는 흐름 속에 있었다. 대륙과 대만의 스타급 배우들이 기용되었고, 액션·호러·스릴러 장르에서 이름을 알린 홍콩 출신의 펑 순(彭順, Oxide Pang Chun)이 메가폰을 잡았다. 시나리오 작가는 「국두」「귀주이야기」「붉은 장미, 흰 장미」 등으로 1990년대부터 5세대 영화의 작품성과 흥행성을 보증해온 류 헝(劉恒)이었다. 제작진의 면면을 보더라도 「나의 전쟁」은 기존의 혁명사극과는 전적으로 다른 시각과 감각으로 항미원조전쟁을 조명하는 작품임에 분명했다.

「나의 전쟁」에 대한 분석이나 평론에는 종종 '포스트혁명(後革命) 시대의 전쟁서사'라는 말이 따라다닌다. '포스트혁명성'이라는 분석틀은 논자에 따라 다른 관점에서 사용되었다. 이를테면, 다소 비판적으로 보았던 한담은 「나의 전쟁」이 프롤레타리아 국제주의라는 혁명시대의 이념이 사라진 상태에서 휴머니즘과 애국주의만으로 항미원조전쟁의 무게를 지탱하기는 역부족임을 드러냈다고 지적했다.[64] 그런가 하면 중국 학자 우 아이훙(吳愛紅) 등은 종교적 신앙과도 같은 이념을 위해 기꺼이 목숨을 바치는 혁명시대의 숭고한 영웅상(像)에서 벗어나 죽음에 대한 공포와 사랑의 감정을 숨기지 않는 "보통 사람의 영웅(草莽英雄)"을 그려낸 이 영화의 '포스트혁명성'을 긍정적으로 풀이했다.[65]

시 진핑 집권 2기의 중국 현실에서 돌이켜보면, 2016년이라는 시점은 혁명 시기[66]를 '지나간 과거'로 감각하던 때였다. 「집결호」「대지진」 그리고 「방화」까지, 혁명역사의 격류에 휩쓸려 간 개인의 삶을 찾아 위로했던 펑 샤오강 유(流)의 포스트혁명 서사는 점차 역사와의 불화를 깨끗이 극복한 「전랑」적 서사로 대체되던 중이었다. 다시 말해, 「나의 전쟁」은 혁명의 기억을 처리하는 방식에서 거대한 조수의 교체가 발생하던 시기의 산물이었다. 그런 만큼 '포스트혁명'에도 복수의 의미의 층위들이 상호 충돌하고 있음을 염두에 두면서 「나의 전쟁」을 읽어야 할 것이다.

역사와 개인의 불가능한 화해

혁명전쟁에 바친 청춘의 희생을 조명하고 그 의미를 찾고자 했

---

64 한담 「탈혁명시대 중국 항미원조 기억 서사의 난처함: 영화 「나의 전쟁」을 둘러싼 논쟁을 중심으로」, 『중국현대문학』 87호, 2018, 66면.
65 吳愛紅·孫易君 「『我的戰爭』: 後革命語境下的戰爭敍事與英雄影像」, 『電影文學』 2019.13, 52~55면.
66 통상 중국에서 '혁명 시기'는 항일전쟁부터 문화대혁명이 종결되는 1976년까지를 의미한다.

다는 점에서 「나의 전쟁」은 2007년의 화제작 「집결호」와 유사한 점이 많다. 해방전쟁 중 희생당한 무명 열사들의 이름을 찾아주기 위한 주인공 구 즈디(谷子地)의 외롭고 고된 여정을 그린 「집결호」는 '포스트혁명 전쟁서사'가 중국 영화계에서 전대미문의 성공을 거둔 대표적인 사례였다. 그것은 또한 상업영화 감독 펑샤오강이 주선율 장르에 뛰어들어 그 문법을 뒤흔든 획기적인 작품이기도 했다. 「집결호」의 시나리오 작가는 「나의 전쟁」의 작가 류 형이었다.

「집결호」는 1948년 화이하이(淮海) 전역 원허(汶河) 전투에서 전사한 중원야전군(中原野戰軍) 독(獨)2사 139단 3영 9연의 대원 47인의 명예를 찾아주기 위해 분전하는 연장 구 즈디의 이야기다. 퇴각 신호가 울릴 때까지 진지를 사수하라는 임무를 받았지만 신호는 끝내 울리지 않았고, 결국 9연은 연장을 제외한 전원이 전사했다. 구 즈디가 부상에서 회복했을 때는 인민해방군의 편제가 정비되어 중원야전군이 제3야전군으로 재편된 뒤였다. 구 즈디는 자신의 소속과 군번을 찾지 못했을뿐 아니라 전사한 대원 모두가 '실종' 처리되었다는 사실을 알게 된다. 「집결호」는 신중국의 건설을 위한 혁명의 도상에서 이름 없이 사라져간 사람들의 희생의 의미와 가치를 끈질기게 추궁한다. 그것은 「나의 전쟁」이 던진 질문이기도 했다. 「나의 전쟁」 역시 항미원조전쟁이라는 거대역사의 물줄기 속에서 스러져간 청춘들의 희생의 의미를 찾고 있었다. 그렇다면, 유사한 질문을 던졌는데 왜 「집결호」는 대성공을 거둔 반면 「나의 전쟁」은 대중의 외면을 받았을까?

두 작품의 시나리오를 쓴 류 헝은 훗날 어느 TV프로그램에 출현하여, 「집결호」의 결말을 놓고 감독 펑 샤오강과 격렬한 논쟁을 벌였다고 회고했다. 구 즈디의 죽음으로 작품을 종결짓고 싶어했던 감독에 대해, 류 헝은 영화는 사람들에게 위로를 주어야 하며 그러기 위해서는 구 즈디가 살아 있어야 한다고 고집했다는 것이다. 이는 「집결호」의 다소 작위적인 해피엔드가 어떻게 나온 것인지 어느정도 설명해준다. 영화 초반만 해도, 사라져버린 중원야전군 9연을 찾아 헤매는 구 즈디의 외침은 아무도 귀담아듣지 않는 광인의 울부짖음에 가까웠다.

> "수백만명의 부대, 못 싸워도 재편, 잘 싸워도 재편이에요. 자기한테야 중요하지, 기껏해야 큰 강물 위에 떠가는 한방울의 물거품일 뿐입니다. 우리가 어느 샘구멍에서 솟아난 물거품인지 누가 신경이나 씁니까."
>
> "남들은 신경 안 써도 우리는 써야지."
>
> "군구(軍區)에서 하는 말이, 총정치부에 자기 부대를 찾아달라고 오는 편지가 십만통이 넘는답디다. 다 뜯지도 못한대요."(「집결호」)

사라진 9연을 되찾고 어딘가에 묻혀 있을 대원들의 명예를 회복하려는 구 즈디를 이해하고 돕는 이는 항미원조전쟁에서 구 즈디 덕에 목숨을 건진 모 부대의 단장 얼더우뿐이다. 그러나 단장이라는 높은 지위도 없어진 중원야전군 9연을 찾기에는 역부족이었다. 구 즈디의 고집스런 노력이 번번이 좌절되면서, 개인은 혁명이라는 거대한 강물 위에 잠시 반짝이다 사라지는 물거품에 불과하다는 허무주의가 점차 작품을 지배해나간다. 그러다 결말에서 돌연 이 허무주의가 기적처럼 전복된다. 1958년 원허현 폐가 마굴에서 기적처럼 47구의 유해가 발견된 것이다. 9연 부대원 전원에게 중국인민해방군 해방훈장이 수여되고, 47인은 마침내 구즈디가 그토록 간절히 원했던 열사의 칭호를 얻게 된다. 갑자기 일사천리로 진행되는 이 해피엔드에 대해, 다이 진화는 역사 속에 익명화된 개인을 불러내어 이름을 돌려주는 「집결호」의 시도가 역설적으로 그들을 민족국가의 일원으로 역사에 봉헌함으로써 재(再)익명화시켰다고 비판했다. 9연의 발견은 결과적으로 또 한 무리의 무명열사를 만들어낸 것에 불과하며, 이는 혁명역사로부터 단절된 현재를 확인하는 데 기여할 뿐이라는 것이다.[67]

다이 진화의 비판은 '포스트혁명 시대 전쟁서사' 「집결호」의 정곡을 찌른다. 21세기 중국의 포스트혁명 서사는 이데올로기의 상실에 관한 것이 아니다. 그 핵심은 혁명역사라는 과거와 현재 중국의 관계를 재설정하는 데 있었다. 「집결호」는 혁명이라는 거대한 강물 속에 흔적도 없이 사라진 개인의 이야기로 끝나지 않았다. 47인의 희생이 마침내 국가의 승인을 획득하는 대단원을 통해, 「집결호」는 혁명과 개인, 역사와 현재 사이의 상처와 균열을 봉합함으로써 혁명시대와의 고별을 완성했던 것이다. 이것이 바로 「집결호」 포스트혁명 서사의 본령이다. 국가로부터 합당한

---

67 다이 진화, 같은 글 300면.

이름을 수여받음으로써, 혁명 도상에서 희생된 물거품 같은 개인들은 현재의 중국에 어떤 의미있는 마찰을 일으키는 존재가 되지 못한 채 역사로 되돌아간다. 47인이 합장된 열사묘 앞, "9연의 영웅 제군들, 그동안 수고 많았다"라는 국가기관의 목소리에 혁명 역사와 개인 간의 화해가 마침내 완성된 것이다.

언뜻 「나의 전쟁」도 「집결호」와 유사한 길을 가는 것처럼 보인다. 「나의 전쟁」의 주제는 항미원조전쟁이라는 거대한 격류 속에 물거품처럼 사라진 개인들의 이름을 불러주어 그들이 거대역사의 의미있는 일원이었음을 인정하고 위로함으로써 역사와의 화해를 주선하는 것이다. 그런데 이 주제는 작품 곳곳에 숨겨진 장애물에 걸려 심각하게 휘청거린다.

가장 먼저 지적할 것은 「나의 전쟁」이 말하는 거대역사가 모호하다는 점이다. 「집결호」에서 구 즈디가 이미 존재하지 않게 된 "중원야전군 독2사 139단 3영 9연"이라는 군 계통을 반복적으로 말함으로써 해방전쟁의 일원이었던 자신의 존재 증명을 제시했던 것과 대조적으로, 「나의 전쟁」의 주인공 쑨 베이촨(孫北川)이 이끄는 9연은 어느 계통에 속한 부대인지 끝내 밝혀지지 않는다. 멍 산샤(孟三夏)의 문공단이 우연히 만난 9연과 합류하여 같은 기차를 탄다는 설정도 현실에 부합하지 않는다. 이들이 항미원조전쟁 중 구체적으로 어느 전선에 참전하고 있는지, 시기는 언제인지, 「나의 전쟁」은 무엇 하나 속 시원히 말해주는 것이 없다. 주요 장면이 전환될 때마다 나타나는 몇줄의 자막은 이들이 "남쪽 전선"을 향하고 있음을 어렴풋이 짐작케 할 뿐이다. 9연을 지휘하는

상급 단위도 없고, 지원군 체제에서 반드시 있어야 할 정치위원
(지도원)도 없다. 문공단원 원췬의 부친인 모 영장(營長) 한 사람
만이 필요할 때 가끔 등장할 뿐이다. 쑨 베이촨이 상부로부터 작
전 지시를 받은 것은 단 한차례, 실제로 존재하는지도 알 수 없는
'오의정 전투' 때뿐이다. 이처럼「나의 전쟁」은 항미원조전쟁이
라는 거대역사를 일관되게 흐릿하게 처리했다.

　역사의 구체성을 하나둘 소거함으로써「나의 전쟁」은 9연과 문공단을 탈맥락화된 존재로 만든다. 주인공들은 마치 장애물들을 하나씩 제거해나가면서 알 수 없는 목적지를 향해 나아가는 외인부대 같다. 항미원조전쟁이라는 실제 역사를 다루고 있음에도 「나의 전쟁」에는 어딘가 SF적인 색조가 감돈다. 인물들의 말투와 복장, 배경으로 깔린 북한의 자연 지형, 적군으로 등장하는 미군들은 이 작품이 항미원조전쟁 역사물임을 지시하지만, "남쪽 전선"을 향해 진군하는 9연과 문공단원들은 실상은 자신들만의 가상공간 안에서 제자리걸음할 뿐이다.

이런 혐의는 영화의 플롯 구조에 심어진 자의적 시간질서에서 잘 나타난다. 「나의 전쟁」에는 네번의 전투 장면이 나온다. 첫번째는 9연과 문공단이 국경지대에서 북한으로 들어온 직후 미군 전투기의 폭격을 당하는 장면, 둘째는 오의정으로 진입하는 미군을 저지하는 기습전, 셋째는 북한의 어느 촌락에 매복한 미군과의 전투, 그리고 마지막이 '537고지전'이다. 먼저 "537"이라는 숫자에 주목하자. "537"이란 바로 상감령의 537.7고지, 즉 저격능선 고지를 말한다. 상감령 전투는 1952년 10월 14일에서 11월 25일까지 43일간 지원군 3병단에 배속된 12군과 15군이 강원도 김화 오성산 부근의 597.9의 삼각고지와 537.7의 저격능선 고지를 놓고 미 9군단 7사단 및 국군 2사단과 혈전을 치른 전투이다. 상감령 전역에 투입된 지원군 보병부대는 3병단에 배속한 15군의 45사, 29사, 12군의 31사, 34사였다.[68] 흥미롭게도 이제까지 전장의 구체

---

68 『중공군의 한국전쟁사』 255면.

성을 드러내지 않았던 「나의 전쟁」은 진행 중반이 넘어 쑨 베이촨이 멍 산샤에게 "곧 537을 치러 가"라고 말하는 장면을 통해, 처음으로 시간과 장소에 대한 단서를 슬쩍 흘린 것이다. 이로부터 상감령 전투를 기점으로 삼아 역순으로 작품의 시간전개를 추정할 수 있게 된다. 아울러, 이제껏 유령부대 같았던 9연이 3병단의 12군 혹은 15군의 일부라는 추정도 가능해진다.

그러나 '537'이라는 단서는 「나의 전쟁」의 가공성을 더 극명하게 드러낼 뿐이다. 상감령 전투를 기준 삼아 따져보면 볼수록 영화의 플롯을 지탱하는 시공간적 배치가 논리적으로 말이 되지 않기 때문이다. 우선, 상감령 전투에 참전했다는 것은 쑨의 9연이 3병단 배속임을 뜻하는데, 3병단이 한반도에 들어온 것은 1951년 3월 18일 이후이고 실제 전투에 투입된 것은 5차전역, 즉 1951년 4월부터였다.[69] 그때는 이미 38선을 중심으로 피아간의 경계선이 형성되던 시점이었다. 그런데 「나의 전쟁」 초반에 전개되는 '오의정 저지전'은 전방을 지원하기 위해 남쪽으로 이동하는 미군 탱크부대를 저지하는 작전이었다. 어떤 기록이나 사료에도 나오지 않는 '오의정 전투'는 허구적 설정이라 치더라도, 38선을 경계로 치열한 공방전을 벌이던 시점에 한반도에 들어온 지원군 부대가 미군 탱크부대를 상대로 눈 덮인 산악지대에서 매복전을 펼치거나 '어느 촌락'에서 미군의 매복을 당하는 일은 성립할 수 없다.

'오의정 저지전'은 험준한 산악지대에 익숙한 지원군이 매복과

---

69 軍事科學院軍事圖書館 編 『中國人民解放軍全史』 第6卷, 北京: 軍事科學出版社 2004. 이 책의 〈부록5〉 「中國人民志願軍抗美援朝戰爭大事記」 16면 참조.

기습, 우회 전술을 능숙능란하게 구사하여 연합군에 타격을 가했던 1~2차 전역의 한 대목을 재현한 것이다. 그렇다면, 9연이 수행하는 '오의정 전투'에서 '537고지전'까지는 무려 2년여의 시간적 거리가 생긴다. 무엇보다 '오의정 저지전'이 지시하는 1~2차 전역은 상감령 고지전에 참전한 3병단이 한반도에 들어오기 전이다. '오의정 저지전'을 기준으로 보면, 쏸 베이촨의 9연은 1~2차 전역 중 서부전선에 참전한 38, 39, 40, 42군의 일부여야 하는 것이다. 그런데 그렇게 보면 바로 앞 장면에서 이들을 태운 기차가 국경 지역에서 미군의 폭격을 당하는 장면의 설득력이 떨어진다. 왜냐하면 1차전역에 참전한 6개군(38, 39, 40, 42, 50, 66군)과 2차 전역에 합류한 9병단의 3개군(20, 26, 27군)은 모두 북한지역에 은밀하게 잠입했고 11월까지도 연합군 사령부는 이들의 존재를 알아차리지 못했다. 따라서 이들이 한반도에 진입할 때 미군 전투기의 표적이 되었을 개연성은 매우 낮다. 이처럼 시간 순서를 뒤섞고 장소와 시간 사이의 논리적 관계를 헝클어뜨리는 플롯에서 항미원조전쟁이라는 역사는 일종의 가상현실로 재구성된다. 쏸 베이촨의 9연은 항미원조전쟁의 대표적 전장들을 패치워크(patchwork)처럼 가볍게 붙여 만든 가공의 현실에 놓여 있다. 역사 물임에도 불구하고, 인물들은 항미원조전쟁의 역사에서 시종 소외되어 있다.

'오의정 전투'가 9연의 대승으로 끝난 후 등장하는 미군 사령부의 장면도 괴상하다.

"한달도 안 되는 사이, 우리는 계속 후퇴만 하고 있잖아!"

"장군, 적군이 이미 우리 20리 거리로 근접해 오고 있습니다."

"잘 듣게. 우리의 정보통에 따르면, 적의 보급에 이미 문제가 생겼다. 그건 우리가 적들을 이 지역에 묶어둘 수 있음을 의미한다."

"후퇴!"

단 네마디의 대화로만 구성된 이 짧은 장면에 등장하는 신경질적 인물은 미 8군 사령관으로 추정된다. 그런데 한국전쟁의 전개 과정에 조금이라도 익숙한 독자라면, 사령관의 첫번째와 두번째 말이 전혀 다른 맥락에 놓여 있음을 알아챌 것이다. 연합군이 한 달도 안 되는 사이 계속 후퇴만 했던 상황은 지원군이 우세를 점했던 1차와 2차 전역 사이, 즉 1950년 10월 25일부터 12월 24일까지의 시점이다. 실제로 1950년 10월 압록강 부근까지 밀고 올라갔던 월튼 워커 미 8군 사령관이 지휘하는 연합군은 곳곳에서 튀어나오는 중공군의 공격에 큰 타격을 입고 12월말 38선 부근까지 후퇴했다. 그런데 두번째 발언, 적의 보급에 문제가 있으니 이들을 묶어두자는 말은 워커의 말이 아니다. 당시 맥락에서 이 말을 할 사람은 매슈 리지웨이이다. 1951년 12월 23일 전사한 워커의 후임으로 온 매슈 리지웨이 신임 미 8군 사령관은 지략이 뛰어난 인물이었다. 전임자와 달리 그는 중공군의 공격을 치밀하게 분석했고 그로부터 한가지 패턴을 발견한다. 즉, 보급의 결핍으로 인해 중공군의 공격은 최대 일주일을 넘지 못한다는 것이다. 이로부터 리지웨이는 일부러 후퇴하며 적의 보급이 소진하기를 기다렸다가 반격하는 '자석 전술'을 구사했다. 이는 1월 15일부터 4월 21일까지 4차전역에서 일어난 일이다. 그렇다면 "한달도 안 되는 사이 후퇴만 하고 있다"며 화를 내는 사령관과 적의 보급상의 약점을 파악하여 후퇴 작전을 쓰자고 하는 사령관은 같은 인물이 아니다. 「나의 전쟁」에 단 한차례 등장하는 미 8군 사령관은 월튼 워커와 매슈 리지웨이를 합쳐놓은 가공의 인물인 것이다. 미 사령부의 장면 역시 1차부터 4차전역까지 3개월의 시간을 압축하고 있다.

이것이 감독의 역사적 무지의 소산일까. 그럴 수도 있겠지만, 어느정도는 의도적인 장치로 보인다. 이를테면, 주요 장면이 전환될 때마다 생뚱맞게 등장하는 자막은 플롯의 논리적 결핍을 보완하기보다 오히려 드러내며, 9연과 문공단의 가공성을 더 부각한다.

지원군이 처음 조선에 왔을 때 미군의 기습 폭격을 당하여 남쪽 전선을 지원하기 위한 행군이 크게 저지당했다. 쑨 베이촨은 9연을 이끌고 성공적으로 적군의 벙커를 공격하여 더 큰 손실을 막았다.

9연이 오의정을 통과하는 미군의 탱크부대를 저지했다. 이에 미군은 적시에 전방을 지원하지 못했고 지원군은 미군을 철수하게 만드는 데 성공했다.

지원군은 전략적으로 계속 남진했다. 목표는 적의 사령부이다. 9연과 문공단은 어느 작은 촌락에 도착했다. 같은 시각 미군 역시 촌락의 병력부대를 보강하여 아군을 포위했다.

가장 먼저 눈에 띄는 것은 '지원군'과 '9연'을 동격화하는 화법이다. 중국인민해방군이나 지원군의 편제에서 '연(連)'은 120명 안팎으로 구성된 말단 단위이다. 군-사-단-영-연의 편제에서, 어느 계통에 속하는지 알 수 없는 쑨 베이촨의 9연이 '지원군' 일반을 대표하는 것처럼 호명되고 있는 것이다. 이 기이한 호명 방식은 시간과 장소를 초월하여 무소부재하는 9연의 가상성을 부각시킨다.

'537고지'라는 명칭 또한 시간성과 장소성을 소거하는 장치로 작용한다. 537고지는 598고지와 더불어 상감령 전투의 주요 전장이다. 항미원조전쟁에서 상감령이 갖는 상징적 의미는 더 말할 필요 없이 크다. 혁명 시기 항미원조전쟁을 다룬 정전적 영화 「상감령」 「영웅아녀」 「침략자를 무찌르다(打擊侵略者)」 들은 모두 상감령 전장을 배경으로 한 것이다. 그런데 「나의 전쟁」은 이 상징적인 전장의 이름을 부르는 것을 의도적으로 회피했다. 상감령을 수많은 무명고지 중의 하나로 익명화시킴으로써 주인공 쑨 베이촨이 희생에서도 역사성을 탈각시켰던 것이다.

역사의 익명화는 포스트혁명 전쟁서사로서 「나의 전쟁」의 가장 문제적인 지점이다. 「나의 전쟁」은 9연을 항미원조전쟁의 역사로부터 고립시켰다. 도처에서 치열한 전투를 벌이며 "남쪽 전선"이라는 모호한 목적지를 향해 전진하는 9연은 시종 역사의 내부로 진입하지 못하고 표면을 맴돈다. 거대역사의 조각들을 붙여 만든 패치워크의 공간에서 9연이 벌이는 전투는 '오의정 저지전'이나 '어느 촌락'의 매복전처럼 가상전이거나 '537'처럼 익명화되어 있다. 그 점에서 「나의 전쟁」은 「집결호」와 흥미로운 대비를 이룬다. 「집결호」가 거대역사에 의해 익명화된 개인을 불러내어 역사와 화해시킴으로써 이들을 재익명화했다면, 거대역사 자체를 익명화하는 「나의 전쟁」에는 애초부터 개인과 역사가 화해할 수 있는 여지가 존재하지 않는다. 9연과 문공단은 시종 익숙한 역사 외부의 낯선 시공간에 고립되어 있다. 「나의 전쟁」이 SF적인 이유는 호러와 스릴러 장르가 강점인 감독의 스타일 때문만은 아니다.

포스트혁명 서사로서 「나의 전쟁」이 「집결호」와 다른 점은 개인이 역사와 화해하지 않는다는 것이다. 「집결호」가 중국 대중들의 카타르시스를 이끌어냈던 이유는, 설령 작위적이더라도, 혁명역사의 거대한 물줄기 속에 물거품으로 사라진 개인들이 역사의 의미있는 일원이었음을 국가로부터 인정받는 대단원이 있었기 때문이다. 그러나 「나의 전쟁」은 구조적으로 개인이 역사와 만나지 못한다. 원허현 전투에서 사라진 9연의 소속과 이름을 되찾기 위해 분투하던 구 즈디가 항미원조전쟁이라는 또다른 거대역사 속으로 뛰어들었던 것도 국가를 상대로 자신의 존재증명을 제시하는 행위의 일환이었다. 이에 반해, 쑨 베이촨의 9연이 치르는 희생은 거대역사로부터 어딘가 비껴나 있다. 탈환한 537고지 한 구석에서 숨이 멎는 순간, "오늘 우리가 한 일을 나중에 누군가가 기억해줄까"라는 쑨의 허탈한 물음, 그리고 그의 전우 장 뤄둥의 눈에서 흐르는 눈물은 그들의 희생이 끝내 거대역사의 의미체계 안으로 귀환할 수 없음을 시사한다.

> "아무래도 적진의 사령부로 제일 먼저 돌진하는 임무는 완수하지 못하겠어."
> "오늘 이 정도면 할 만큼 했어. 놈들을 실컷 패줬잖아."
> "무서워?"
> "무섭긴, 아버지 돌아가신 뒤로 난 천애고아인걸."
> (…)
> "이봐. 오늘 우리가 한 일을 나중에 누군가가 기억해줄까?"
> "누군가는 꼭 기억하겠지."(「나의 전쟁」)

이 장면은 혁명시대의 정전에 그려진 영웅의 희생 장면을 고의로 비틀어놓은 것이다. 쑨 베이촨의 죽음은 1964년의 영화 「영웅아녀」 중 왕 청(王成)의 죽음과 확연한 대조를 이룬다. "승리를 위해, 나를 향해 포격하라." "동지들, 승리는 영원히 우리 것입니다."라고 외치고 다가오는 적들을 향해 폭탄을 들고 장렬하게 몸을 내던진 왕 청은 영웅의 최후의 모습으로 중국 대중들의 마음에 깊이 새겨져 있다. 그런데 생명이 경각에 놓인 순간 쑨 베이촨과 장 뤄둥이 나누는 대화는 이러한 영웅의 이미지를 보기 좋게 뒤집는다. 왕 청과 쑨 베이촨은 같은 장소에 있었던 사람 같지 않다. 왕 청이 혁명의 꽃으로 산화한 장소가 상감령이라면, 쑨 베이촨이 죽은 곳은 537이라 불리는 어느 무명고지일 뿐이다.

「나의 전쟁」이 말하는 것은 거대역사와 개인의 원천적인 화해 불가능성이다. 역사의 시간과 공간의 질서를 자의적으로 재구성하여 익명화하는 장치가 곳곳에 설치되어 있는 이 작품에 개인이 역사로 돌아갈 길은 애초에 존재하지 않는다. 어쩌면 이것이 「나의 전쟁」이 대중들의 외면을 받았던 이유일지 모른다. 역사의 격류에 휩쓸려 사라져간 이름 없는 개인들을 불러내어 위로하는 과정에서 카타르시스가 발생할 터인데, 「나의 전쟁」에는 그런 과정이 없는 것이다. 쑨 베이촨과 9연의 병사들은 거대역사의 어디에 속하는지도 모르는 곳에서 이름 없이 죽어갔을 뿐이다. 그런 점에서, 「나의 전쟁」은 「집결호」로 대표되는 2000년대 중국의 포스트혁명 서사를 또 한번 해체하는 포스트/포스트혁명의 서사로 볼 수 있다.

또다른 견지에서 보면, 「나의 전쟁」의 극단적인 역사의 익명화는 항미원조전쟁이라는 역사의 특성에 기인한 것일 수도 있다. 2016년이라는 시점은 항미원조전쟁의 기억이 오랜 봉금(封禁) 상태에서 막 벗어나기 시작한 때였다. 항일전쟁이나 해방전쟁과 달리 항미원조전쟁은 상대적으로 낯선 역사였다. 어쩌면 「나의 전쟁」이 개인과 역사의 화해를 거부하는 것으로 귀결된 근본적인 원인은 화해해야 할 그 거대역사가 무엇인지 제대로 알 수 없었던 당시의 현실을 반영하는 것 아닐까. 이 전쟁의 역사를 어떻게 이해하고 이야기해야하는지 최소한의 토론과 합의가 형성되지 않은 상태에서, 항미원조전쟁은 권위의 해석과 관점을 대중에게 일방적으로 주입하는 블록버스터 형식에 담기기에 너무 일렀던

것이다. 「나의 전쟁」이 역사의 익명화 전략으로 나갔던 것은 불가
피한 선택이었는지 모른다.

바진의 「단원」

「나의 전쟁」을 읽는 중요한 코드는 바진(巴金)의 단편소설 「단
원(團圓)」(1961)이다. 영화는 서두의 자막을 통해 이 작품이 "바
진의 「단원」에서 소재를 취했음"을 명시했다. 각본 작가 류 헝의
『런민르바오』인터뷰를 참조하면, 애초 제작사인 중잉그룹(中映
集團)의 의도는 소설 「단원」을 개작하여 만든 영화 「영웅아녀」
(1964)를 다시 찍어보자는 것이었다. 그런데 영화라는 것이 다양
한 주체들이 참여하는 종합예술이다보니 제작 과정에서 내용이
많이 달라졌다.[70] 이 대목은 주의 깊게 살펴볼 필요가 있다. 「영웅
아녀」를 저본으로 하려던 제작 의도가 틀어지고 「영웅아녀」의 원
작소설인 「단원」이 「나의 전쟁」에 원 텍스트로 명시되었다는 사
실은 무엇을 의미할까. 언뜻 보아 「단원」과 「나의 전쟁」 사이의
유사성이나 참조성은 쉽게 발견되지 않는다. 그래서 「나의 전쟁」
서두에서도 이 작품이 「단원」으로부터 "소재를 취했다"는 정도
로만 언급했던 것이다. 그럼에도 불구하고 이 사실을 명시한 것
은 이 작품이 소설 「단원」에 대한 모종의 특별한 (재)해석을 담고
있음을 의미한다.

「단원」은 어떤 작품인가. 「나의 전쟁」은 「단원」으로부터 어떤

---

[70] 「向長眠在遠方的英魂致敬: 作家劉恒談電映〈我的戰爭〉」, 『人民日報』 2016.9.22.

소재를 취했으며, 어떤 점에서 「단원」을 참조했다고 말하려는 것일까. 「단원」의 작가 바진은 설명이 필요치 않은 중국현대문학의 거장이다. 그러나 1961년에 발표된 이 작품에 대해서는 평가가 엇갈린다. 중국문학사에서 중화인민공화국이 수립된 1949년에서 문화대혁명이 발발한 1966년까지의 문학작품을 '17년 문학'이라고 부른다. 관방문예 체제가 형성되어 문예의 자유로운 공간이 제약되었던 이 시기, 바진은 항미원조전쟁에 종군작가로 참전했던 경험을 바탕으로 14편의 단편소설을 발표했다. 대체로 이들 작품에 대한 그동안의 평가는 부정 일색이었다. 사상개조의 압력으로 인해 작가가 자유롭게 쓸 수 없었다거나, 심지어 권력에 굴복하고 시류에 영합한 정치선전 포스터에 불과하다는 혹평을 피하지 못했다.[71] 최근 들어 이 시기의 작품을 재평가하려는 시도가 나오고는 있지만,[72] 바진의 한국전쟁 관련 작품은 여전히 문학사의 사각지대에 놓여 있다.

한가지 짚어둘 것은, 바진이 공산당 출신의 작가는 아니었지만, 신중국에서 그의 지위가 상당히 높았다는 사실이다. 1949년 10월 1일 건국기념대회에 초대받아 톈안먼 성루에서 신중국의 탄생을 지켜보았던 그였다.[73] 1950년부터 1965년 사이 바진은 세계평화옹호대회(바르샤바), 체호프 서거 50주년 기념식(모스크바), 아시

71 周立民 「巴金在朝鮮戰爭」, 『中國現代文學叢刊』 2001年 第2期, 154면.
72 吳明宗은 이 시기 바진의 작품을 인도주의와 정치 이데올로기 사이의 협상으로 해석했다. 吳明宗 「從「團圓」到〈英雄兒女〉: 巴金小說及其電映改編之比較」, 『中外文學』 第43券 第4期, 2014, 186면.
73 李文甫 「從「團圓」到〈英雄兒女〉: 斷裂與巴承續」, 『風格與特色』 2015年 第16期, 86면.

아·아프리카 회의(반둥, 타슈켄트, 도쿄), 아시아작가회의(뉴델리), 도이치민주공화국 작가대회(베를린), 10월혁명 40주년 기념식(모스크바), 수소폭탄 금지를 위한 세계대회(도쿄) 등 사회주의권과 제3세계에서 개최되는 각종 국제교류의 장에 '신중국의 얼굴'로서 참석했다. 한국전쟁과 베트남전쟁 중에는 중국작가대표단의 단장으로 각각 두차례씩 북한과 북베트남을 방문했다.[74] 천 쓰허(陳思和)에 따르면, 바진의 정치적 신조였던 무정부주의는 건국 초 중공의 진압이나 숙청의 대상이 아니었다. 실제로 적지 않은 중국의 초기 공산주의자들이 무정부주의의 영향을 받았고, 또 1930년대 이후 무정부주의는 정치세력으로서는 존재감이 없었다. 따라서 신중국에서 무정부주의는 정권의 위협이 되지 못했으며 기껏해야 정치적 금기였을 뿐이다. 이 금기를 지킨다는 전제 아래 바진은 중공 정권이 적극적으로 포용할 수 있었던 대표적 지식인이었던 것이다. 실제로 수많은 국제행사에 참여할 때 바진의 신분은 '무당파(無黨派)' 인사였다. 무당파란 중국공산당 정치협상회의에서 특정 정치 경향과 정치세력을 대표하는 것으로서, 2005년 그가 세상을 떠났을 때 중국정부가 그에게 내린 칭호도 "문학 거장, 사회활동가, 저명한 무당파 인사, 중국공산당의 친밀한 벗"이었다.[75]

이런 배경에서 보면, 당 중앙선전부 문예처장이자 작가협회 당

---

74 道上知弘「巴金の朝鮮戰爭戰地訪問とその作品について」,『藝文研究』 제85집, 2003, 81~82면.

75 陳思和「巴金研究的幾個問題」,『社會科學』 2006年 第8期, 167면.

조서기였던 딩 링(丁玲)이 바진에게 한국전장행을 권유했던 것을 반드시 강요나 억압으로 보기는 어렵다. 사실 건국 초기는 비공산당 계열의 많은 작가와 지식인들이 신중국에 대한 기대를 품고 있었을 때였다. 바진 역시 한편으로는 '자기 개조'에 대한 압박을 느끼면서도 동시에 신중국의 건설에 공헌하고자 하는 마음을 가지고 있었다.[76] 1952년 3월 바진은 전국문련(全國文聯)이 조직한 '조선전지방문단(朝鮮戰地訪問團)'의 단장으로서 18인의 작가를 이끌고 북한에 들어갔다. 다른 종군작가나 기자들이 여러 전선을 전전한 것과 달리, 그는 줄곧 서부전장 19병단 63군과 함께 생활했다. 그해 10월에 귀국한 그는 정전협정 후인 1953년 8월 다시 19병단의 주둔지를 찾았고, 1954년 1월에 귀국했다. 1953년부터 1977년에 걸쳐 발표된 소설 14편은 이 시기 바진이 19병단의 병사들과 기거하면서 보고 들은 이야기를 기반으로 쓴 것이다. 훗날 19병단 63군 군장 푸 충비(傅崇璧)는 바진이 자신의 전장일기를 얻어내기 위해 병단 사령관과 정치위원의 힘까지 동원했다는 후일담을 늘어놓으며 그가 전장 취재에 얼마나 진심이었는지를 회고했다.[77]

이 글에서 한국전쟁과 관련한 바진의 작품에 대해 문학적 평가를 내리기는 어렵지만, 국가 권력에 굴복하여 내면의 목소리를 포기한 소산이라는 평가[78]는 지나치게 박하다. 물론, 한때 애국

---

76 道上知弘, 같은 글 82면.
77 張治宇「傅崇璧與文化名人的交往」,『世紀情緣』2014年 第3期, 11면.
78 周立民, 같은 글 151~56면.

주의란 인간 진화의 장애이며 "살인 제조장"이라고까지 했던 그가[79] 국가의 존재가 최대치로 현현하는 전쟁터에서 아군의 사적을 작품으로 쓰는 상황은 그 자체로 역설적이다. 분명 이 시기 바진의 작품에는 그의 문학세계에 충일했던 심연 같은 모순이 보이지 않는다. 갈등도 클라이맥스도 없이 끝도 없이 밀려오는 디테일의 퇴적에, 소설은 지루하고 단조롭다. 그러나 다른 관점에서 보면, 전선에서 벌어지는 크고 작은 일상, 보고 들은 이야기, 접한 사람들의 경험을 숨결 하나 토씨 하나 놓치지 않으려는 듯한, 디테일에 대한 바진의 비상하리만치 집요한 애착은, 반평생 작가로서 쌓아온 모든 선입관을 완전히 놓아버리고 오로지 눈앞에 펼쳐진 낯선 세계를 백지상태에서 직시하겠다는 결연한 의지의 표출로 읽히기도 한다. 바진에게 한국전장은 구사회가 신사회로 다시 태어나기 위해 거쳐야 할 세례의 장이었다. 「강인한 전사(堅强戰士)」에서 장 웨이량(張渭良)이 지뢰를 밟아 왼쪽 다리가 절단된 상황에서 기절했다 깨어나고 꿈과 현실을 오가기를 수차례 거듭하며 열흘 밤낮을 포복하여 마침내 자대로 복귀하는 과정은 "31년의 구사회"를 벗어나 신사회의 주역으로 "다시 태어나는(翻身)" '신인(新人)'이 탄생하는 경이로운 현장이었다.[80] 그것은 또한 작가 자신이 소부르주아 작가에서 인민작가로 다시 태어나기

---

79 陳思和·李輝「論巴金前期的愛國主義思想」,『齊魯學刊』1983年 第6期, 82면.

80 巴金『英雄的故事』, 成都: 四川人民出版社, 1979, 197~98면. (이하 인용하는 바진의 작품은 모두 이 책에 수록된 것이다. 이하 같은 책을 인용할 때는 본문에 면수만 표기한다.)

위한 시험과 단련의 장이기도 했다.

　한국전장에 대한 바진의 작품은 어느날 선택의 여지 없이 자신 앞에 떨어진 낯선 세계의 문턱에서, 그곳으로 들어가는 자기만의 열쇠를 찾기 위한 고투의 과정이었다. 모노톤의 디테일로 펼쳐지는 서사의 표피 아래에서, 바진은 새로운 현실, 새로운 인간상에 육박해 들어가, 한번도 경험하지 못한 미지의 세계를 향한 문을 두드리고 있었다. 1955년 그가 또다른 종군작가 루 링(路翎)의 소설 「수렁 위의 '전역'(窪地上的 '戰役')」을 "저열한 개인주의"와 "썩은 자유주의"라 비판하면서 자신이 경험한 전장의 현실과 다르다고 강하게 나섰던 것도,[81] 반드시 그가 국가이데올로기의 편에 섰기 때문이라고는 할 수 없다. 분명 바진은 전장에서 접한 수많은 인간과 크고 작은 일상으로부터 무언가를 발견했고, 그에 대한 모종의 확신을 품고 있었다.

원작의 귀환

　한국전쟁에 관한 바진의 14편의 단편소설 중 「단원」은 단연 대표작이다. '단원(團圓, 투안위안)'의 사전적 뜻은 오랫동안 떨어져 있던 가족이 한 자리에 모인다는 뜻이다. '해피앤드'를 뜻하는 '대단원'이라는 말도 여기서 나왔다. 헤어졌던 사람들이 다시 만난다는 의미로부터, 세상살이에서 벌어지는 갈등과 역경을 극복하고 다시 행복하게 화합한다는 '대단원'이라는 말이 파생된 것

81　道上知弘, 같은 글 93~94면.

이다. 「단원」의 플롯은 1952년 한국전장의 전선에 배치된 모 부대의 정치위원 왕 원칭(王文淸) 주임과 문공단원 왕 팡(王芳)의 '부녀 재회'를 중심으로 구성되었다. 이야기는 종군 기자 리 린(李林)의 목소리를 통해 전달된다. 왕 원칭은 원래 상하이 어느 인쇄공장의 직공이었다. 아내가 외국인 수병(水兵)의 구타로 사망하고 이어 자신도 국민당에 체포되면서 어린 딸 왕 팡을 이웃집의 노동자인 왕 푸뱌오(王復標)의 집에 기탁한다. 얼마 후 항일전쟁이 발발한다. 감옥에서 풀려난 왕 원칭은 공산군의 유격대에 들어가게 되었고 그렇게 어린 딸과 소식이 끊어진다. 그런데 18년 후 뜻밖에도 왕 팡이 문공단원으로 조선전장에 들어오면서, 해당 부대의 정치부 주임이었던 왕 원칭과 재회하게 된 것이다. 발표와 함께 큰 호평을 받았던 소설 「단원」은 당시 문화부차관이자 좌익영화운동의 개척자인 샤 옌(夏衍)의 지시로 창춘영화제작소(長春映畫製作廠)를 통해 즉시 영화 「영웅아녀」로 개편되었다. 각본은 팔로군(八路軍) 출신이자 지원군 47군 비서과장을 지낸 마오 펑(毛烽)이 썼고, 감독은 우 자오티(武兆堤)가 맡았다. 원작을 능가하는 명성을 얻은 「영웅아녀」는 지금까지도 항미원조전쟁 영화의 정전으로 기억되고 있다.

「단원」이 「영웅아녀」로 각색되는 과정에서 발생한 차이에 대해서는 연구가 많으므로 여기서 자세하게 분석하지 않는다. 가장 중요한 차이만 꼽자면, 「단원」이 혁명사의 고된 풍파 속에 헤어졌던 왕 원칭, 왕 팡 부녀의 꿈같은 재회를 서사의 주축으로 삼았다면, 「영웅아녀」에서는 그것이 보조축으로 물러나고 왕 팡의 (양)

오빠이자 왕 푸뱌오의 아들인 왕 청(王成)의 영웅적 희생이 전면화된다는 것이다. 「단원」에서 왕 청은 왕 원칭이 화자 리 린에게 이야기하는 과정에 잠시 등장할 뿐이었다. 즉, "작년 연초" 고지를 세차례 빼앗기고 되찾아오기를 반복하던 중, 지휘부에 '결심서'를 들고 찾아와 출격을 자원했던 25인의 청년이 있었는데 왕 청은 그중 하나였다. 비록 왕 청은 살아 돌아오지 못했지만, 그날의 짧은 만남에서 왕주임은 그가 왕 푸뱌오의 아들임을 알아봤으며 또 그의 동생이자 자신의 친딸인 왕 팡이 전장에 와 있다는 사실을 알게 되었던 것이다.(410~11면) 말하자면, 「단원」에서 왕 청은 왕주임과 왕 팡 부녀의 재회를 이어주는 매개였을 뿐이다.

그런데 「영웅아녀」에서는 왕 청의 영웅적 희생이 주축으로 부상하면서 「단원」의 여러 서사의 갈래들이 그 하위 서사로 종속된다. 이를테면, 「단원」에서 왕 팡이 6일 밤낮 고지를 사수하여 7백여명의 적을 섬멸한 자오(趙)연장의 공적을 기리기 위해 만든 노래 「맹호연장 자오 셩구이(猛虎連長趙生貴)」는 「영웅아녀」에서 '왕 청 열사'에게 바치는 「영웅찬가」로 대체된다. 또한 소설에서 화자 리 린을 보좌하는 통신병 '류군'이 일기책에 남긴 글귀, "단(團)에 충성하려면 먼저 자기가 맡은 일에 충직하라. 조국을 사랑한다면, 먼저 자기의 동지를 사랑하라."(423면)는 영화에서는 "나도 왕 청 동지처럼 당이 필요로 하는 사람이 되고 세계혁명 사업에 내 모든 것을 바치고 싶다"로 변한다. 그리고 「단원」에서 '조국인민조선방문위문단'이 전장을 떠나기 전날 사령부에서 밤늦도록 열린 무도회 역시, 「영웅아녀」에서는 "왕 청 동지의 혁명정신을 이어받아" 무명고지 탈환을 위해 떠나는 성대한 출정식으로 대체되는 것이다.

두 텍스트 「단원」과 「영웅아녀」 간의 차이를 염두에 두면서 「나의 전쟁」으로 돌아가보자. 우선 쑨 베이촨이 '왕청식 영웅'에 물음표를 던지고 있다는 것을 알아차리기는 어렵지 않다. 「영웅아녀」에서 이미 죽고 없는 왕 청이 언제나 밝고 힘찬 낙관주의의 아우라에 둘러싸여 있는 데 반해, 아직 살아 있는 쑨 베이촨에게는 늘 어두운 그림자가 드리워져 있다. 그 대비가 두 작품의 출정식 장면에 잘 나타난다.

> "우리는 영원히 왕 청 동지의 정신을 본받고, 영원히 왕 청 동지의 영광을 선양하며, 조국을 열렬히 사랑하고 조선인민을 열렬히 사랑할 것입니다. 용감하게 싸우고 힘껏 적을 죽여, 미국 침략자를 무찌를 것입니다. 우리 영웅의 깃발은 영원히 휘날릴 것입니다."(「영웅아녀」)

> "매번 전투에 나갈 때 우리에겐 언제나 돌아오지 못하는 형제들이 있습니다. 그들은 우리의 모범, 영광스런 모범이자 우리가 전진하는 동력입니다. 우리는 승리를 위해 왔고 조국을 위해 싸울 것입니다. 저는 전우들에게 약속했습니다, 반드시 적의 사령부에 돌진하는 첫번째 부대가 되겠다고. 우리 9연은 결코 가족과 전우를 실망시키지 않을 것입니다."(「나의 전쟁」)

첫번째는 왕 청의 이름을 딴 '왕청배(排)'[82] 배장 출정식 선서

영화 「영웅아녀」 포스터

이고, 두번째는 537고지전 출정식에서의 쑨 베이촨의 출사표다.
두 출사표의 차이는 선명하다. 싸움의 목적과 대상이 명확하고
그에 대한 낙관과 확신이 넘쳐흐르는 전자와 달리, 후자는 어딘
가 바깥으로 향하지 못하고 독백처럼 되돌아온다. 쑨 베이촨의
출사표에는 "돌아오지 못"할 자신의 운명에 대한 예감마저 깃들

---

82 배(排)는 '연'에 예속된 소분대로서 30인 내외로 구성된다. '배' 아래는 '반(班)'으
로 10명 내외이다.

어 있다. 이처럼 「영웅아녀」와 「나의 전쟁」에서 영웅의 죽음은 매우 다르게 포착된다. 왕 칭의 희생이 어떤 비극적 정서나 감정의 개입도 허용하지 않는, 철벽같은 낙관주의로 무장하고 있는 반면, 쑨 베이촨은 자신을 향해 다가오는 죽음을 피하거나 거부하지 않으면서도 그런 자신에 대한 연민과 슬픔의 감정을 애써 숨기지 않는다. 출정식 직전 그가 마음에 두고 있던 문공단장 멍 산샤에게 건네는 말이다.

"우리 집 허둥(河東) 위린샹(玉林鄕)인 거 잊지 마. 시간 나면 나 대신 우리 엄마한테 한번 가봐줘. 가서, 엄마한테 말해줘, 나 밖에서 잘하고 있었다고, 엄마 부끄럽지 않게."
"지금 나한테 유언이라도 남기는 거야?"
"아니, 그게 아니고, 그냥 시간이 되면 한번 가봐달라는 거야."(「나의 전쟁」)

죽음을 숙명으로 받아들여야 하는 운명에 대한 연민이 압도하는 쑨 베이촨의 출정길에, 왕 칭의 희생을 명랑하고 희망차게 들어올렸던 낙관주의는 찾아볼 수 없다. 「나의 전쟁」에서 죽음은 집단의 영광이 아니다. 그저 누군가의 생명이 꺼져가는 허망한 순간일 뿐이다. 최후의 순간 "오늘 우리가 한 일을 나중에 누군가가 기억해줄까?"라는 쑨 베이촨의 물음은 왕 칭의 죽음을 환하게 밝혔던 혁명시대의 아우라를 걷어낸다.

그렇다면 「영웅아녀」의 원작인 「단원」은 왕 칭의 죽음을 어떻게 그랬을까.「단원」에서 왕 청의 죽음에 대한 왕 팡의 감정에 대한 묘사는 짧지만, 매우 미묘하다. 우선 영화에서 왕 청의 전사가 현재의 시간대에서 벌어진 사건인 반면, 소설에서는 "작년 연초"에 발생한 과거형임에 주목할 필요가 있다. 1년 정도의 시간적 간극으로 인해, 소설에서 왕 청의 죽음이 현재의 인물들에게 미치는 영향은 영화보다는 덜 직접적이다. "오빠가 하나 있었는데 작년에 조선에서 전사했다"는 왕 팡의 말에 화자 리 린은 뭐라 말할지를 모른다. "위로, 동정 같은 말들이 아무 소용이 없어" 그저 빨리 그 상황이 지나가길 바랄 뿐이다. 그런데 뜻밖에도 왕 팡은 "당초 소식을 들었을 때 몰래 한동안" "아주 슬프게 울었"던 자신을 반성하면서 이렇게 말하는 것이다.

> "저는 정말 안 되나봐요. 조선 여인들은 가족을 몇명이나 잃었어도 한번도 안 울거든요. 오히려 고개를 더 높이 치켜들고 더 씩씩하게 걸으며, 아무 일 없다는 듯 노래하고 춤추는데."(415면)

가족을 잃은 슬픔을 이겨내기 위해 스스로를 채찍질하는 열아홉살 소녀의 모습에서 오히려 슬픔의 무게가 고스란히 전해진다. 영리하게도 작가는 혁명적 낙관주의라는 갑옷에 감춰진 슬픔을 간접적으로 드러내는 전략을 취했던 것이다. 아니나 다를까 「영웅아녀」에서 이 부분은 왕 팡의 나약함을 냉엄하게 꾸짖는 장면으로 대체된다. 문공단원인 왕 팡이 왕 청을 위해 만든 노래가사에 대해 왕주임은 이렇게 힐난한다.

"눈물에만 의존하여 너의 오빠를 그려낼 수 있을까? 네가 그를 위해 가사를 쓰고 노래를 하려는 이유가 무엇이지? 사람들이 너와 함께 눈물이나 흘리길 바라는 건가?"(「영웅아녀」)

물론 이는 아직 왕 팡에게 자신이 친부임을 밝히지 않은 왕주임이 딸을 단련시키기 위해 부러 엄격하게 하는 말이기도 하다. 그런데 왕주임보다도 어린 병사 류군의 입에서 나온 비판이 더 촌철살인이다. "나약하여 흐트러져선 안 됩니다(軟不邋遢)". 슬퍼하되 감정이 정결치 못한 상태가 되어선 안 된다는 뜻이다. 이처럼, 영웅의 죽음을 처리하는 방식에서 「단원」과 「영웅아녀」의 차이는 미묘하지만 의미심장하다. 그런 맥락에서 보면, 「나의 전쟁」에서 쑨 베이촨과 멍 산샤가 죽음에 대해 보인 연민과 슬픔의 감정은 마치 「단원」에서 애써 감추고자 했던 감정의 타래를 되찾아 펼쳐놓는 듯하다. 멍 산샤가 죽은 쑨 베이촨의 얼굴과 손을 닦아주며 흐느끼는 장면은 "나약하여 흐트러져선 안 된다"는 혁명적 낙관주의의 규율을 보란 듯이 밟고 넘은 것이었다.

쑨 베이촨의 원형은 「단원」의 '류군'에게서도 그 편린을 찾을 수 있다. 소설에서 류군은 매우 흥미로운 인물이다. 그는 마치 작가가 고의로 배치해놓은 정교한 트릭 같다. 화자 리 린의 통신병으로서 류군은 늘상 화자의 시야 안에 있지만 좀처럼 존재감이 느껴지지 않는 '작은 인물'이다. 왕주임은 도대체 언제 자신이 왕 팡의 친부임을 밝힐 것인가, 진작에 다리 부상에서 완쾌된 왕 팡은 왜 문공단으로 돌아가지 않는가, 등등. 화자 리 린의 끊이지 않는 호기심은 억지스러울 정도로 서사의 진행을 지연시킨다. 느릿느릿 끌고가는 소설 전반부의 서사 전개는 마치 류군의 존재를 독자의 시선 바깥에 두려는 일종의 전략처럼 보인다. 그러다 어느순간, 류군의 존재가 불현듯 독자의 시야 정중앙에 떠오른다. 왕 팡 부녀에 대한 호기심이 채 해소되지 않은 상태에서, 어느날 화자 리 린은 군 정치부를 잠시 떠나게 된다. 그리고 류군도 자대로 복귀한다. 이별을 아쉬워하는 류군에게 화자는 두달 안에 그의 연을 방문하겠다고 약속했지만, 지키지 못했다. 수개월이 지나서야 정치부로 돌아온 화자는 류군이 배속된 5연이 어느 무명고지전에서 큰 승리를 거두었다는 소식을 접하게 된다. 류군이 "언제나 그리웠던" 화자는 "국경절을 쇤" 후 적의 포병이 출동하지 않는 비오는 어느날 5연 연장을 찾아간다(419면).

"아, 아, 류 정칭, 좋은 전사였죠!" 연장이 고개를 끄덕이며 말했다.

나는 얼른 류 정칭과 내가 잘 아는 사이라 설명하고, 일전에 헤어질 때의 상황도 말해주었다.

"한발 늦었군요. 그는 귀국했습니다." 연장이 미간을 약간 찌푸렸다.

이상한 생각이 들었다. "귀국을 왜 했대요?" 그러고는 나도 모르게 흥분하여 되물었다. "국경절 기념식을 참관하러 간 거군요?"

연장이 고개를 저었다. "부상당해 이송된 겁니다."

"부상이요? 심각한 부상인가요?" 잠시 정신이 나갔던 내가 황급히 물었다.

그는 나를 힐끗 보더니 낮은 목소리로 대답했다. "두 다리를 잘랐어요."

안색이 변한 내가 다그쳤다. "그… 그가 위험한 건 아니겠죠?"

연장은 고개를 치켜들고 말했다. "그 젊은 친구는 그 상황에서도 조선으로 돌아와 미국놈을 무찌르겠다며 고함을 쳤답니다."

"그가 다시 돌아올 수 있을까요?" 나도 모르게 이렇게 묻고는 곧 그것이 쓸데없는 질문임을 깨달았다.(420면)

바로 이 장면에서 '류군'의 이름 '류 정칭(劉正淸)'이 처음으로 등장한다. 지금까지 왕주임과 화자는 늘 그를 "류군(小劉)"이라 불렀고 왕 팡은 그를 "꼬마(小鬼)"라고 불렀다. "아, 류 정칭"이라는 연장의 첫 마디에, 이름 없는 무명의 통신병 류 정칭의 존재가 돌연 커다랗게 변한다. 류 정칭이 중상을 입은 사실을 밝히는 과정에서 작가는 최대한 시간을 끌었다. 긴장이 한 단계씩 고조되고 그 정점에서 청천벽력 같은 비극적 소식이 알려지고 나서야, 깜짝 놀란 독자들은 이제껏 주의 깊게 보지 않았던 이 평범한 어린 병사의 존재를 황급히 상기하게 되는 것이다.

이어지는 연장의 이야기를 통해 류 정칭이 중상을 입게 된 사정이 소상히 드러난다.

"정말 그의 말대로라면 반드시 돌아올 겁니다. 여기 청년들이 다 그렇게 씩씩하거든요. 그 친구들 못 말립니다. 그가 부상을 당한 상황은 이랬습니다. 그날 저를 따라 최후까지 같이 싸웠어요. 주봉(主峯)

에 적의 제일 큰 토치카 하나가 남아 맹렬하게 화력을 뿜고 있었습니다. 우리 동지들이 많이 희생되었죠. 안 되겠다 싶어 폭약 꾸러미를 집어 들고 토치카로 뛰어들려고 하는데, 류 정칭이 뒤에서 내 옷자락을 끌어당기면서 그 임무를 자기한테 달라는 겁니다. 그러고는 순식간에 달려 나가 토치카를 끝장내버렸죠. 하지만 그 자신도 온몸이 피투성이가 되었고 두 다리가 절단 난 상태였습니다. 들것부대가 와서 실어 갈 때까지도 그는 '저는 버틸 겁니다, 싸울 겁니다'라고 외쳤어요. 나중에 그를 보러 갔지요. 미간이 일그러지고 얼굴에 핏기도 없었지만, 신음소리 한번 내지 않습니다. 내가 (상부에 그의 ── 인용자) 공(功)을 신청하겠다고 했더니, 자기는 임무를 제대로 완수하지 못했다며 마땅히 자아비판을 해야 한다는 겁니다. 참 재밌는 친구였죠. 전투가 끝나고 군 문공단원 동지들이 우리를 위문하러 왔어요. 어느 여성 동지가 류 정칭에게 두 차례나 수혈을……"(420~21면)

'류군'이 '류 정칭'으로 나타나는 과정은 「단원」의 숨은 반전이다. '꼬마' '류군'이 '황 지광(黃繼光, 1931~52)'을 연상시키는 영웅이었음은 정말 예상 밖의 전개였다. 항미원조전쟁의 영웅 황 지광은 지원군 15군 45사 135단 2영 6연의 통신병이었다. 1952년 10월 19일 저녁 황 지광의 6연은 동트기 전까지 상감령 598고지를 탈환하라는 임무를 받았다. 적의 진지 3곳을 탈환하고 하나만을 남겨둔 상태에서, 6연은 적의 주봉에서 뿜어내는 화력으로 인해 심각한 손상을 당했다. 그때 황 지광이 결심서와 어머니의 편지를 영장에게 제출하며 토치카 폭파조에 자원했다. 그는 수차례 총상을 입고 고꾸라지기를 반복하며 토치카 앞까지 접근하여 수류탄을 던졌지만 토치카의 절반밖에 폭파하지 못했다. 잠시 혼절했다 깨어난 그는 마지막 남은 힘을 다해 토치카의 총안(銃眼)[83]을 상반신으로 틀어막았다. 황 지광의 영웅적 희생은 『런민르바오』 및 전장통신을 통해 전 부대와 본국으로 전해졌다. 지원군사령부는 그에게 '특등 영웅' 칭호를 내렸으며, 북한에서도 '조선민주주의공화국 영웅' 칭호와 금성훈장, 일급국기훈장을 수여했다.[84]

시간과 장소로 보더라도 류 정칭과 황 지광의 전적은 겹쳐진다. 「단원」을 살펴보면, 류 정칭의 5연이 고지 탈환전에 출격하던 즈음은 "건국 3주년을 맞아 제2차 조국인민조선방문위문단을 환영하기 위해 지원군 최전선 각 부대에서 승전을 벌이던" 때였다. "공을 세워 가족을 영접하자"는 구호가 전선 도처에서 구가되고 있었다(419면). 그렇다면 류 정칭의 5연이 고지 탈환전을 수행한 시기는 1952년 국경절 즈음인 10월이다. 황 지광의 6연이 598고지 탈환전을 벌였던 날은 1952년 10월 19일이었다. 더 중요한 사실은 류 정칭의 5연의 고지전 출정식이 "건국 3주년을 맞아 제2차 조국인민조선방문위문단"을 환영하기 위한 일종의 퍼포먼스였다는 소설의 설정이 실제 황 지광 부대의 출정 배경과 일치한다는 점이다. 『런민르바오』 1952년 12월 7일자에는 제2차 조선방문위문단 3분단 부단장 주 단난(朱丹南)의 글 「우리는 상감령에 도착했

---

83 총포를 사격할 수 있도록 토치카·엄폐호·장갑차 등에 내놓은 구멍.
84 王玉章 「馬特洛索夫式的英雄黃繼光」, 『人民日報』 1952.12.21.

다」가 게재되었다. 이 글에 따르면, 위문단 3분단은 상감령 전역 (戰域)이 개시된 나흘째인 1952년 10월 17일 상감령 지구에 도착했고 18일에는 이들을 위한 성대한 환영식이 열렸다. 이들은 상감령에 머물던 중에 황 지광의 "영광스런 희생" 소식을 들었던 것이다.[85] 물론 「단원」에서는 류 정칭이 참전한 전장을 '무명고지'라고 했을 뿐 상감령이라는 이름을 밝히지는 않았다. 그러나 소설에서 명시한 1952년 10월(국경절)이라는 시점이 미 8군의 총공세가 상감령(김화) 지구에서 개시되고 또 제2차 조선방문위문단이 상감령을 방문한 때였다는 사실들을 종합하건대, 류 정칭이 참전한 고지전이 상감령 전역의 일부라는 추정은 충분히 가능하다.

그렇다면 「단원」을 저본으로 개편한 「영웅아녀」는 왜 황 지광을 연상시키는 류 정칭이 아니라, 인물들의 대화를 통해 간접적으로 잠시 등장했을 뿐인 왕 청을 주인공으로 삼았을까. 그것은 류 정칭에게 어딘가 혁명시대 영웅의 전범에 부합하지 않는 지점이 있었기 때문일 것이다. 흥미로운 점은 바진 스스로도 류 정칭을 황 지광과 같은 완전무결한 영웅으로 그리지 않았다는 사실이다. 상부에 공적을 신청하겠다는 연장에게 류 정칭이 "임무를 제대로 완수하지 못했다며 마땅히 자아비판을 해야 한다"고 했던 것을 보면, 어쩌면 "토치카를 끝장냈다"는 연장의 말과 달리 그가 임무를 완벽하게 수행하진 못했을지 모른다. 수류탄으로 토치카 폭파에 실패하자 자신의 흉부로 총안을 막았던 황 지광의 경지에는

---

85 朱丹南 「我们到了上甘嶺」, 『人民日報』 1952.12.7.

이르지 못한 것이다. 류 정칭이 만약 황 지광처럼 임무를 완수하고 그 자리에서 장렬히 전사했다면, 그는 의심의 여지 없는 영웅이다. 그러나 두 다리를 잃고 본국으로 송환된 채 살았는지 죽었는지조차 모호한 그의 결말은 영웅이 되기에 부족하다.

또다른 단서를 어느 중국학자의 분석에서 얻을 수 있다. 쑹 창(宋强)은 바진 소설이 그려낸 영웅의 상이 "앙상"하고 "자학적"이라고 비판했다. 다리가 잘려나간 극한의 상태에서 수차례 까무러치길 반복하면서 이를 악물고 기어서 부대로 귀환하는 과정을 그린「강인한 전사」, 소이탄 파편으로 인해 위장한 짚풀에 불이 붙어 산 채로 타 죽는 과정을 세밀하게 묘사한「황 원위안 동지(黃文元同志)」같은 작품들이 모두 앙상하고 직설적 표현으로 자학적용맹성을 그렸다는 것이다.[86]

바진 소설의 영웅상이 '앙상하고 자학적'이라는 분석에 전적으로 동의하기는 어렵지만, 이런 평가는 1960년대의 혁명 영화「영웅아녀」가 왜「단원」의 류 정칭을 영웅의 원형으로 삼지 않았는가라는 의문에 단서를 제공해준다. 필경, 바진의 한국전쟁 관련 소설에 등장하는 이름 없는 영웅들은 어딘가 비극의 분위기를 숨기고 있다. 거의 모든 작품에 류 정칭처럼, 평소 눈에 띄지 않던 평범한 병사가 불현듯 거대한 초인으로 변하는 순간이 존재하는데, 거기서 발산하는 비장감이 혁명의지를 고양시키기에는 너무 무거운 것이다. 이를테면, 비록 류 정칭이 "두 다리를 절단한 후에

---

86 宋强「巴金與〈英雄兒女〉」, 『河南工業大學學報』2005年 第3期, 39면.

도 여전히 「조국찬가」를 흥얼거리면서, 의족을 차고 다시 전선으로 돌아오겠노라」며 호언장담했다지만, 화자 리 린은 그가 다시 돌아올 수 없음을 직감한다. 심지어 본국으로 이송된 그가 현재 살아있을지도 확신할 수 없다. "그는 반드시 살아남았을 거예요. 저보다도 오래 살걸요, 다리가 없어도 할 수 있는 일은 많잖아요, 얼마든지 좋은 일들이."라며 애써 굳세게 말하는 왕 팡 역시 불안함을 이기지 못한 듯 고개를 숙이고 침묵했던 것이다(423면). 이처럼 복잡한 감정을 자아내는 인물 류 정칭을 가지고 혁명적 낙관주의를 전달하기는 쉽지 않다. 그래서 영화 「영웅아녀」는 류 정칭이 아니라 "그는 살아 돌아오지 못했다"고만 언급된 왕 청을 영웅으로 만들었던 것이다. 「나의 전쟁」의 주인공 쑨 베이촨의 투박하고 용맹스런 전사의 외양 이면에 감춰진 어두운 그림자는 「영웅아녀」의 왕 청보다는 「단원」에 그려진 류 정칭의 모습을 떠올리게 한다.

쑨 베이촨과 류 정칭을 이어주는 또다른 끈은 사랑이다. 항미원조전쟁에 관한 영화예술작품 중 「나의 전쟁」은 사랑과 연애의 감정을 거리낌 없이 드러낸 매우 드문 작품이다. 돌이켜보면, 2016년이라는 시점이 중국의 미디어 환경에서 특별했다. 같은 해에 나온 드라마 「펑 더화이 원수」도 혁명사극으로서는 드물게 펑 더화이와 세 여인(류 쿤모, 안나, 푸 안슈)의 로맨틱한 관계를 비중 있게 담았다. 또다른 드라마 「38선」에서는 주인공 리 창순(李長順)과 왕 창팡(王常芳)의 애틋한 감정, 지도원과 간호장교, 리 창순의 동생 리 창칭(李長淸) 간의 삼각관계, 심지어 당시 군율로 엄격하게 금지되었던 지원군 장 진왕(張金旺)과 북한 여인 리진영 (李珍英)의 이루어질 수 없는 사랑을 포함하여, 복수의 연애서사 들이 '항미원조 보가위국'이라는 주선율 사이로 종횡무진 펼쳐졌 다. 불과 수년 후, 대거 출시된 2020년대의 항미원조전쟁 작품에 서 연애 이야기가 크게 퇴색한 것을 생각하면, 2016년의 이러한 현상은 확실히 흥미롭다. 영화 「나의 전쟁」에서 연장인 쑨 베이촨 이 술에 취해 멍 산샤에게 사랑을 고백하는 장면이나, 총탄이 빗 발치는 전투 와중에 동료 장 뤄둥과 연애편지의 내용을 주고받는 장면은 전장의 리얼리티에서 동떨어진 듯 보이지만, 관점을 바꿔 보면 아무리 전장이라는 극한적 상황이라 한들 꽃다운 청춘남녀 들이 모인 곳에 어떻게 사랑 이야기가 없었겠는가. 「나의 전쟁」의 어딘가 비현실적으로 보이는 어설픈 연애서사는 혁명 시기 정전 의 틀 속에서 억압되었던 개연성의 회복으로 볼 수도 있는 것이다.

그런데 「나의 전쟁」에서 쑨 베이촨과 멍 산샤 사이의 연애감정 은 원작의 근거 없이 그냥 지어낸 것이 아니었다. 자세히 살펴보 면, 소설 「단원」에도 숨겨진 러브스토리가 있었다. 사실 문공단 의 '꽃' 왕 팡을 향한 류 정칭의 연모의 감정은 작품 곳곳에서 직 간접적으로 표출되고 있었다. 다만 일개 무명 통신병의 감정이라 대수롭지 않게 보였을 뿐이다. 그러다 류 정칭이 무명고지 탈환 전에서 적의 토치카를 폭파하는 공을 세우고 "어느 여성 동지"가 그에게 "두 차례나 수혈을" 했다는 연장의 말에 이르러, 두 사람 의 관계가 돌연 의미심장하게 다가온다. 두 사람의 관계를 염두 에 두고 소설을 다시 읽어보면, 왕 팡과 류 정칭 사이 연애감정을 암시하는 복선이 군데군데 놓여 있었음을 알게 된다. 다만 작가는 그 복선을 리 린의 '둔감한' 시선을 통해 보여줌으로써 독자들이 그것을 발견하지 못하게 했던 것이다. 왕 팡이 리 린과 류 정칭이 머무는 갱도를 다녀간 날, 류 정칭은 그녀가 떠난 입구에 서서 혼잣말로 중얼거린다. "나를 꼬마라고 부르는 너도 나랑 같은 나이잖아." 류군이 열아홉살이라는 것을 알고 있던 리 린은 그 혼잣말에서 두 사람이 열아홉 동갑이라는 사실만을 파악했을 뿐이다 (398면). 또한 사령부에서 왕 팡의 공연이 있던 날 밤, 류 정칭은 밤새 잠꼬대를 했다. "나 결심했어." "내 심장을 파서 꺼내 줄 거야." 그러나 그 옆에서 잠을 잤던 리 린은 "그게 무슨 뜻인지 알지 못했다"(419면). 이처럼 「단원」은 열아홉 동갑내기 두 남녀 사이에 깊어가는 감정을 드러내는 단서들을 무심한 듯 툭툭 던져놓음으로써, 오히려 눈에 띄지 않게 했다. 심지어 다리를 잘라낸 류 정칭에게 두번이나 수혈을 한 여성 동지에 대해서도 작가는 왕 팡일 것이라는 암시만 했을 뿐 끝내 말줄임표로 흐릿하게 처리했던 것이다.

「나의 전쟁」이 「단원」에서 소재를 취했다는 것은 아마도 이런 맥락이었을 것이다. 왕주임과 왕 팡의 부녀 상봉이라는 주서사에 가려 빛을 보지 못했던 류 정칭과 왕 팡의 감정선을 「나의 전쟁」은 쑨 베이촨과 멍 산샤와의 피우지 못한 사랑 이야기로 되살려냈다. 그것은 「단원」을 개작한 혁명 영화 「영웅아녀」가 완전히 지워버린 부분이기도 했다. 「영웅아녀」에서 류 정칭은 왕 청, 양 건쓰(楊根思, 1922~50)와 같은 영웅이 되기를 앙모하는 무명의 어린 통신병 '류군'일 뿐이었으며, 그와 왕 팡 사이엔 아무런 감정적 연계도 존재하지 않았다. 그런 점에서, 2016년의 영화 「나의 전쟁」은 「영웅아녀」의 혁명적 낙관주의에 가려진 원작 「단원」의 귀환이었다.

집을 지킨다는 것: '보가'와 '단원'

그러나 「나의 전쟁」과 「단원」 사이에도 미묘한 어긋남이 있다. 「단원」의 가장 중요한 주제인 전쟁과 국가, 집에 관한 정서를 둘러싸고 양자는 만날 듯 벌어진다. 항미원조전쟁 시기 국가서사에서 '집'은 매우 이데올로기적인 단어였다. 전쟁이 개시되자 마오와 중국공산당은 '항미원조 보가위국'의 구호를 전국에 확산시켰다. '미국에 대항하여 조선을 돕자'라는 뜻의 '항미원조'가 외부를 향해 발신한 구호였다면, '집과 나라를 지키자'는 '보가위국(保家衛國)'은 내부 인민들에게 보내는 메시지였다. 당시 대부분의 중국인민들에게 조선은 어디에 붙어 있는지도 모르는 낯선 나라였다. 그런 조선을 돕자고 원자폭탄으로 일본을 항복시킨 초강대국 미국과 싸운다는 것은 인민들을 납득시키기에 충분한 명분이 되지 못했다. 인민들의 자발성을 끌어내기 위해서는 '내 집을 지킨다'와 같은 피부에 와닿는 동기가 필요했다. 그런 맥락을 대중적으로 흥미롭게 그려낸 것이 드라마 「38선」이었다. 단둥(丹東) 압록강변의 작은 어촌에 살았던 리 창순은 고기를 잡으러 강에 나간 아버지와 형이 미군의 폭격을 맞아 흔적도 없이 사라지는 것을 목도했고, 그 충격으로 인해 바로 지원군에 입대한다.

「38선」은 일개 촌부였던 리 창순이 '보가(保家)'라는 지극히 사사로운 동기로부터 '위국(衛國)', 나아가 '항미원조'라는 더 큰 대의를 터득함으로써 한명의 전사로 성장해가는 과정을 그렸다.

바진의 한국전쟁 관련 소설에서도 '집'은 일관되게 약동하는 모티브였다. 그의 작품에는 병사들이 부대를 '집'으로, 부대원을 '가족'으로 부르는 장면이 자주 등장한다. 이를테면 「귀가」에서 중상을 입은 정찰반장 리 밍(李明)과 왼쪽 다리가 부러진 어린 병사 왕 용(汪永)이 끝까지 포기하지 않고 부대로 돌아올 수 있었던 힘은 "'집'이 멀지 않았다"는 믿음, "집안사람들이 (…) 데리러 온다"는 희망이었다(328, 334면). 또, 「강인한 전사」의 장 웨이량 역시 산속에서 홀로 생사를 넘나들며 열흘이나 버틸 수 있었던 것도 '집으로 가야 한다'는 집념 때문이었다. 전선에서 병사들과 수개월간 생활하면서 바진이 발견한 것은 '집'과 '조국'을 떨어질 수 없는 존재로 느끼는, 그로서도 이해하기 힘든 낯선 정서였다.

언뜻 생각하면 이런 감정은 '보가위국'이라는 국가의 선전구호가 인민을 세뇌한 결과라 치부할 수도 있다. 그러나 당시 중국의 상황을 조금만 생각해보면, 이런 감정에 전혀 물질적 근거가 없는 것은 아니다. 바진의 소설에 나오는 병사들은 대부분 봉건사회의 질곡으로부터 갓 해방된 '번신(翻身) 농민'의 자녀들이다. 아버지는 지주에게 맞아 죽고 어머니는 빚을 갚기 위해 어디론가 팔려가는 마소와 같은 삶을 살았던 이들에게는(「리다하이(李大海)」「강인한 전사」), 애초부터 '집'이란 것이 없었고 '조국'은 더 말할 것도 없었다. 그런 그들에게 어느날 자신만의 집과 토지가 생겼을 때, 그것을 그들의 손에 쥐어준 '조국'이란 '집'과 떼려야 뗄 수 없는 존재였다. 열여덟살의 황 원위안이 "조국에서 온" 화자에게 "절대 당신을 실망시키지 않겠습니다"라고 말했을 때, 거기에 담긴 "깊고 두터운 감정"은 "국내에 있었다면 쉽게 이해할 수 없었을" 특별한 것이었다(「황 원위안 동지」, 230면). 따라서 '오랫동안 헤어졌던 가족이 다시 만난다'라는 집과 가족의 모티프는 결코 「단원」에만 한정된 것이 아니었다. 그것은 바진의 한국전쟁 계열 작품에 관류하는 것으로서, 소설 「단원」을 통해 작가는 앞의 소설과 산문 들에서 단편적으로 다루었던 가족의 모티프를 하나의 플롯으로 집약하여 마치 한편의 극(劇)과 같은 작품을 완성했던 것이다.

「단원」에서 '헤어진 가족의 재회'를 통해 작가가 무엇을 말하는지를 포착하기는 그리 쉽지 않다. 언뜻 보면 왕주임과 왕 팡의 재회라는 '부녀 상봉'이 작품의 중심 플롯이지만, 그것을 에워싸는 인물과 서사들의 끊임없는 교란 속에서 '부녀 상봉'의 극적 효과는 반감된다. 작품의 클라이맥스는 제2차 조선방문위문단이 왕주임의 부대를 방문하는 데서 시작한다. 환영 연회에서 왕 팡의 양부 왕 푸뱌오가 먼저 왕 팡의 친부 왕주임을 알아보면서, 더디게 전개되던 부녀 상봉이 마침내 이루어진다. 그러나 그것은 '단원'이라는 주제의 한층 '깊고 두터운' 감정의 세계로 들어가는 작은 입구에 불과하다. 왕주임과 왕 푸뱌오의 재회 역시 '단원'의 또다른 구성 요소이다.

"푸뱌오 동지, 나의 오랜 벗, 바로 나요, 여기서 당신을 만날 줄은 몰랐구려. 내 이 잔을 비우겠소. 당신에게 어떻게 감사를 해야 할지."

(…)

"주임, 정말 왕 뚱(王東, 왕 원칭의 가명 — 인용자) 동지가 맞구려. 다시는 당신을 못 만날 줄 알았소. 여기에 계실 줄이야! 해방 후 사방을 다니며 당신 소식을 수소문했다오. 결국은 이렇게 만났군요! 마십시다, 마셔요! 우리 건배!"(430~31면)

바진은 두 동지의 재회 장면을 왕 부녀의 재회보다 한층 극적으로 묘사했다. 반면 왕주임과 왕 팡에 대해서는 시종 감정이 흘러넘치지 않도록 극도로 절제한다. 환영 연회에서 두 사람이 친생 부녀지간이라는 사실이 공개되고 모두가 축하의 건배를 할 때도 왕주임은 홀로 자리를 떠나 사색에 잠긴다. 그리고 따라나선 왕 팡에게도 잃어버린 딸을 만난 감격을 표현하기보다, 왕 푸뱌오가 여전히 그녀의 아버지라는 사실을 잊지 말라고 당부하는 것이다.(435면) '가족'은 혈연으로 결정되는 관계가 아니다. 왕 팡은 혁명의 고된 풍우를 함께 맞은 왕주임과 왕 푸뱌오의 동지애, 친구의 딸을 친딸처럼 품은 왕 푸뱌오의 인류애가 함께 키워낸 딸인 것이다. 이렇게 항미원조전쟁은 혁명 세월의 모진 풍파 속에 헤어졌던 소중한 사람들이 기적처럼 다시 만나는 장소가 된다.

그런데 이 작품의 결말이 기이하다. 생사가 오가는 전선에서 십여년 전 잃어버린 딸을 찾는 극적인 사건을 지루할 정도로 담담하고 억제된 필치로 그렸던 「단원」이 돌연 결미에서 이제까지의 금기와 절제를 일거에 집어던지는 듯 카니발적 장면을 펼쳐낸 것이다. 환영 연회 이틀 후, 전선 방문을 마치고 떠나는 위문단을 위한 송별연이 다시 사령부에서 열린다. 밤 12시, 연회가 끝나고 화자가 자리를 뜨려는 순간, 갑자기 사람들이 서로를 얼싸안기 시작한다. 어느새 군장과 부단장, 왕주임, 왕 푸뱌오, 왕 팡을 포함하여 모두가 일어나 손을 잡고 「지원군 찬가」를 부르며 연회장을 빙글빙글 도는 것이다.

나는 이렇게 몇분간 빙글빙글 돌다 말 줄 알았다. 그러나 분위기는 점점 더 뜨거워졌다. 그들은 멈추려 하지 않았다. 나중에는 나까지 상하이 기예단의 딩(丁)단장의 손에 이끌려 들어갔다. 내가 군복을 입고 있어 지원군인 줄 알았던 모양이다. 처음엔 좀 어색했지만, 어느새 나도 함께 미친 듯 빙글빙글 돌기 시작했다. 이상한 느낌이었다. 조국과 함께하고 있다는 느낌, 나의 마음이 단단하게 조국과 이어져 있는 느낌이었다. 나는 말할 수 없는 행복감을 느꼈다. 심지어 나는 나를 잊어버렸다. 내가 그들 모두와 떼려야 뗄 수 없이 합치된 느낌이었다.(436면)

박자도 리듬도 없이 "미친 듯 빙글빙글" 원을 도는 이 장면은 '동그라미'를 뜻하는 '단(團)'과 '원(圓)'이 합쳐진 단어 '단원'을 그야말로 시각적으로 펼쳐보인다. 전선의 지원군과 조국에서 온 위문단이 한몸으로 연결되고, 혈육애와 동지애, 인류애의 경계가 사라져 "나를 잊"게 되는 이 제의적 순간, 이제껏 전장의 관찰자이자 외부자였던 화자는 그 "이상한 느낌"의 원환 속으로 순식간에 빨려들어간다. 이 대목에서 '단원'의 의미는 이제껏 독자들의 주의를 끌어온 부녀 상봉의 차원을 훌쩍 넘어 무언가 더큰 낯선 세계로 이동하는 것이다.

이 기이한 '단원'의 순간에 꿈과 현실의 경계는 흐릿해진다. 새벽 2시, 흥분이 채 가시지 않은 피곤한 몸으로 돌아오는 길에 왕주임이 화자에게 묻는다.

> "리선생님, 우리가 지금 꿈을 꾸고 있습니까?"
> 나는 어리둥절하여 반문했다. "왕주임, 왜 꿈을 꾼다고 하십니까?"
> "너무 행복해서요!" 그는 혼잣말을 하는 듯했다.
> 나도 감정이 울컥 올라왔다. "꿈이긴요! 이렇게 아름다운 꿈이 어디 있습니까?"(436면)

"이렇게 아름다운 꿈이 어디 있습니까?"라는 리 린의 말은 어딘가 역설적이다. 꿈이란 본래 현실보다 아름다운 법인데, 꿈보다 더 아름답다고 강조함으로써 그들이 지금 느끼고 있는 행복이 어딘가 비현실적임을 드러낸 것이다. 혈육의 정을 초월하는 동지애적·인류애적 연대감, 조국과 내가 하나로 연결되어 있다는 감각, 그것은 바진이 항미원조전쟁 작품에서 끈질기게 찾았던 이상이었다. 그런데 그는 이 이상의 순간을 꿈과 현실의 경계가 모호해지는 제의의 장치를 통해서만 잠시 현현시켰던 것이다.

결국 꿈과 현실은 다시 분리된다. 왕 푸뱌오의 이야기를 꼭 글로 써달라는 왕주임의 간절한 부탁에 리 린은 흔쾌히 그러마고 약속했지만, 정작 쓴 글을 왕주임에게 보내지 못한다. 그가 "마뜩찮게 여겨 이 몇십장의 원고를 찢어버릴까 걱정이 되었던 것이다". 그 이유는 자신이 쓴 글이 왕 푸뱌오의 이야기가 아닌 왕주임과 왕 팡에 대한 것이기 때문이었다(436~37면). 이 지점에서 「단원」이 액자소설이었음이 밝혀진다. 액자 바깥에는, 액자 안에서 펼쳐지는, 꿈과 현실의 경계를 초월하는 카니발의 순간을 의심스런 눈초리로 바라보는 작가가 있었다. 액자 바깥의 작가는 액자 안의 화자가 그토록 도달하고자 했던 바, 즉 혈육의 정을 초월하는 위대한 동지애와 인류애, 그리고 그 속에서 조국과 집, 자신이 하나로 연결되는 이상적인 순간을 글로 담아내지 못했음을 고백하고 있는 것이다.

액자 안과 바깥의 세계가 삐걱거리는 가운데 주선과 보조선이 상호 경합하고 균열하는 원작소설 속 '단원'의 복잡한 의미구조를 영화 「나의 전쟁」이 얼마나 세심하게 파악했는지는 의문이다. 그러나 영화 마지막에서 전쟁이 끝나고 기차를 타고 귀환한 9연의 병사들을 먼저 온 문공단원과 가족들이 맞이하는 장면은 분명 「단원」의 카니발적 축제 장면을 연상시킨다. 플랫폼 위의 수많은 인파 속에서 살아 돌아온 남편과 아들을 찾아내어 얼싸안고 기쁨의 눈물을 흘리는 수많은 얼굴들. 그것은 바로 현실 속 '단원'의 장면이었다. 현실의 '단원'에는 가족이 살아 돌아왔다는 안도감과 살아 돌아오지 못한 이에 대한 슬픔이 공존한다. 멍 산샤의 눈에, 가족을 만나 기뻐하는 얼굴들 사이 슬픈 표정으로 어디론가 사라지는 쑨 베이촨이 들어온다. 이 장면은 죽은 이의 부재 또한 현실 속 '단원'의 중요한 요소임을 말해준다. 어쩌면 원작의 카니발 장면에서 기이할 정도로 넘쳐흐르는 행복감 어딘가 허망함이 느껴졌던 이유는 돌아오지 못한 류 정칭의 부재 때문이었을지 모른다. "미친 듯 빙글빙글 도는" 행위에는 죽은 자에게 보내는 제의적 성격이 담겨 있었는지도 모른다.

「나의 전쟁」은 꿈과 현실의 경계가 모호해지는 사육제적 순간을 통해 현현시켰던 원작의 '단원'을 현실로 끌고 내려왔다. 그것은 마치 이렇게 말하는 듯하다, 꿈은 아름다운 것이 아니라 허망한 것일 뿐이라고. 537 고지로 떠나기 전, 멍 산샤에게 전한 편지에서 쑨 베이촨은 꿈속의 '단원'의 순간을 이렇게 적었다.

> "우리 집은 위린샹(玉林鄕) 차오량즈춘(草梁子村), 어귀에서 동쪽으로 세번째 집이야. 우리 집은 뒷산 밑에 좋은 땅 8무(畝)를 분배받았어. 며칠 전부터 나는 계속 꿈을 꿔. 너랑 함께 집에 가는 꿈. 네 손을 잡고 먼저 너희 집에 가보고 또 우리 집에도 갔어. 밭에도 가보고. 만약에 내가 전사하면 혼자라도 꼭 가봐줘. 네가 가면 나도 간 셈이니까, 나도 너랑 같이 기쁠 거야."

쑨 베이촨과 멍 산샤는 쓰촨성(四川省) 다셴(達縣)의 동향이었다. 영화 첫 장면에서 두 사람은 사투리를 통해 서로가 동향임을 알아봤다. 멍 산샤에 대한 쑨 베이촨의 연모는 고향사람이라는 감정에서 시작된 것이었다. 쑨 베이촨의 꿈속 장면은 바진의 소설 및 산문에서 낯익다. 「강인한 전사」의 장 웨이량이 통증으로 까무러칠 때 꿈속에 나타난 가족이 이런 모습이었다. 어둡고 긴 악몽 같은 나날에서 벗어나, 토지개혁으로 분배받은 집과 땅에 온가족이 모여 자기 소유의 밭을 일구며 행복하게 사는 모습(197면). 그것은 「황 원위안 동지」에서 황 원위안이 아버지의 편지를 읽으며 상상하는 행복한 집의 모습이기도 했다.

그러나 명 산샤의 손을 잡고 다셴으로 돌아가 분배받은 땅을 가족들과 함께 일구며 살고 싶은 쑨 베이촨의 '단원'의 꿈은 끝내 실현되지 못했다. 그것은 비단 그가 전사했기 때문만은 아니다. 한국전쟁이 정전한 지 불과 4년 후 '인민공사'가 개시되면서 농민들에게 분배되었던 토지는 다시 국가로 귀속되었다. 인민공사와 대약진으로 수천만명의 아사자가 발생한 1950년대 후반 중국의 역사를 상기하건대, 집과 조국이라는 서로 떨어질 수 없는 소중한 그것을 지키기 위해 온몸을 바쳤던 수많은 이름없는 병사들에게 그러한 역사는 참혹한 배반이었을 것이다. 스스로도 농민 출신으로서 한뼘 자기 농지를 일구는 것에 그토록 애착을 가졌다고 알려진 펑 더화이가 '인민공사' 정책을 비판하여 참화를 당했던 것도, 이런 맥락에서 보면 그저 우발적 사건은 아니었다. 1961년의 바진이 '보가'와 '위국' 사이의 경계가 사라지는 이상적인 '단원'의 순간을 소설로 기록하면서도 그에 대한 의심의 시선을 숨겨놓았던 것도 이 같은 역사를 목도했기 때문 아닐까. 2016년의 영화 「나의 전쟁」이 다시 재현한 '단원'에 원작의 꿈의 요소가 제거된 것은 불가피한 결과였다.

제3장

'승리한 전쟁'의 안과 밖

귀환한 항미원조 서사의 이념적 빈곤

70년 전 인민을 응집했던 힘

2020년 항미원조전쟁 70주년을 기념하는 중국의 분위기는 가히 획기적이었다. 10월 23일 인민대회당에서 거행된 기념식과 그 전후에 열린 부대행사의 규모나 분위기는 1960년을 방불케 했다. 기념식에서 시 진핑 국가주석이 직접 발표한 담화 역시 정전 직후 마오 쩌둥의 담화를 상기시킬 만큼 거칠었다. 또한 TV와 스크린에서 불과 10여년 전만 해도 주선율의 주변을 배회하던 항미원조전쟁이라는 소재는 어느새 주류의 반열에 올라서 있었다.

두말할 것도 없이 이러한 변화에 미중관계의 악화가 있다. 지난 수십년간 항미원조전쟁이 중국의 공적 공간에서 주변화되었던 이유는 중국의 대내외적 안보와 안정된 경제성장을 위해 미국과의 공조 체제를 잘 관리해야 했기 때문이었다. 그러나 오바마 정부의 '아시아 재균형'으로 시작하여 트럼프 정부의 무역갈등으로 본격화된 미중 대결의 형세는 바이든 정부에서는 기술경쟁을 넘어 언제 군사적 충돌로 비화할지 모르는 일촉즉발의 위기 상황으로 치닫고 있다. 특히 대만해협은 미중 수교 이래 최대의 긴장 상태다. 이에 더해 지난 10년 대만과 홍콩에서 일어난 반중시위가 가져올 국내의 동요 가능성을 차단하고 또 가혹한 코비드 방역체제가 야기한 불만을 억누르기 위한 수단으로 항미원조전쟁이 동원된 측면도 있었다.

그러나 과연 현재 중국사회에서 항미원조전쟁이 70년 전과 같은 정치적 효과를 발휘할 수 있을까? 현 미중 대결의 역사적 연원을 한국전쟁과 그로부터 구조화된 동아시아의 특수한 냉전체제에서 찾을 수는 있겠지만, 지금과 그때의 양자간 적대의 성격과 구조는 다르다. 과거 중국공산당이 항미원조전쟁에 주입했던 이념과 가치는 지금 중국사회에서 전과 같은 정치적 힘을 발휘하지 못할뿐더러 심지어 어떤 면에서는 냉전시대의 불편한 유산이 되어 있기도 하다. 반세기 이상 수면에 잠겨 있던 항미원조전쟁의 기억이 중국사회의 공적 담론장으로 소환되는 길목에는 간단치 않은 곤경이 잠복해 있다.

흔히 한국전쟁 시기 중공군을 폄훼하는 말로 '인해전술'을 언급하곤 한다. 그런데 이 말은 조금 다른 의미에서 적중한다. 오랜 내전 끝에 갓 신생 정부를 수립한 농민유격대 출신의 군대가 현대적 무기체계를 갖춘, 세계에서 국력이 가장 강한 미국을 상대로 2년 9개월 동안이나 팽팽한 승부를 벌인 일은 수억 인구의 응집력이 없었다면 불가능했을 것이다. 전방에서 싸우는 병사들은 물론, 인구 전체가 후방이 되었던 '항미원조운동'이 결집해낸 물질적·정신적 에너지는 중국 측 전투력의 무시할 수 없는 부분이었다. 이처럼 '인해'의 핵심이 양적인 측면뿐 아니라 질적인 면도 있었다는 사실은 그동안 간과되어왔다. 한국전쟁에 참전했던 미군의 수기나 회고를 보면, 그들에게 가장 공포스러웠던 것은 죽음을 두려워하지 않고 돌진해오는 중국 병사들의 불가사의한 투지였다. 그것은 상대편에게만 불가사의했던 것은 아니었다. 중국의 종군작가 바진 역시 어떻게 한명의 평범한 병사가 산처럼 거대한 힘을 발휘할 수 있는지를 작품 속에서 거듭 되물었던 것이다.

이것은 중국에게 한국전쟁, 즉 항미원조전쟁이 무엇이었는지를 논할 때 가장 근원적인 물음이다. 이러한 불가사의한 전인민적 동원이 당시 중국에서 어떻게 가능했는가. 그것을 그저 공산당의 강제나 세뇌의 결과로만 볼 수 있을까? 물론 강제력이 전혀 없었다고 할 수는 없을 것이다. 그러나 설령 강제이고 세뇌라 하더라도, 그것만으로는 당시 중국이 전쟁에서 보인 응집력을 설명하기에 부족하다. 권력을 장악한 지 1년밖에 안 되는 공산당이 수백만의 청년을 전선으로 내보내고 또 수억의 인민들로 거대한 후방을 형성하는 힘이 어디서 나왔을까. 이러한 물음은 더 중요한 다른 물음으로 이어진다. 만약 지금 중국이 미국과 전쟁을 벌인다면, 중국인들은 그때와 같은 응집력을 또다시 발휘할 수 있을까?

이상하게도 그간 중공군의 한국전쟁 참전에 관한 연구는 이러한 질문을 거의 제기하지 않았다. 중공군의 존재는 대체로 폄훼

되었고 심지어 우스꽝스럽게 묘사되기도 했다. 『백선엽의 6·25전 쟁 징비록』에서 고 백선엽은 중공군의 무장 상태는 턱없이 부족 했지만 결코 허술한 군대가 아니었으며 지도부가 병사들을 하찮 은 소모품으로 다루지도 않았다고 말했다. 중공군이 총도 제대로 지니지 못한 채 징과 꽹과리만 들고 돌진했다는 세간의 말은 사 실과 다르다는 것이다. 당시 아군의 문제는 중공군에 대해 너무 나 몰랐다는 것이라고, 그는 회고했다.[1] 그렇다면 70년이 지난 지 금 우리는 당시의 '중공군'에 대해 얼마나 더 알고 있을까. 한국 전쟁에 중국이 참전하게 된 국제정치적 배경에 대한 연구는 상당 히 진행되었지만, 전투의 구체적 전개과정을 비롯한 중공군 내부 상황에 대해서는 거의 알려지지 않았다. 그중에서 가장 근본적인 질문, 즉 턱없는 열세 속에 싸움을 2년 9개월이나 지속하게 했던 동력이 무엇이었는지, 그들을 정신적으로 무장시킨 이념과 가치 는 무엇이었는지는 좀처럼 연구자의 관심사가 되지 못했다. 개인 을 전쟁기계로 만드는 국민국가의 본성으로 당시 중공군이 발휘 한 불가사의한 힘을 설명하기는 부족하다. 더구나 당시 중국인들 에는 미국에 대한 깊은 원한의 감정도 거의 없던 상태였다.[2]

개인을 전쟁터로 내몰고 그곳에서의 죽음을 값진 것이라 믿게 하는 것은 분명 이데올로기의 힘이다. 그러나 적게는 수백만, 많 게는 수억명을 동원했던 거대한 힘을 이데올로기라 치부하고 간

---

1 백선엽, 앞의 책 1권 194~222면.
2 임우경 「변신하는 국민과 냉전: 항미원조 시기 중국의 반미대중운동」, 백원담·임우경 엮음 『'냉전' 아시아의 탄생: 신중국과 한국전쟁』, 문화과학사 2013, 158~86면.

단히 넘어갈 일은 아니다. 이것이 중국에서 항미원조전쟁이 무엇이었는지를 생각할 때 부딪히는 가장 민감하고 또 어려운 대목이다. 국가나 당이라는 상층의 시각에서 볼 때, 인민을 세뇌하고 동원하는 이데올로기가 가동되고 있었다는 것은 이론의 여지가 없다. 문제는 그 이데올로기가 어떻게 기층에서, 개개인의 마음속에서 작동했는가이다. '항미원조 보가위국'이 이데올로기로서 힘을 발휘할 수 있었던 이유는 그것이 수억명의 마음속에서 모종의 내재화 과정을 거쳐 자발성이라는 또다른 에너지로 전화되었기 때문이다.

내재화란 외부로부터 주어진 신념체계가 개인의 내면에서 동의와 공감을 통해 재생산되는 과정이다. 한국전쟁이 개시되었을 당시 '항미원조 보가위국'은 중국인민들에게 매우 낯선 구호였다. 왜 미국에 대항해야 하는지, 왜 조선이라는 낯선 나라를 돕는 것이 내 집과 나라를 지키는 것인지 집단적 동의를 얻기는 쉬운 일이 아니었다. 그럼에도 순식간에 이 구호가 전국 인민들의 마음에 내재화될 수 있었던 맥락은 중국혁명사와 냉전이라는 조건을 빼놓고는 설명하기 어렵다. 국내적으로 항미원조전쟁은 항일전쟁과 해방전쟁으로 대표되는 중국혁명의 일환이었다. 사상적 차원에서 항미원조전쟁은 장구한 중국혁명의 실천 속에 체계화된 '인민전쟁'의 연장이자 확장이었다. 또한, 대외적으로 그것은 제국주의에 대한 전세계 약소민족의 저항이라는 '사회주의 국제주의'의 대의에 의해 뒷받침되었다. '인민전쟁'과 '사회주의 국제주의'는 '항미원조 보가위국'이라는 낯선 구호가 기층으로 침투하는 데 중요한 매개 역할을 하는 이념 범주였다.

인민전쟁

'인민전쟁'이란 항일전쟁에서 해방전쟁에 이르는 중국의 혁명
실천을 거쳐 정립된 개념이다. 그 핵심은 '인민군중을 동원하고
인민군중에 의지한다(動員人民群衆, 依靠人民群衆)'로 요약된다.[3]
20세기 전반기 중국공산당이 처했던 조건을 생각해보면, 중국혁
명이 '인민전쟁'으로 집약되는 것은 사실 불가피했다. 군사 장비
나 조직 면에서 자신보다 훨씬 우세한 국민당 및 일본군에 대적
하기 위해 공산당은 인구 대다수를 차지하는 농민들의 전폭적인
지지가 필요했다. 근거지 인민이 제공하는 인적·물적 자원에 의
지하는 것이 인민전쟁의 정석이다. 근거지 인민 속으로 파고들어
그들의 신뢰와 지지를 얻고, 나아가 그들을 혁명의 능동적 주체
로 끌어냄으로써 공산당은 군사적 약세를 보완하고 자신들의 세
력을 확장해나갈 수 있었다.

항미원조전쟁을 20세기 인민전쟁의 연속이자 확장으로 보는
것은 근래 중국 학자들의 일치된 관점으로 보인다. 항일전쟁과
해방전쟁이 근거지 농촌 인민에 의지했다면, 항미원조전쟁은 전
선을 국외에 두고 나라 전체를 배후로 삼았다. 1951년 중국의 국
가 총예산 중 군비 지출 비율이 45.6%가 넘었고 그중 한국전쟁에
쓴 것만 32%에 달했다는 통계는[4] 이 전쟁에 대한 국가적 동원이

---

3 孫科佳「毛澤東人民戰爭思想在抗美援朝戰爭中的新發展」, 『軍事歷史』 1990年 第5期, 3면.
4 셴즈화(沈志華)「중국의 한국전쟁 참전결정에 대한 평가」, 박두복 엮음 『한국전쟁

어느 정도였는지를 보여준다. 기층에서도 마찬가지였다. 직접 지원의 경우, 둥베이 지역에서만 74만명의 민병 및 민공 운송부대와 들것부대가 조직되어 조선 전선을 지원했다. 간접적 차원에서 보면 전국의 거의 모든 단위가 총동원되었다고 해도 과언이 아니었다. 생산력 증대 운동, 생활절약 운동, 무기헌납 운동, 전선 위문 운동 등 '항미원조운동'은 기층 인민들의 일상생활 깊숙이 침투했다.[5] 공화국 역사상 대규모 군중집회가 개시된 것도 항미원조운동 때였다. 허우 쑹타오(候松濤)에 따르면, 건국 후 30년간 총 68회의 대규모 군중집회가 열렸는데 그중 8회가 1951년 한해에 열렸다.[6] 항미원조전쟁은 군대와 근거지 인민, 전선과 배후의 상호침투와 통일을 근간으로 하는 인민전쟁의 원리를 물질과 정신 양면에서 극한으로 확대한 전쟁이었다.

항미원조전쟁을 인민전쟁으로 공식화한 것은 마오 쩌둥이었다. 1953년 9월 12일 중앙인민정부위원회 제24차 회의에서 마오는 항미원조전쟁의 성격을 아래와 같이 규정했다.

"항미원조의 승리는 어떻게 얻은 것일까요? 방금 어느 분이 영도의 올바름 때문이라고 말했습니다. 영도력도 하나의 요인입니다. 올바른 영도 없이는 일을 처리할 수 없으니까요. 그러나 우리가 전쟁에서 승

과 중국』, 백산서당 2001, 274~75면.

5 孫科佳, 앞의 글 6~7면.

6 候松濤 「抗美援朝運動與: 種運動動員模式的形成」, 『學習與探索』 總第177期, 2008, 76~77면.

리한 주요한 원인은 인민전쟁, 전국 인민의 지원, 중조 양국 인민의 협력 전투 때문입니다."[7]

「항미원조의 승리와 의미」라는 제목의 이 담화에서 마오는 전쟁 승리의 원인을 "인민전쟁", "전국 인민의 지원", "중조 양국 인민의 협력 전투" 세가지로 들었다. 뒤의 둘도 모두 '인민전쟁'으로 수렴된다고 할 수 있겠다. 이 담화에서 '인민전쟁'의 핵심은 인민군중이 스스로 방법을 생각해내게 하고 당은 그들의 자발성과 창조성에 의지해야 한다는 것으로 요약된다.

그렇다면 "군중이 방법을 생각해낸"다는 것은 무슨 의미일까. 마오는 그 구체적 사례로 방공초의 설치와 갱도전의 창안을 든다.

"조금 전 모두가 영도의 요인을 말했을 때 나는 영도도 하나의 요인이지만 가장 주요한 요인은 군중이 방법을 생각해낸 것이라고 말했습니다. 우리의 간부와 전사들은 각종의 전투 방법을 생각해냈습니다. 예를 들어보겠습니다. 전쟁 첫 한달 동안 우리의 차량 손실이 매우 컸습니다. 어떻게 하나. 영도자도 방법을 생각했지만, 주로는 군중에 의지하여 방법을 생각해냈습니다. 찻길 양편에 1만여명이 보초를 서며 전투기가 올 때마다 신호를 보냅니다. 신호를 들은 운전병은 다른 곳으로 차를 몰거나 적당한 곳을 찾아 차를 숨깁니다. 또한 도로를 넓히고 많은 새 도로를 닦아 차량이 오가는 것을 한결 수월하게 만

---

7 毛澤東 「抗美援朝的勝利和意義」(1953.9.12), 逄先知·金冲及 主編 『毛澤東傳』(三), 北京: 中央文獻出版社 2021, 1148면.

들었습니다. 이렇게 하여 처음에는 100분의 40에 달했던 차량 손실률이 100분의 1 밑으로 줄어들었습니다. 나중에는 지하 창고를 짓고 지하 회의실도 지었습니다. 적이 지표면에 폭격을 때려도 우리는 그 밑에서 대회를 열었습니다. (…) 우리의 경험은 인민에 의지하고 거기에 비교적 올바른 영도가 더해지면 열세의 장비로도 우세의 장비를 갖춘 적을 이길 수 있음을 말해줍니다."[8]

한국전쟁에서 지원군은 무기 장비 전반에서 열세였지만, 특히 제공권을 갖지 못해 곤욕을 치렀다. 중국이 한반도 상공에서 소련의 공중엄호를 받기 시작한 것은 1951년 9월 이후였다.[9] 둥베이 지역에서 최전선으로 이어지는 긴 보급선을 미군의 공습으로부터 지키는 것은 지원군의 사활이 걸린 문제였다. 그 점에서, 북중 국경지대에서 최전선까지 1~3킬로미터 간격으로 1만여개의 방공초(防空哨)를 설치하여 미군 전투기를 감지하는 인간 레이더망을 배치한 것이나,[10] 한반도의 동서 250킬로미터에 달하는 전선을 따라 '갱도를 골간으로 하는 버팀목 방어시스템'을 구축했던 것은 전세를 뒤바꾸는 묘수였다. 그것을 마오는 "군중이 방법을 생각해 낸 것"으로 높이 평가했던 것이다.

실제로 '갱도전'은 항미원조전쟁사에서 특히 강조하는 대목이다. 1951년 하계작전 기간 중 지원군 병사들이 자신을 더 잘 보호

---

8 毛澤東「抗美援朝的勝利和意義」, 逄先知·金沖及 主編, 앞의 책 1150면.
9 션즈화『조선전쟁의 재탐구』, 491~505면.
10 『중공군의 한국전쟁사』 203면.

하면서 공격할 수 있도록 '고양이 귓구멍(貓耳洞)' 모양의 갱도를 파는 방식을 생각해냈다. 이후 이를 다시 말발굽형의 작은 갱도로 발전시켜 갱도형 참호의 틀을 마련했다. 이러한 초보적 형태의 갱도형 참호가 효과가 있다는 것이 실전에서 입증되자, 지원군사령부는 이 '군중의 창조물'을 전군에 확대했다. 이로부터 전 전선에 대규모 갱도 공사의 열풍이 불었고, 1952년 8월에는 한반도의 동서를 잇는 전선에 약 20~30미터의 종심을 지닌 '갱도를 골간으로 하는 버팀목 방어체계'가 완성된다. 『중국인민해방군전사(中國人民解放軍全史)』는 1951년 하계작전 당시 적의 포탄 40발에서 60발에 아군 1명이 살상되었다면, 갱도식 방어진지가 구축되기 시작한 1952년 1월에서 8월 사이에는 평균 680여발에 1인이 살상되었다고 기록하고 있다.[11] 이로 보건대, "군중에 의지하여 방법을 생각해낸" 것이 전쟁 승리의 제일 요인이었다는 마오의 말은 정치적 수사만은 아니었다.

마오의 담화에서 중요한 지점은 인민군중의 자발성과 창의성을 당의 영도보다 더 중시했다는 것이다. 앞의 인용문을 자세히 살펴보면, "모두가 영도의 요인을 말했을 때" 즉, 모두가 항미원조전쟁의 승리가 마오와 당의 훌륭한 영도 때문이라 추켜세웠을 때, 마오는 "인민에 의지"하는 것이 더 중요하다고 강조했다. 실제 전투에 임하는 병사들이 자신의 경험에 기반하여 스스로 "방법을 생각해내"게 하는 것이 중요하며, 당의 역할은 그에 "의지"

---

11 軍事科學院軍事圖書館 編, 『中國人民解放軍全史』第6卷, 2004, 153~156면.

하여 올바른 영도를 더하는 것이라는 말이다.

인민군중의 자발성과 창조성을 항미원조전쟁 승리의 원인으로 돌리는 마오의 이러한 논리는 당시 중국공산당의 중대한 사상노선이었던 '군중노선(群衆路線)'의 맥락에서 나온 것으로 보인다. 군중노선이란 1920년대부터 중국공산당의 조직노선으로 중시되었던 것으로 항일전쟁을 거치며 사상적으로 체계화되었다. 1945년 중공 7차 당대회(이하 7대) 규약에서 당의 '근본적 정치노선'이자 '근본적 조직노선'으로 기틀을 다졌으며, 1956년 제8차 당대회(이하 8대)에서 "당의 조직공정의 근본 문제"로서 지위를 확립했다.[12] 8대에서 덩 샤오핑은 「당의 당장 수정에 관한 보고」에서 수정된 당장(黨章)의 핵심을 몇 가지로 정리하여 발표했는데, 그중 가장 먼저 언급한 것이 바로 군중노선이었다.

"군중노선은 우리 당의 공작 중 새로운 문제는 결코 아닙니다. 제7차 대회에서 통과된 당장, 특히 당장의 총강은 군중노선의 정신을 관통하고 있습니다. 제7차 대회에서 마오 쩌둥 동지가 제출한 정치보고 중 당의 작풍에 관한 부분, 류 샤오치 동지가 발언한 당장 수정에 관한 보고 중 당장의 총강 부분에서 군중노선에 대한 정교한 해석이 제출된 바 있습니다. 제가 이 자리에서 그것을 다시 강조하여 설명하는 이유는 첫째, 군중노선이 우리 당의 조직공작의 근본 문제이자 당

---

12 리 리펑(李里峰) 「모호한 주체: 근대중국의 '군중' 담론」, 소동욱 옮김, 『개념과 소통』 21호, 2018, 106~13면; 賀照田 『革命-後革命: 中國崛起的歷史·思想·文化省思』, 新竹: 國立交通大學出版社 2020, 111면.

장의 근본 문제이며, 당내에 반복적인 교육을 필요로 하기 때문입니다. (…) 둘째, 제7차 대회 이래 지금까지 11년간 당의 실제 투쟁의 경험을 통해 이 노선은 한층 깊고 풍부한 내용을 더한바, 당장 초안에 담긴 군중노선 역시 한층 진일보한 내용을 반영하게 되었기 때문입니다."[13]

이어 덩 샤오핑은 "당의 공작 중 군중노선"의 의미를 다음 두가지 측면에서 정의했다.

"한편에서 그것은 인민군중이 반드시 스스로를 해방해야 한다, 당의 모든 임무는 전심전력으로 인민군중을 위해 복무한다, 인민군중에 대한 당의 영도 작용은 인민군중에게 정확한 투쟁의 방향을 제시하고 인민군중이 스스로 행동하여 자신의 행복한 생활을 쟁취하고 창조하도록 도와야 한다는 것을 의미합니다. (…) 다른 한편, 그것은 당의 영도공작이 올바른지의 여부는 '군중에서 나와 군중으로 들어가는' 방법을 택했는지에 의해 결정됨을 뜻합니다."[14]

덩 샤오핑이 강조한 '군중노선'과 마오가 말한 '인민전쟁'은 상당한 정도에서 일맥상통한다. 덩 샤오핑은 군중노선의 핵심을 "인민군중이 스스로를 해방해야 한다"는 것과 올바른 당의 영도는 "군중에서 나와 군중으로 들어가는" 것 두 가지로 요약했다.

---

13 鄧小平「關於修改黨的章程的報告」(1956), 『鄧小平文選』, 北京: 人民出版社 2009, 216면.
14 같은 책 217면.

이는 마오가 항미원조전쟁이 '인민전쟁'이었기 때문에 승리했다고 말한 근거와 일치한다. 즉, "군중으로 하여금 스스로 방법을 생각해내게" 하고 당은 그러한 인민군중의 자발성과 창조성에 "의지"했기 때문에 승리한 것이다. 이렇게 본다면, 항미원조전쟁을 인민전쟁의 일환으로 규정하는 마오의 발언은 7대(1945)에서 8대(1956) 사이 군중노선이 중국공산당의 이론적 실천적 강령의 근간으로 확립되는 맥락에서 나온 것이라 할 수 있다.

1953년 마오의 담화와 1956년 덩의 보고는 인민전쟁과 군중노선이 중국혁명의 주체성에 관한 담론이라는 사실을 보여준다. 허자오톈(賀照田)은 중국공산당이 절대적인 약세에도 불구하고 항일전쟁과 해방전쟁에서 승리할 수 있었던 근본 원인을 스스로를 '인민'에 동일시하는 거대한 정체성에서 찾았다. '인민'이란 물질적 기반과 의식 수준의 차이를 넘어 혁명이라는 대의에 자신의 인생관과 가치관, 세계관을 기탁함으로써 혁명의 일부가 되기를 선택하여 모여든 광범위한 통일전선의 대오이다. 이때의 인민은 맑스주의 이론에서 말하는 계급적 주체와 다르다. 인구 대다수가 소농, 빈농, 가내수공업자였던 중국에서 계급의식으로 무장된 혁명의 주체를 이론화하는 것은 불가능했다. 그래서 마오와 중국공산당은 계급적 조건이 결핍되었더라도 자기 안에 잠재된 혁명성과 자발성을 이끌어내는 자기 개조를 통해 누구나 계급적 주체로 재탄생할 수 있다는 역동적인 주체론을 창안했던 것이다. '인민'은 잠재된 혁명적 자발성을 발현함으로써 객관적 조건의 결핍을 혁명의 에너지로 전환시키는 역동적인 주체인바, 이를 이론적 사상적으로 조직한 것이 바로 군중노선이었다.[15] 항미원조전쟁을 20세기 중국혁명을 관통하는 인민전쟁의 일환으로 위치시킨 마오의 담화 「항미원조전쟁의 승리와 의미」는 항일전쟁과 해방전쟁을 거쳐 정립된 인민의 주체성을 항미원조전쟁이라는 또다른 혁명실천의 장을 통해 재확인한 문건이었다.

주체성을 박탈당한 인민

그러나 인민전쟁은 중국의 공적 담론에서 재빨리 종적을 감추었다. 중국에서 마오 쩌둥 이후 국가 지도자급에서 항미원조전쟁에 대한 공식 담화를 발표한 것은 2000년에 와서였다. 2000년 항미원조전쟁 50주년을 맞이하여 국가주석 장 쩌민이 담화문을 발표했고, 2010년에는 중앙군사위원회 부주석 시 진핑이 발표했으며, 2020년에는 다시 시 진핑이 국가주석의 신분으로 담화를 냈다. 반세기 이후 다시 등장한 국가 지도자의 항미원조전쟁 담화에는 '인민전쟁'이라는 말 자체가 사라졌다. 또한 그 핵심인 인민군중의 자발성과 창조성에 대한 언급도 찾아볼 수 없게 되었다.

더 중요한 것은 인민의 자발성과 당의 영도의 관계가 전복된 점이다. 마오의 담화에서 당의 역할이 인민군중의 창조성과 자발성에 의지하는 것이었다면, 2000년대 항미원조전쟁 담화에서 인민은 당의 영도를 따르고 지지하는 존재로 바뀐다. 2000년 장 쩌

---

15 허 자오텐 『현대 중국의 사상적 곤경』, 임우경 옮김, 창비 2018, 155면; 백지운 「포스트혁명의 사상무의식을 넘어: 허 자오텐의 『혁명-포스트혁명: 중국 굴기의 역사·사상·문화적 성찰』과의 대화」, 『아시아리뷰』 제12권 1호, 2022, 254~55면.

민의 50주년 기념담화는 "당 중앙과 마오 쩌둥 동지의 영명한 영도 아래 지원군이 정치적 우세와 아군의 영예로운 전통을 십분 발휘"[16]했다고 하여, 당의 영도를 중심으로 하는 항미원조전쟁 승리의 서사를 구축했다. 이러한 경향은 2020년 시 진핑 국가주석의 70주년의 담화에서 한층 강화되었다. 시 진핑의 담화는 항미원조전쟁의 "위대한 승리를 마음에 새기고 위대한 사업을 추진"하기 위해 유념할 다섯가지를 제기했는데, 그중 첫째가 당의 영도력 강화이며 두번째가 인민을 중심에 두는 것이었다.[17]

당의 영도를 인민의 능동성보다 앞에 두는 흐름의 추이는 지난 70년간 『런민르바오』 항미원조전쟁 기념 사설에서도 포착된다. 단적인 예로, 1960년, 1970년, 1980년의 항미원조전쟁 기념 사설은 '중국공산당'이라는 단어를 한차례도 쓰지 않았다. "조선노동당의 영도"라는 말이 각각 한번씩 언급되었을 뿐, 문장의 거의 모든 주어는 '중국인민' '조선인민' '중조/조중 인민/인민군대'였다. 그런데 1990년 사설에서 '중국인민'이라는 단어의 빈도수가 급격히 사라지면서, "중국공산당과 마오 쩌둥 주석의 영명한 영도"라는 말이 처음으로 등장했던 것이다.

중국공산당과 마오 쩌둥 주석의 영명한 영도 아래, 중화의 우수한 자녀로 구성된 중국인민지원군은 항미원조와 보가위국을 위해 용감하고 씩씩하게 압록강을 건너 조선인민군과 어깨를 나란히 하여 싸

---

16 「江澤民主席在紀念抗美援朝50周年大會上發表重要講話」, 『新華網』 2000.10.25.
17 「在紀念中國人民志願軍抗美援朝出國作戰70周年大會上的講話」, 『新華網』 2020.10.23.

웠다.[18]

1990년의 사설에서 '중국인민'이라는 단어는 '중국인민지원군'이라는 고유명사를 사용할 때를 제외하면 단 한번 나왔을 뿐이다. 이처럼 중국의 공적 서술에서 항미원조전쟁의 주체가 중국인민에서 중국공산당으로 대체되는 변화의 흐름은 2000년대에 한층 노골화된다. 2000년『런민르바오』기념 사설은 항미원조전쟁 승리의 공을 전적으로 중국공산당에 돌리고 있었다.

> 항미원조전쟁의 승리는 우리에게 다음의 사실을 말해준다. 중국공산당이 중화민족 근본이익의 충실한 대표이자 우리 사업을 영도하는 핵심 역량이라는 것, 중국 역사상 어떤 정치역량도 중국공산당처럼 국가와 민족의 이익을 위해 영웅적으로 분투하고, 악을 신뢰하거나 압박을 두려워하지 않으며, 피 흘리는 희생을 마다않는 이가 없었다는 것, 어떤 정치역량도 중국공산당처럼 10억 인민의 역량을 영도하고 조직하고 응집하여 군중의 마음을 단결시키고 군중의 의지를 성처럼 쌓아 일체의 고난을 극복함으로써 한차례 또 한차례 승리를 쟁취한 것이 없었음을. 당은 인민이 큰 산을 세번 뒤집도록 영도하였으니 신중국의 투쟁이 이를 증명한다. 항미원조의 위대한 승리가 이를 증명하며, 개혁개방과 사회주의 현대화 건설의 거대한 성공 역시 이를 증명한다.[19]

---

18 「警惕地捍衛着亞洲和世界和平」, 『人民日報』 1960.10.25.

19 「愛國主義和革命英雄主義的不朽豊碑 —— 紀念中國人民志願軍抗美援朝出國作戰50周年」,

1990년과 비교해도 2000년 사설의 변화는 상당히 극적이다. 전자에서 "중국공산당의 영도"가 짧게 한번 언급된 것에 비해, 후자에서는 하나의 단락을 할애하여 공산당의 영도력을 강조하고 있다. 특히 항미원조전쟁이라는 혁명실천의 주체에서 중국인민과 중국공산당의 관계는 극적으로 전도되었다. "국가와 민족의 이익을 위해 영웅적으로 분투"하고 "피 흘리는 희생을 마다않는" 주체는 중국인민이나 인민지원군이 아니라 중국공산당이다. 인민은 중국공산당이 "영도하고 조직하고 응집"하는 대상일 뿐이다. 이는 당의 영도보다 인민의 창조력과 자발성을 우위에 두었던 1953년 마오의 담화의 기조를 전적으로 뒤집은 것이다. 이러한 변화는 왜 2000년대에 귀환한 항미원조전쟁 담론에서 '인민전쟁'이라는 말이 종적을 감추었는지 설명해준다. 인민의 능동적 주체성이 축소 혹은 부정되는 추세에서 '인민전쟁으로서의 항미원조전쟁'이라는 개념은 이데올로기로서 더는 존립할 수 없었기 때문이다.

물론 2000년대 담화문에 "인민을 동원"하고 "인민에 의지"한다는 예의 인민전쟁의 원칙이 언급되지 않은 것은 아니다. 그러나 자세히 읽어보면 그 의미는 상당히 변형되거나 왜곡되어 있다. 마오의 맥락에서 '동원'은 인민군중이 자기 내부로부터 자발성과 창조성을 발휘하도록 추동한다는 뜻이었고, '의지'란 인민의 그러한 자발성과 창조성에 당이 의거한다는 의미였다. 그런데

『人民日報』 2000.10.25.

2000년의 담화에서 사용된 '인민을 동원'하고 '인민에 의지'한다는 말에는 주관능동성에 대한 신뢰를 기반으로 인민을 정치적 주체로 세우는 인민전쟁의 핵심이 탈각되어 있다. 2010년 시 진핑 부주석의 60주년 기념담화는 '인민을 동원하고 인민에 의지한다'는 '인민전쟁'의 원리가 어떻게 굴절되는지 잘 보여준다.

> "위대한 항미원조전쟁은 전국 각족(各族) 인민이 공동으로 써낸 장엄한 개선가입니다. 중국인민지원군이 조선 전선에서 얻은 위대한 승리는 전국 각족 인민의 대대적인 지지와 불가분의 관계입니다. 당시 전국의 각 전선과 광대한 인민이 당과 정부의 호소에 적극 호응하여 떠들썩하게 항미원조전쟁을 전개하였고 전선과 전쟁을 지원했습니다. (…) 전국 각족 인민의 대대적인 지지가 있었기에 공동으로 적에 대한 적개심을 불태워 일체의 곤경과 강대한 적을 무찌르는 무궁한 힘을 발휘하게 되었고 마침내 항미원조전쟁의 승리를 얻을 수 있었습니다. 이는 '전쟁의 위력의 가장 깊은 근원은 민중에 있다'는 마오 쩌둥 동지의 만고불변의 진리를 다시 한번 증명합니다."[20]

이 담화는 "전쟁의 위력의 가장 깊은 근원은 민중에 있다"는 마오의 인민전쟁의 종지를 교묘하게 굴절시켰다. '인민을 동원하고 인민에 의지한다'는 인민전쟁의 의미는 인민이 "당과 정부의 호소"에 "적극 호응"하고 "대대적인 지지"를 보낸다는 수동적 의미

---

20 「習近平在紀念志願軍抗美援朝60周年座談會上講話」, 『新華網』 2010.10.25.

로 축소되어 있다.

2020년 시 진핑 주석의 70주년 기념담화로 오면, 당과 인민의 관계에 또다른 변화가 추가된다. 즉, 인민에 대한 당의 영도를 강조하고 인민의 주체적 역할을 현저하게 약화시키는 것이 2000년대 항미원조전쟁 담론의 추세였다면, 2020년의 담화에서 당의 역할은 단순히 인민을 영도하는 것을 넘어 "인민의 행복"과 "아름다운 삶"을 위해 분투하는 것으로 확대된 것이다.

> "위대한 승리를 마음에 새기고 위대한 사업을 추진하기 위해서는 반드시 중국공산당의 영도를 견지하고 당을 더 강고하고 힘있게 단련해야 합니다. 항미원조전쟁의 위대한 승리는 다시 한번 증명했습니다, 어떤 정치적 역량도 중국공산당처럼 민족의 부흥과 **인민의 행복**을 위해 피 흘려 희생하기를 마다치 않고 노력과 분투를 게을리 하지 않으며 10억 군중을 단결시켜 부단히 승리를 향해 전진한 경우가 없다는 것을 말입니다."[21]

이 단락은 앞서 인용한 2000년 『런민르바오』 사설의 한 단락을 변형한 것이다. 양자를 비교해보면, 전자에서 중국공산당이 "피 흘려 희생하는" 목적과 대상이 "국가와 민족의 이익"이었다면, 70주년 담화에서는 여기에 "인민의 행복"이 추가되었다.

70주년 담화는 '인민에 의지'한다는 원칙에 대해서도 새로운

---

21 「在紀念中國人民志願軍抗美援朝出國作戰70周年大會上的講話」, 강조는 인용자.

해석을 내렸다. 당이 인민의 자발성과 창조성에 의거하여 영도의 방향을 정해야 한다는 것이 마오 담화에서의 의미였다면, 시 진 핑의 아래 담화에서는 당이 인민의 "이로움을 도모"하고 "인민의 아름다운 삶"을 위해 분투함으로써 "당과 인민군중의 혈육관계"를 유지하는 것으로 재해석되었다.

> "위대한 승리를 마음에 새기고 위대한 사업을 추진하기 위해서는 반드시 인민을 중심으로 하고 일체 인민을 위하며 일체 인민에 의지 한다는 원칙을 견지해야 합니다. 역사는 인민이 창조한 것입니다. 중 국공산당의 역량과 인민군대의 역량은 인민에 뿌리를 두고 있습니다. 우리는 전심전력으로 인민을 위해 복무한다는 기본 종지를 견지하 고 인민을 위해 이로움을 도모하고 인민을 위해 책임을 다하며 인민 을 위해 임무를 짊어지고 **인민의 아름다운 삶을 향한 지향**을 시종여일 한 분투의 목표로 삼아 시종 **당과 인민군중의 혈육관계**를 유지해야 합 니다."[22]

"인민을 중심으로 하고""일체 인민에 의지"할 것을 강조하는 2020년 시 진핑의 담화는 일견 마오가 제기한 인민전쟁 개념을 소환하는 듯하지만, 실상은 그 핵심을 변형, 굴절시킨 것이다. 이 제 당과 인민은 전자가 후자를 보살피고 책임지는 "혈육 관계"로 변한다. 인민의 "행복"과 "아름다운 삶"의 욕구를 충족시키는 임

---

22 「在紀念中國人民志願軍抗美援朝出國作戰70周年大會上的講話」

무가 당에 부여된 것은 물질적 발전이 상당 수준으로 올라온 중국사회의 변화한 조건을 반영한 것이다. 그러나 마치 당과 인민을 부모가 자식을 보살피는 "혈육관계"처럼 규정하는 2020년의 담화는 인민의 정치적·사회적 주체로서의 지위와 역할이 극히 축소된 오늘의 중국 현실을 반증한다. 인민은 주관능동성을 지닌 정치적 주체에서 당의 영도 하에 일사불란하게 움직이는 동원의 대상으로, 나아가 당의 보살핌 속에 이익과 행복을 추구하는 소시민으로 거듭 축소 재해석되어온 것이다. 이처럼 2000년대 귀환한 항미원조전쟁 담론은 표면상으로는 인민에 관한 수사들이 넘쳐나지만, 마오 시대 항미원조전쟁에 부여되었던 인민전쟁의 사상적 의미는 형해화되었다. 인민의 정치적 주체로서의 지위는 탈각되었고, 인민을 중심에 두는 당과 인민의 관계 역시 당의 영도를 앞세우는 구조로 전도되었다.

이러한 현상을 중국 학자 왕 후이(汪暉)가 말한 항미원조전쟁의 '탈정치화'로 볼 수도 있을 것이다. 인민전쟁의 원리가 중국의 공적 담론체계에서 사라진 원인을 그는 탈냉전 시대의 달라진 국제정세 탓으로 돌렸다.[23] 그러나 과연 그것이 전적으로 냉전의 종식이라는 외적 환경 때문일까. 근원적인 원인은 '인민'이 정치적 주체의 지위를 박탈당하고 '당의 영도'가 모든 공적 서사의 주어가 되어버린 중국 사회주의의 변화에서 찾아야 하는 것 아닐까. 이 변화를 허 자오톈은 "신시기(新時期) 군중노선의 재구성"이

---

23 왕후이 『단기 20세기: 중국혁명과 정치의 논리』, 송인재 옮김, 글항아리 2021, 479면.

라 명명한 바 있다. 그는 1982년 12차 당대회(이하 12대)를 전후하여 중국공산당 내에서 당의 핵심적 사상노선인 '군중노선'에 대한 의도적이고 조직적인 축소와 왜곡이 추진되었다고 주장했다. 1956년의 8대에서 확립된 군중노선이 당의 영도에 우선하는 인민의 주관능동성을 강조했다면, 1982년의 12대에서는 군중이 당의 영도 아래 통제받아야 하는 대상으로 바뀌었다는 것이다. 그런 변화가 발생한 심층적 원인을 허 자오톈은 마오 시기 혁명의 핵심 동력으로 간주되었던 인민의 자발성이 12대에서는 '사회주의 현대화'라는 신시기 중국공산당의 정책 방향의 저해 요인으로 인식되었기 때문이라고 분석했다. 다시 말해, 신시기에 추진된 군중노선의 축소 재구성은 중국의 정치적 주체가 인민 중심에서 당-관료-엘리트 중심으로 재편되었음을 의미하는 것이었다. 나아가 허 자오톈은 12대 이후의 군중노선은 군중동원의 방법이자 복지 정책의 차원으로 변질된 것에 불과하다고 일축했다.[24]

요약하면, 2000년대에 귀환한 항미원조전쟁 담론에 '인민전쟁'의 이념이 사라진 근본 원인은 '인민'의 지위가 축소되고 '당의 영도'가 우선하는 중국공산당 사상체계의 변화에 있다. 그렇게 보면, 항미원조라는 냉전시대의 상징적 구호가 그 이념적 핵심을 탈각한 채 '신냉전'이라 불리는 첨예한 미중 대결의 정치 공간으로 돌아오는 지금의 상황은 매우 역설적이다. 70년 전 수백만의 청년들이 항미원조전쟁에서 기꺼이 청춘과 생명을 바쳤던 것은,

---

24 賀照田, 앞의 책 111~23면; 백지운, 앞의 글 248~53면.

정치적 대의를 개개인의 마음속에 내재화하여 실천의 동력으로 전환시키는 자발성의 계기를 빼고 설명하기 힘들다. 그것을 이론적으로 체계화한 것이 바로 군중노선이고 인민전쟁이었던 것이다. 그러나 사실상 유격대 혁명의 유산이기도 한 '인민전쟁'의 이념은 '사회주의 현대화'로 노선을 전환한 신시기 이후 중국공산당의 사상체계에 더는 존립할 수 없었다. 이것이 시 진핑 시대 귀환한 항미원조전쟁 서사에 인민전쟁의 이념이 탈락된 근본적인 원인이다. 인민의 주관능동성을 당의 영도보다 우위에 두는 인민전쟁의 사상은 당의 영도를 절대시하는 지금 중국 체제에서는 혁명역사가 남긴 불편한 유산인 것이다.

형해화된 국제주의

'항미원조 보가위국'이라는 구호를 지탱하는 내적 이념축이 '인민전쟁'이라면 그 외적 축은 '사회주의 국제주의'였다. 1953년의 담화 「항미원조의 승리와 의미」로 다시 돌아가보자. 마오가 항미원조전쟁 승리의 요인으로 들었던 세가지 — 인민전쟁, 전국인민의 지원, 중조 양국 인민의 협력 전투 — 중 두번째인 '전국인민의 지원'은 앞의 인민전쟁의 내용에 해당한다. '전국 인민의 지원'이라는 말에는 전선의 군대와 배후의 인민 간의 유기적 상호 침투를 뜻하는 '통일전선론'이 깔려 있다. 사실 계급투쟁의 기반이 결핍되었던 중국혁명의 조건에서 '인민'은 그 자체로 통일전선적인 개념이었다. '계급' 개념과 달리, 인민은 노동자계급 외에 모두가 혁명의 주체로서 잠재력을 지닌다는 것을 전제로 한다. 혁명의 핵심 역량이 아니더라도 혁명을 옆에서 돕거나, 돕지는 않더라도 혁명이 잘되기를 바라거나, 적어도 발 벗고 나서서 혁명을 반대하지 않는 광대한 대오가 바로 인민이다. 인민은 계급이라는 물질적 조건을 초월하는 일종의 정서적·심리적 공동체였다.[25]

세번째 요인인 '중조 양국 인민의 협력 전투'는 통일전선으로서의 인민 개념을 나라 바깥으로 확장한 것이다. 이제까지 일국적 범위였던 인민 대오에 '조선인민'이라는 바깥이 열리면서 중국혁명은 명실공히 국제주의를 구현하게 된다. 항미원조전쟁이 중국혁명의 일환이자 세계적 의미를 갖는다는 사고는 마오에게 전쟁 전부터 있었다. 참전 여부를 토론하던 1950년 9월 5일의 담화에서 그는 "중국혁명이 동방에서 세계 인민을 교육시킨 첫번째라면 두번째로 세계 인민을 교육시키는 것이 조선전쟁"일 것이라고 말한 바 있다.[26] 이미 이때부터 마오는 항미원조전쟁을 중조 협력을 넘어 더큰 국제적 시야에서 사고하고 있었던 것이다.

마오의 통일전선론 역시 일찍부터 국제적인 시야를 담고 있었다. 1940년대 제기한 '중간지대론(中間地帶論)'은 그가 세계의 판도를 통일전선론의 관점에서 읽고 있었음을 보여준다. 당시 마오는 미국과 소련 사이 특정 진영에 속하지 않는 광대한 중간지대가 존재하며 중국이 그것을 대표한다고 믿었다. 그런 점에서 조선의 인민과 연대하여 미 제국주의와 싸우는 '항미원조'는 중간

---

25 허 자오톈, 앞의 책 154~55면.
26 毛澤東 「朝鮮戰局和我們的方針」, 『毛澤東文集』 第6卷, 北京: 人民出版社 1999, 93면.

지대론에 깔린 통일전선론의 구체적 실천인 셈이었다. 항미원조 전쟁은 사건으로서는 돌발적이었을지 모르지만, 마오의 사상체계 안에서 논리적 맥락을 갖추고 있었다.

좀더 깊이 들어가면, 혁명 시기 '인민'이라는 개념 역시 모종의 의미에서 국제주의의 가능성을 내포한 것이었다. 20세기 중국혁명의 가장 소중한 성취를 '인민'이라는 감각의 형성에서 찾았던 허 자오톈은, 건국 전후 중국인에게 '인민'이란 정신과 심신을 두텁게 하고 삶에 대한 감각을 충실케 하며 나아가 자기 밖의 나라와 세계에 대해 절실한 연대감과 책임감을 느끼게 만드는 개념이라고 정의했다.[27] 그에 따르면, '인민'은 거대하고 숭고한 역사에 참여하고 있다는 감각, 자신과 타자가 더 큰 의미의 세계에서 상호 연결되어 있다는 연대의 감각 속에 형성된 정체성이었다. 쳰 리췬(錢理群)이 「우리 세대의 세계 상상」이라는 글에서 1950~60년대 중국인들이 국제적으로 고립된 상황에서도 지금보다 훨씬 풍요로운 세계 감각을 영유하고 있었다고 말한 것도 유사한 맥락이다. 비록 냉전적 감각에 제약된 것이지만, 당시 중국 인민들은 '항미원조' '항미원월(抗美援越)' '동방(東方)'[28] '반둥(Bandung)'과 같은 기호들을 통해 타자와 연결되어 있다는 감각을 향유했던 것이다.[29] 한국전쟁에 참전한 1950년, 나라 바깥의 세

---

27 허 자오톈, 앞의 책 164~65면.

28 사회주의 진영을 의미함.

29 錢理群「我們這一代人的世界想像」, 『書城』 2006年 11月号. http://old.cul-studies.com/index.php?m=content&c=index&a=show&catid=39&id=64; 백지운, 앞의 글 269면.

계를 한번도 경험하지 못한 이가 대부분이었던 중국인들에게 '국제주의'라는 낯선 구호가 순식간에 마음속에 자리 잡을 수 있었던 것은 당시 '인민'이라는 개념에 내포된 타자와의 연대라는 감각을 빼놓고는 설명하기 어렵다.

'인민전쟁'과 마찬가지로, 21세기에 귀환한 항미원조전쟁의 공적 서사에서 '사회주의 국제주의'의 이념은 형해화되었다. 그 일차적 원인을 미중수교, 개혁개방, 한중수교, 북핵문제로 이어지는 동아시아 정세 변화 속에 '원조(援朝)'의 축이 흔들리게 된 데서 찾을 수 있을 것이다.[30] 그러나 보다 본질적인 원인은 달라진 '항미(抗美)'의 성격에 있다. 70년 전 '항미'라는 구호가 중국인들에게 그토록 큰 소구력을 얻은 것은 세계 인민과 연대하여 제국주의에 저항한다는 사고 체계가 가동되었기 때문이다. 그렇다면 현재의 미중 적대구조에도 그러한 체계가 작동하는가? 과거처럼 수억 인민들의 마음을 안으로부터 추동하는 힘이 과연 존재할까? 세계 인민과의 연대라는 이념이 더는 존립하지 않게 된 지금, 그 빈자리를 메우는 것은 애국주의와 중화주의라는 협소한 내셔널리즘의 구호들이다. 시 진핑 시대, 냉전시대를 방불케 하는 과잉된 수사로 요란스레 귀환하는 항미원조전쟁은 실상은 그것이 애초에 지니고 있었던 정치성과 이념성의 요체를 상실한 텅 빈 기호였다.

---

30 한담, 앞의 글 60면.

중조 우의와 아시아 인민의 연대

1960년 『런민르바오』의 사설은 문장 대부분의 주어가 '중국인민' '조선인민' '중조 인민'이었고 '마오 쩌둥'이나 '중국공산당'이라는 말은 한 차례도 등장하지 않았다. '마오 쩌둥'은 1970년 사설에서 처음 등장했고, '중국공산당'은 1990년 사설부터 출현하기 시작했다. 반면, '조선노동당'이나 '김일성'은 1990년 사설까지 빈번하게 나타나다가 2000년 이후부터 종적을 감추었다. 이는 항미원조전쟁의 역사적 의미를 평가하는 무게중심이 중조 인민의 우의와 연대에서 마오 주석과 중국공산당의 역할을 강조하는 쪽으로 이동해왔음을 보여준다.

1958년 2월, 정전 후 북한에 주둔했던 지원군을 대상으로 중국 지원군정치부가 반포한 「조선 정부를 존중하고 조선인민을 애호하는 중국인민지원군의 공약(中國人民志願軍尊重朝鮮政府愛護朝鮮人民公約)」에는 "조선인민의 산과 물, 풀 한포기, 나무 한 그루까지 소중히 하라"는 구절이 적혀 있다. 이 말은 1951년 1월 25~29일 중조 양군 고위간부회의 때 하달된 마오 쩌둥의 지시에 담겼던 것으로서, 중조우애와 사회주의 국제주의의 상징적 표현으로서 오랫동안 회자되었다. 20세기 후반까지 중조 인민의 우의와 연대는 항미원조전쟁 서사의 중요한 축이었다. 그것이 21세기 이후의 공적 서사에서 급격히 주변화되었다는 것은 지난 70년 『런민르바오』 사설 제목만 일별해도 쉽게 알 수 있다.

「아시아와 세계평화를 각성하여 보위하자」(1960.10.25)

「선혈로 응결된 위대한 우의: 중국인민지원군 부조작전 20주년을 기념하며」(1970.10. 25)

「전우의 우정, 영원히 청춘을 간직하다: 중국인민지원군 부조작전 30주년을 기념하며」(1980.10.25)

「선혈로 응결된 위대한 우의: 중국인민지원군 부조참전 40주년을 기념하며」(1990.10.25)

「애국주의와 혁명영웅주의의 불후의 금자탑: 중국인민지원군 항미원조 출국작전 50주년을 기념하며」(2000.10.25)

「위대한 항미원조정신을 크게 휘날리자: 중국인민지원군 항미원조 출국작전 70주년을 기념하며」(2020.10.23)

사설이 게재되지 않았던 2010년을 제외하면, 20세기의 네편과 21세기의 두편의 차이는 확연하다. 전자에서 강조되었던 '연대'의 감각은 후자에서 사라지고 중국 민족과 국가의 존재가 전면에 강조된다. 그런데 앞의 네편 중에서도 "아시아와 세계평화"를 강조한 1960년의 사설은 특히 두드러진다. 중조 양자관계에 방점을 둔 1970~90년과 달리, 1960년의 사설은 전세계 피압박 민족, 그중에서도 아시아 민족의 연대를 강조하고 있다.

그러나 오늘의 형세는 이미 10년 전과 크게 달라졌다. 10년간 세계의 형세에는 이미 동풍이 서풍을 압도하는 거대한 변화가 발생했다. 소련을 필두로 하는 사회주의 진영의 역량이 전에 없이 강대해졌고 아시아·아프리카·라틴아메리카 민족민주운동이 전에 없이 고양되었으며, 자본주의 국가의 인민혁명투쟁의 역량과 전세계 평화를 사랑하는 힘 역시 빠르게 발전하였다. 10년 전 중조 양국 인민이 미 제국주의의 전쟁 책동 계획을 억제하고 아시아와 세계의 평화를 지켰다면, 이제 전세계 인민이 각성하고 나아가 더 굳게 단결하여 더 강하게 투쟁하면 우리는 미국을 위주로 한 제국주의의 침략 정책과 전쟁 정책을 더 확실하게 억제하고 물리칠 수 있다. 제국주의 침략으로 고통받았던 중조 양국의 인민은 소련과 기타 사회주의 국가와 함께, 아시아·아프리카·라틴아메리카 각국 인민과 함께, 전세계의 평화를 사랑하는 모든 인민 및 국가와 함께, 영원토록 아시아와 세계의 평화를 위해 더 큰 공헌을 할 것이다.[31]

"소련을 필두로 하는 사회주의 진영", "아시아·아프리카·라틴아메리카 민족민주"진영, "자본주의 국가의 인민혁명" 진영을 포함하는 반제연대를 힘주어 말하는 이 국제주의는 중국이 사회주의와 자본주의 사이의 광대한 중간지대와 연합해야 한다는 '중간지대론'을 저변에 깔고 있다. 중조 인민의 우의와 연대는 이 광범위한 반제연합통일전선의 일환인 것이다. 아울러, 이 사설이 게재된 1960년의 시점에 마오와 흐루쇼프 사이의 불화가 불거지고 있었음에도, 아직 소련을 사회주의 진영의 수장으로 언급한 점도 짚어둘 필요가 있다. 1970년 이후의 사설에서는 소련이라는 단어가 아예 사라지기 때문이다.

---

31 『人民日報』 1960.10.25.

짙게 드리워진 반둥회의의 영향도 1960년 사설의 중요한 특징
이다.

> 그뿐 아니라, 우리 정부는 평화공존 5원칙에 근거하여 미국을 포함
> 한 아시아와 태평양 연안의 국가에게 상호불가침의 평화조약에 서명
> 하여 이 지역의 비핵화를 수호할 것을 수차례 제창했다. 이는 조중 양
> 국의 인민이 아시아의 평화를 지키기 위한 굳센 노력을 게을리 하지
> 않았음을 보여준다.[32]

"평화공존 5원칙"이란 1954년 저우 언라이와 네루(Jawaharlal
Nehru)가 공동으로 제출한 성명이다. 그것은 이듬해 반둥회의에
서 채택한 '평화공존 10원칙'의 청사진이 되었다. 아시아 국가들
의 주요 지도자가 모여 미국이냐 소련이냐는 양자택일을 거부하
고 중립적 평화의 길을 주장했던 역사적인 회의에서 중국의 외교
부장관 저우 언라이가 주연을 담당할 수 있었던 것은 따지고 보
면 한국전쟁을 계기로 신중국의 위상이 크게 올라갔기 때문이
다.[33] 이 사설은 중국이 한국전쟁 이후 북한에 주둔시켰던 지원군
을 1958년 10월에 전면 철수시킴으로써 상호 존중과 불가침을 기
반으로 하는 '평화공존 5원칙'을 지키고 나아가 아시아 평화를
수호하는 데 솔선하고 있음을 강조하고 있다. 1960년의 사설은 중
국이 당시 반둥회의의 성과와 의미를 주시하고 있었음을 말해준

---

32 같은 글.
33 셴즈화, 앞의 글 273면.

다. 전체적으로 "아시아"라는 단어를 10회나 언급하면서 '아시아의 단결'을 이례적으로 강조하고 있었다.

이러한 현상은 1970년 이후 빠르게 퇴조한다. 1970년의 사설에서 아시아 인민의 연대는 "조선인민, 인도차이나 3국 인민"과의 단결을 부단히 강화하겠다고 말하는 대목에서 한차례 언급되었을 뿐이다. 인도차이나 3국 인민을 언급한 것은 당시 베트남전쟁의 정세를 반영한 것이다. 그리고 1980년대 이후가 되면 아시아 인민의 연대나 우의에 관한 언급은 전적으로 사라진다.

'정의로운 전쟁'

2000년대 항미원조전쟁 공적 서사의 두드러진 특징은 '정의'라는 단어의 빈도수가 급격히 높아졌다는 것이다. 『런민르바오』사설은 물론 이 시기 재개된 국가 지도자의 기념 담화에서도 '정의'가 눈에 띄게 빈번해졌다. 특히 2010년 시 진핑 중앙군위 부주석이 60주년 기념 담화에서 '항미원조전쟁은 정의로운 전쟁'이라는 명제를 제기한 후, 이 명제는 2020년 70주년 기념 사설과 담화의 중심 기조로 자리 잡았다. 국가 담론뿐이 아니다. 2020년 드라마와 영화에서도 이 기조는 반복적으로 강조되었다.

사실 '정의'는 어떤 이념이나 강령으로 사용되기에는 의미가 너무 포괄적이고 두루뭉술하다. 게다가 너무 자주 사용되다보니, 정작 그 단어가 지시하는 바가 무엇인지 파악하기 어렵다. 따라서 이 단어가 사용된 문맥의 서술구조와 타 단어들과의 연결관계에 착목하여 의미구조를 추정할 수밖에 없는데, 분명한 사실은

'정의'가 궁극적으로 '애국주의'와 '혁명영웅주의'로 귀착된다는 점이다.

　항미원조의 승리는 **애국주의**가 전민족의 역량을 단결시키는 기치이며 혁명영웅주의가 적을 물리치는 법보임을 우리에게 말해준다. **중국인민은 정의를 지키고 평화를 사랑하는 인민이다.** 우리는 평화와 진보를 갈망하며 모든 우호적 국가 및 인민과의 우의를 발전시키고 협력하기를 원한다. 그러나 국가의 주권을 지키고 민족의 이익을 지키기 위해 결코 패권주의와 강권정치에 고개를 숙이지 않을 것이다. 이것은 중국인민의 가장 신성한 **애국주의** 감정이다. 우리의 '가장 사랑스런 이'가 뜨거운 피와 생명으로 주조해낸 **애국주의와 혁명영웅주의 정신**을 반드시 소중하게 간직하여 우리의 인민 특히 수많은 청소년을 교육시켜 중화의 위대한 사업을 부단히 전진케 해야 한다.[34]

　"애국주의와 혁명영웅주의"는 2000년 『런민르바오』 기념사설 제목에 걸린 단어이기도 했다. '정의'로운 항미원조전쟁의 의미가 "애국주의와 혁명영웅주의"로 귀결되는 서술구조는 같은 해 장 쩌민 주석의 기념담화에서도 나타난다.

　"50년 전 중화의 우수한 자녀들로 구성된 중국인민지원군은 평화의 보위, 침략에 대한 저항이라는 **정의**의 기치를 높이 들고 용감하고

---

34 『人民日報』 2000.10.25, 강조는 인용자.

씩씩하게 압록강을 건넜습니다. (…) 항미원조전쟁의 승리는 평화를 사랑하는 세계 인민의 위대한 승리이자 **정의**를 수호하고 강권에 저항하는 영웅적 장거(壯擧)이며 **애국주의**와 **혁명영웅주의**의 장엄한 서사시입니다."[35]

이러한 반복되는 서술구조에서 '정의'는 '애국주의와 혁명영웅주의'를 지시하는 기표에 불과하다. 표면적으로는 '평화', '세계 인민'의 '강권에 대한 저항' 등 여러 의미를 가리키지만, 궁극적으로 귀결되는 지점은 언제나 '애국주의와 혁명영웅주의'이다. 2000년대 항미원조 서사에서 '정의'라는 공허한 단어가 이토록 과잉 사용되는 원인은 무엇일까? 어쩌면 과거 항미원조 서사의 주축이었던 '인민전쟁'이나 '국제주의' 같은 추상성을 띤 이념이 '애국주의와 혁명영웅주의'라는 날것의 이데올로기로 대체되면서, 그 날것의 느낌을 중화시키기 위한 기호가 필요했던 것 아닐까.

2010년 시 진핑 부주석의 담화는 마오 시대의 항미원조전쟁 서사가 '정의'를 주축으로 재구성되는 과정을 보여주었다. 이 담화는 항미원조전쟁의 승리의 원인을 "항미원조전쟁의 정의성"에서 찾고 있다.

"위대한 항미원조전쟁은 평화를 보위하고 침략에 반대하는 정의로

---

35 「江澤民主席在紀念抗美援朝50周年大發表重要講話」, 『新華網』 2000.10.25. 강조는 인용자.

운 전쟁입니다. **중국인민지원군의 역량의 원천과 승리를 획득했던 근본 원인은 위대한 항미원조전쟁의 정의성입니다.** (…) 이 정의로운 전쟁은 전 세계 평화를 사랑하는 국가와 인민의 공감과 지지와 지원을 얻어 최종적으로 정의의 군대가 전쟁에서 승리하게 함으로써 세력 범위를 확장하려는 제국주의의 계획을 교란하고 아시아와 세계의 평화를 지켰습니다. 이 사실은 각성하여 조국의 영광과 독립, 안보를 위해 분투하는 민족은 결코 무너뜨릴 수 없음을 증명합니다."[36]

항미원조전쟁 "승리를 획득한 근본 원인은 위대한 항미원조전쟁의 정의성"이라고 말하는 위 담화는 승리의 원인을 "인민전쟁, 전국 인민의 지원, 중조 양국 인민의 협력 전투"로 들었던 1953년 마오의 담화를 의식적으로 변형한 것으로 보인다. 마오의 담화에서 항미원조전쟁 승리의 요인이자 의미였던 '인민전쟁'과 '국제주의'가 "항미원조전쟁의 정의성"으로 대체된 것이다. '항미원조전쟁의 승리의 원인이 항미원조전쟁의 정의성'이라는 이 동어반복적인 명제는 2000년대 공적 서사의 중심어인 '정의'가 텅 빈 기호임을 다시 한번 드러낸다. 중국혁명 실천을 이론적으로 추상화한 '인민전쟁' '국제주의'의 이념이 2000년대 중국의 정치공간으로 귀환할 수 없는 상황에서, 그 빈자리를 이러한 자기반복적 단어로 채울 수밖에 없었던 것이다. 이 명제는 10년 후인 2020년 『런민르바오』의 사설에서 다음과 같이 대폭 확장된다.

---

36 「習近平在紀念志願軍抗美援朝60周年座談會上講話」, 『新華網』 2010.10.25. 강조는 인용자.

중국인민지원군의 역량의 원천과 승리를 획득한 근본 원인은 **항미원조전쟁의 정의성이다.** 이 **정의로운 전쟁**은 전세계 평화를 사랑하는 국가와 인민의 동정과 지지와 원조를 얻었다. 결국 **정의의 군대**가 전쟁에서 승리함으로써 세력을 확장하려는 제국주의의 움직임을 교란시켜 아시아와 세계의 평화를 지켰다. '우리의 사업은 정의롭다. 정의로운 사업은 어떤 적도 막지 못한다.' 중국인민은 평화를 애호하고 평화를 소중히 여기며 세계평화의 수호와 패권주의 및 강권정치 반대를 자신의 신성한 직책으로 삼는다. 툭하면 무력을 사용하거나 무력적 위협으로 국제적 분쟁을 처리하는 것에 단호히 저항하며 '민주'나 '인권' 같은 간판으로 남의 나라 내정에 멋대로 간섭하는 것에 단호하게 반대한다. 전진의 도상에서 우리는 중국공산당의 영도를 견지하고 중국 특색의 사회주의의 길을 굳건히 걸어갈 것이며 인민을 중심에 두는 발전사상을 견지하고 평화발전의 길을 결연히 걸어갈 것이다. 역사의 올바른 편에 서고 국제적 도의의 편에 서서 전면적으로 소강사회를 건설하고 신시대 중국 특색의 사회주의의 위대한 승리를 쟁취하여 중국몽(中國夢)과 강군몽(强軍夢)을 실현하는 데 쉼 없이 분투하여 세계평화를 지키고 인류 운명공동체 건설을 위해 더욱 큰 공헌을 할 것이다.[37]

우선, '정의'가 "'민주'나 '인권' 같은" 서방의 보편가치에 대항

---

37 『人民日報』 2020.10.23, 강조는 인용자.

하는 개념으로 사용되고 있다는 점에 주목하자. 이는 시 진핑 집권 전후 중국의 담론장 전반에 나타나는 경향이기도 하다. '자유' '민주' '인권' 등 수백년간 세계인의 마인드를 지배해온 서구의 보편가치에 대항하여, 중국은 '문명' '왕도' '천하'와 같은 중국식 언어와 문법으로 대항적 보편가치 체계를 구축해왔다.[38] 그런 견지에서 보면, 중국혁명의 특수성에 기반을 둔 '인민전쟁'보다는 외연이 넓고 경계가 모호한 '정의'가 대항적 보편가치로 더 적절해 보일 수도 있다. 아무튼 2020년의 항미원조 공적 서사에서 '정의'는 마오 시대의 항미원조 서사를 재구성하는 데서 나아가, 서구의 보편가치에 도전하는 이념으로까지 사용되고 있다. '정의'의 길이 "중국 특색의 사회주의의 길"이자 "중국몽과 강군몽"을 실현하는 길로 이어지는 것은 그런 연장선상에서다. 2020년 10월 항미원조 기념식에서 세계 언론들의 이목을 끌었던 "머리가 깨어져 피 흘릴 것"이라는 거친 발언도 정의의 전쟁이라는 맥락에서 나온 것이었다.

"이 전쟁은 2차대전 종결 후 아시아와 세계의 전략적 정세를 크게 뒤바꾸었습니다. 민족독립과 인민해방을 쟁취고자 하는 전세계 피압박 민족과 인민의 정의로운 사업을 크게 고양시켜 세계평화와 인류진보의 사업을 추동했습니다. 이 명백한 사실은 세계인들에게 말해줍니다. 어떤 국가든 어떤 군대든, 제아무리 강대할지라도 세계발전의 흐

---

38 백지운 「'일대일로'와 제국의 지정학」, 『역사비평』 2018년 여름호, 205~208면.

름에 역행하여 강자를 두려워하고 약자를 업신여기며 도의를 파괴하고 침략을 확장한다면 반드시 머리가 깨어져 피 흘리게 될 것입니다. 이 전쟁은 **정의가 필시 강권을 이기며** 평화발전이 막을 수 없는 역사의 조류임을 다시 한번 증명합니다!"[39]

'애국주의와 혁명영웅주의'를 주축으로 하는 '항미원조전쟁의 정의성'은 궁극적으로 '항미원조정신'으로 개념화된다. '항미원조정신'이라는 단어가 처음 등장한 것도 2010년 시 진핑 부주석의 60주년 담화에서였다.

"항미원조전쟁은 감격적인 개선가를 연주했을 뿐 아니라 위대한 항미원조정신을 만들어냈습니다. 그것은 바로 조국과 인민의 이익을 다른 모든 것보다 높이 두고 조국과 민족의 존엄을 위해 자신을 돌보지 않고 분투하는 애국주의 정신이자 죽음을 두려워하지 않는 용맹하고 강인한 혁명영웅주의 정신입니다. 그것은 간난과 곤궁을 피하지 않고 시종 사기를 드높이는 혁명적 낙관주의 정신이자, 조국과 인민이 부여한 사명을 완성하기 위해 자신의 모든 것을 아낌없이 봉헌하는 충성 정신이며, 인류 평화와 정의로운 사업을 위해 분투하는 국제주의 정신입니다. 위대한 항미원조정신은 중국공산당과 인민군대의 숭고한 풍격의 생생한 반영이자 중화민족 전통의 미덕과 민족품격의 집중적 현현이며, 애국주의를 핵심으로 하는 민족정신의 구체적 체현

---

39 「在紀念中國人民志願軍抗美援朝出國作戰70周年大會上的講話」

입니다. 이러한 정신은 중국인민의 영원토록 고귀한 자산입니다."[40]

'항미원조정신'은 '혁명적 낙관주의'나 '국제주의' 같은 혁명 시대의 이념까지 녹여낸 '애국주의'와 '중화민족주의'로 귀결되고 있다. 이 구절은 10년 후 2020년의 담화에도 거의 그대로 원용되었다. 그리고 2020년의 『런민르바오』 사설 또한 이 기조를 그대로 반영하여 사설제목을 "위대한 항미원조정신을 크게 휘날리자"라고 냈던 것이다.

2000년대 항미원조 서사가 재구축되는 과정이 드러내는 것은 이념의 빈곤이다. '인민전쟁'과 '국제주의'라는, 70년 전 이 전쟁을 뒷받침했던 이념들이 현재의 정치 공간으로는 돌아올 수 없는 상황에서 그 빈자리를 차지한 것은 애국주의와 중화민족주의라는 앙상한 구호뿐이다. 그것을 포장할 추상적 기호로 등장한 것이 바로 '정의'였던 것이다. "항미원조전쟁의 정의성"이나 "항미원조정신" 같은 자기반복적 명제로 항미원조 담론이 재구축되는 2000년대의 현상은 애국주의와 중화주의가 아니고서는 정치성의 내용을 채울 수 없는 오늘날 중국 사회주의의 정신적 곤경을 보여준다.

항미원조전쟁에서 미중전쟁으로

2000년대 재개된 국가 지도자급의 담화는 항미원조전쟁의 의

---

40 「習近平在紀念志願軍抗美援朝60周年座談會上講話」, 『新華網』 2010.10.25.

미가 미중전쟁으로 축소되는 추세를 보여주었다. 각 담화는 마치 매 시기 미중관계를 판독하는 풍향계처럼 고도의 정치적 고려를 담고 있다. 동시에 그것은 미중 관계에서 중국이 처한 딜레마를 드러내기도 한다. 한편에서는 '중국 굴기'로 세계에 존재감을 드러내고 미국에 할 말을 하고자 하는 욕망이, 다른 한편에서는 지속적 발전을 위해 미국과 양호한 관계를 유지해야 하는 필요가 긴장을 이루고 있는 것이다. 전체적으로 보면, 미중관계가 양호했던 2000년(50주년) 및 2010년(60주년)과 양국의 대결이 가시화된 2020년(70주년)의 담화 사이의 차이가 극명하게 나타난다. 이러한 흐름을 염두에 두면서, 세 담화의 변화 추이를 살펴보자.

아래는 중국의 한국전쟁 참전 배경을 논하는 각 담화문의 서두이다.

"**조선내전**이 발발한 후 미국 트루먼 정부는 **제멋대로** 군대를 보내 무력간섭을 책동하여 조선에 전면전을 발동하고 **대만해협에 제7함대를** 파견했습니다. 조선을 침략한 미군은 중국정부의 수차례의 경고에도 불구하고 38선을 넘어 중조 변경의 압록강과 두만강까지 근접하였으며, 전투기를 출동시켜 둥베이 변경의 도시와 농촌을 폭격하여 중국국토를 전화로 불태웠습니다. 조선민주주의인민공화국의 독립과 자유를 직접적으로 위협하고 신생 중화인민공화국의 안보를 위협했으며 극동과 세계의 평화를 위협했습니다."(50주년 담화, 강조는 인용자)

"조선내전이 발발한 후 미국 트루먼 정부는 제멋대로 무력간섭을 책동하여 조선에 전면전쟁을 발동했습니다. 중국정부의 수차례의 경고에도 불구하고 38선을 넘어 중조 변경의 압록강과 두만강으로 전투기를 출동시켜 우리 둥베이 변경의 도시와 농촌을 폭격하고 신생 중화인민공화국의 국토를 전화로 불태웠습니다."(60주년 담화)

"1950년 6월 25일 조선내전이 발발했습니다. 미국정부는 전지구적 전략과 냉전적 사고로부터 조선내전에 무력간섭을 책동하였고 대만해협에 제7함대를 파견했습니다. 1950년 10월초 미군은 중국의 거듭된 경고에도 불구하고 함부로 38선을 넘어 중조 변경을 전화로 불태웠습니다. 조선을 침략한 미군 비행기는 중국의 둥베이 변경 지역을 수차례 폭격하여 인민의 생명과 재산에 심각한 손상을 가했으며 우리나라의 안보는 심각한 위협에 직면했습니다."(70주년 담화)

세 담화 모두 한국전쟁의 발발에 대해 "조선내전이 발발"했다고 쓰고 있다. 1970년대까지 "미 제국주의가 조선민주주의인민공화국을 침략했다"는 북침설을 고수했던 중국은 1992년 한중수교 이후 "조선내전이 발발했다"는 중립적 표현으로 바꾸었다.[41] 현재 중국은 전쟁의 시발에 대해서는 남침이든 북침이든 개입하지 않겠다는 입장이다. 중국이 참전한 이유에 대해서만 두가지로 밝힐 뿐이다. 첫째는 미국이 38선을 넘어 둥베이 변경지역에 폭격을 가했다는 것, 둘째는 미국이 대만해협에 제7함대를 배치했다

---

41 김지훈, 앞의 글 323~28면.

는 것이다.

한국전쟁의 참전을 정당화하는 논리로서 대만 문제는 중국이 특히 강조해온 대목이다. 한국전쟁이 발발하고 이틀 후인 1950년 6월 27일 미국은 「트루먼 독트린」을 발표하여 대만해협에 제7함대를 파견했다. 그런데 그해 1월 미 국무장관 딘 애치슨(Dean Acheson)이 발표한 미국의 태평양 방어선에는 한국은 물론 대만도 제외되어 있었다. 건국은 했지만 동남해안에서 아직 내전이 진행 중이었던 중국은 애치슨 선언을 미국이 중국 내전에 간여하지 않겠다는 신호로 받아들인 터였다. 중국인민해방군은 1950년 4월 18일 하이난다오(海南島)를 해방한 후 물자와 병력을 동남해안의 화둥군구(華東軍區)로 대거 집결시키고 있었다. 5월 푸젠성(福建省) 연해에는 불철주야로 수륙양용작전을 연마한 천 이(陳毅)의 제3야전군 30만 대군과 각종 함선이 전쟁준비 태세를 갖추고 있었다.[42] 그런데 돌연 6월 25일 한국전쟁이 발발하고 이틀 뒤 미 해군 최대의 해외전력인 제7함대가 대만해협으로 진주한 것이다. 중국은 이를 공산당의 대만해방을 저지하려는 미국의 내정간섭으로 규정했다. 이러한 기조는 현재 중국에서 생산되는 항미원조 서사에 일사불란하게 기입되어 있다.

그런 점에서, 유일하게 2010년의 60주년 담화에 '대만해협'과 '제7함대'가 언급되지 않았다는 사실이 흥미롭다. 이는 1960년 이후 매 10년 주기로 발표되었던 『런민르바오』의 사설이 2010년에

---

42 왕수쩡 『한국전쟁: 한국전쟁에 대해 중국이 말하지 않았던 것들』, 나진희·황선영 옮김, 글항아리 2013, 41면.

만 나오지 않은 것과도 연결된다. 2010년 10월 시점은, 이듬해 1월 후 진타오 국가주석의 백악관 국빈 방문이 예정되었던 시기였다. 항미원조전쟁 기념담화에 대만 문제를 제외했다는 사실은 당시 중국이 미국과의 밀월관계를 유지하기 위해 어느 정도로 신경을 썼는지 역력히 보여준다.

2010년대 중반 미중 양국은 긴장관계로 돌입했다. 수교 이래 양국 관계가 최악의 상태였던 2020년 항미원조전쟁 70주년을 기념하는 중국의 분위기는 마치 1960년대로 되돌아간 듯했다. 시 진핑 국가주석의 기념담화에 '대만해협'과 '제7함대'가 복원된 것은 물론이다. 또한, 직전 두번의 기념담화에서 "미국 트루먼 정부"가 "제멋대로" "조선 내전"에 "무력간섭"을 했다고 하며 비판의 예봉을 트루먼 행정부의 경솔함에 겨누는 듯한 뉘앙스를 풍겼다면, 70주년 담화는 "미국 트루먼 정부"를 "미국정부"로 교체하고 또 "제멋대로"라는 표현을 "전지구적 전략과 냉전적 사고로부터"로 대체함으로써 미국에 대한 정면 비판을 피하지 않았다. 이는 또한 '인도-태평양 전략'과 쿼드(QUAD) 등을 가동하여 중국을 압박하는 목하 미국의 동아시아 전략을 겨냥한 것이기도 하다. 또한 미국의 폭격이 중국 "인민의 생명과 재산"에 손상을 입히고 "안보"를 "심각한 위협"에 빠뜨렸다고 집어 말하는 대목에서도, 70주년 담화는 미국이 중국에 위협을 가하고 있다는 현재의 위기의식을 은근히 강조하고 있다.

세 담화의 이행과정에서 주목해야 할 두번째 대목은 '평화' 서사에 발생하는 균열이다. 50주년과 60주년 담화는 그나마 '평화를 수호하는 정의로운 전쟁'이라는 서사를 견지하고 있었다. 장 쩌민 주석의 50주년 담화에 '평화'는 총 38회 등장했다. 의례적 사용인 측면이 없지 않지만, "정치적 다극화 시대" "세계 다양성의 발전이라는 특징을 존중"할 것을 강조하고 탈냉전시대의 평화 공존의 필요성을 역설하는 대목은 필경 2000년대의 양호했던 미중관계를 반영한다. "세계의 지속가능한 평화와 안보"를 위해 "평화롭고 안정되고 합리적이고 공정한 국제정치경제의 신질서"를 유지하자는 "신형 안보관"을 제기하고, 지난 "40년의 냉전이 가져온 엄중한 댓가"를 되새겨 21세기를 "지속가능한 평화의 세기"로 만들자고 제안하는 등, '평화'는 도처에서 등장하고 있었다. 물론 그것이 "개혁개방과 현대화 건설의 승리"를 위해 평화로운 국제환경이 절실했던 중국의 필요에서 나온 것임은 말할 것도 없다.

2010년 시 진핑의 60주년 담화에서도 평화를 강조하는 기조는 대체로 유지되었다. 이 담화에서는 항미원조전쟁을 기념하는 이유가 "대결을 지속하기 위해서가 아니라 발전적으로 사고하고 역사를 통찰하며 현실을 관찰하고 미래를 사유하는 긴 안목으로 역사의 경험을 더 잘 길어올리기 위함"임을 명시했다. 특히 당시 현안인 북핵문제에 대해 "평화롭고 안정된 국제환경"을 조성하는 것이 중국의 "평화발전을 실현"하는 필수 조건임을 강조하며, "대화와 협상"으로 "한반도 문제의 최종적이고 철저한 해결"을 실현하자고 주장했다. 그런데 60주년 담화에는 50주년에는 보이지 않았던 모종의 서사의 불일치와 모순이 있다. 한편으로는 평화로운 국제환경의 필요성을 강조하면서도, 다른 한편에서는 항미원조전쟁을 애국주의의 틀로 조형하는 서사화 작업이 이 시기에 진행되고 있었던바 그 단적인 예가 항미원조전쟁에서 승리했던 전장(戰場)과 전적(戰績)을 구체적으로 명시한 아래 대목에서 보인다.

"1950년 10월 25일에서 1951년 6월 10일까지, 중국인민지원군은 조선인민군과의 긴밀한 공조 아래 **양수동의 초전, 운산성의 격전, 청천강의 총력전, 장진호의 악전** 등 연속 다섯차례의 전역을 진행하여 침략군을 압록강과 두만강변에서 38선 부근으로 몰아내고, 조선 북부의 광대한 토지를 일거에 수복하여 반침략전쟁 승리의 기초를 다졌습니다. 그후 철옹성 같은 종심 방어진지를 구축하여 적의 주요 공격과 **세균전**을 수차례 분쇄했습니다. 중조군대는 전선을 38선에 안정시켰을 뿐 아니라 수차례의 공세를 감행하여 침략자가 정전회담장에 나오도록 압박했습니다."(60주년 담화, 강조는 인용자)

이제까지 항미원조전쟁 공식 서사에서 지원군의 희생과 공적은 추상적으로 표현되는 것이 일반적이었다. "양수동의 초전, 운산성의 격전, 청천강의 총력전, 장진호의 악전"처럼 전장의 이름과 전적이 구체적으로 명시된 것은 2010년의 시 진핑의 담화가 처음인 것이다. 거론된 지명은 한국전쟁에서 지원군이 큰 전과(戰果)를 거둔 1차전역과 2차전역의 대표적 전장이다. 60주년 담화는 한편으로는 전쟁을 기억하는 이유가 평화의 소중함을 되새기기 위함이라고 강조하면서, 다른 한편에서는 중국군의 전적을 마치 운율까지 맞춘 듯 대중들이 기억하기 쉽게 서사화하고 있었던 것이다. 70주년 담화에서도 이 단락은 "상감령의 혈전"을 추가하여 그대로 원용되었다.

인용문 중 '세균전'이 언급된 부분도 주목된다. 천 젠(Chen Jian)은 세균전 문제가 "한국전쟁의 가장 미스터리한 일면" 중 하나라고 했다.[43] 중국과 북한은 미군이 1951년에서 1952년 사이 전염병에 감염된 곤충을 북한과 중국 둥베이 지역에 투하했다고 주장했다. 1951년 5월 8일과 1952년 2월 22일 북한 외무상 박헌영이 국제사회에 공식 항의했고 저우 언라이 역시 1952년 2월 24일과 3월 8일 같은 내용의 비난성명을 발표함으로써 세균전은 세계적인 이목을 끌었다. 이에 공산권에서 조직한 국제민주법률가협회 조사단이 1952년 3월 5일부터 19일까지 현지조사단을 파견했고, 6월에는 세계평화회의 집행회의가 구성한 국제과학조사단이 2개월의 현지조사를 벌였다. 두 단체는 모두 중국과 북한의 주민들이 세균전의 대상이 되었다고 인정했다. 물론 미국은 이를 부인했다.[44]

세균전 문제는 지금까지 미결로 남아 있다. 1998년 일본 『산케이신분(産經新聞)』이 세균전이 날조된 것이라는 주장을 담은 기사를 냈다. 스탈린 사후 1953년 4월 21일 소련 중앙정치국 위원

---

43 Chen Jian, *Mao's China and the Cold War*, Chapel Hill and London: The University of North Carolina Press 2010, 110면.

44 조성훈 「한국전쟁의 세균전 논쟁 비판」, 박두복 엮음, 앞의 책 455~63면.

베리아가 비망록을 제출하여, 한국전쟁 중 소련군사고문단장 라
주바예프가 소련공산당의 비준 없이 북한의 세균전 주장을 지지
했다는 당시 북한의 소련인 고문관의 보고서를 국가안전부장 이
그나티예프(S. Ignatyev)가 묵살했다고 고발했다는 것이다. 이에
대해 중국군사과학원의 치 더쉐(齊德學)는 베리아가 고발 20여일
만에 반당사건으로 처형되고 이그나티예프가 복권되었다는 점,
또 일본 기자가 보았다는 비망록의 진위가 러시아에 의해 공식
적으로 확인된 바 없다는 점을 들어 『산케이신분』의 주장을 반박
했다.[45] 한편, 같은 해 캐나다의 역사학자 스티븐 앤디콧(Stephen
Endicott)과 에드워드 해거먼(Edward Hagerman)은 미국·영국·캐
나다·호주·중국·북한에서 수집한 방대한 문서자료와 인터뷰를
기반으로 미국이 한국전쟁 중 일본의 731부대와 거래하여 세균전
을 벌였음을 주장하는 저서를 내놓았다.[46] 또 2015년에는 당시 국
제과학조사단의 일원이자 영국의 저명한 생화학자인 조지프 니
덤(Joseph Neadhum)이 한국전쟁 중 세균전이 있었음을 증언하는
보고서 전문이 공개되는 등 세균전 문제의 불씨는 여전히 살아
있다.[47]

---

45 齊德學「抗美援朝戰爭中的反細菌戰是中國方面的造假宣傳嗎?」,『澎湃』2021.12.20.

46 Stephen Endicott and Edward Hagerman, *The United States and Biological Warfare: Secrets from the Early Cold War and Korea*, Bloomington and Indianapolis: Indiana University Press 1998.(한국어판 스티븐 앤디콧·에드워드 해거먼『한국전쟁과 미국의 세균전』, 안치용·박성휴 옮김, 중심 2003)

47 Jeffrey Kaye, "A Lost Document from the Cold War: The International Scientific Commission Report on Bacterial Warfare during the Korean War," *Monthly Review online*, 2017.9.11.

천 젠은 현재까지 미국이 세균전을 벌였다는 명확한 증거는 없지만, 당시 중국의 고위급 인사들 간에 오간 서신자료를 볼 때 적어도 지원군사령부와 베이징 정부가 세균전의 존재를 "진정으로 믿고 있었음(truly believed)"은 분명하다고 결론지었다. 실제로 북한에서 전염병이 돌았고 중국과 북한이 대대적인 방역사업을 벌인 것도 사실이다. 정전회담 기간 중 중국정부는 협상의 유리한 국면을 끌어내기 위해 나라 안팎에서 대대적인 반세균전 선전전을 벌이기도 했다.[48]

오랫동안 중국은 세균전 문제에 극도로 신중한 자세를 보여왔다. 2010년 시 진핑의 담화 이전 중국의 공적 문서가 세균전을 공개적으로 언급한 것은 찾기 어렵다. 2020년에 방영된 드라마 「압록강을 건너」에는, 정전회담을 뒤에서 지휘했던 리 커농(李克農)이 중국과 북한의 회담 대표들에게 절대 회담장에서 세균전을 거론치 말 것을 당부하는 장면이 나온다. 세균전을 문제 삼으면 협상이 더 교착된다는 것이다. 사실 여부를 차지하더라도, 이 장면은 중국이 세균전 문제를 과거나 지금이나 조심스럽게 접근하고 있음을 말해준다. 그러나 그것을 드라마에서 다뤘다는 사실 자체가 이미 한국전쟁 중 세균전의 존재를 공식화하는 것이다. 그런 점에서, 비록 지나가듯 슬쩍 언급한 것이지만, 국가 지도자의 공식 담화에 세균전이 기록되었다는 사실은 결코 가볍게 볼 일이 아니다. 70주년 담화에서도 이 부분은 '교살전(絞殺戰)'을 추가하

---

48 Chen Jian, 앞의 책 110면.

여 그대로 원용되었다.

60주년 담화가 한편으로 평화를 강조하면서 다른 한편에서 전쟁의 구체상을 드러냄으로써 대중들의 정서적 결집을 유도하는 양면성을 보였다면, 미중 대결이 거스를 수 없는 대세가 된 2020년의 70주년 담화의 기조는 한결 명료했다. 전쟁을 역사화하고 평화의 미래를 지향하자는 앞의 두 담화의 기조는 70주년 담화에서 거의 찾아보기 어렵다. 물론 '평화'라는 단어는 여전히 빈번하게 등장하지만 앞서처럼 '전쟁'이나 '대결'과 상대되는 의미는 아니다. "위대한 항미원조전쟁이" "중국인민의 평화로운 삶을 지켰"고 "아시아와 세계의 평화를 지켰다"는 서술에서 보이듯, 70주년 담화에서 '평화'는 '평화를 위한 전쟁'이라는 논리로 사용되었다. 이는 "전쟁으로 전쟁을 막고" "승리로 평화와 존중을 얻는다"는 아래 구절에서 다시 확인된다. 한국 언론에도 자주 다뤄졌던 시 진핑 담화의 아래 구절은, 21세기의 공적 문서라는 것이 믿기지 않을 정도로 거리낌 없이 적대감을 드러내고 있다.

> "중국인민은 깊이 알고 있습니다. 침략자와는 그들이 알아듣는 언어로 대화해야 한다는 것을 말입니다. 그것은 바로 전쟁으로 전쟁을 막고 무기로 창을 막으며 승리로 평화와 존중을 얻는다는 뜻입니다. 중국인민은 일을 저지르지도 않지만 일을 저지르기를 두려워하지도 않습니다. 어떤 역경과 위험 앞에서도 다리를 떨지 않을 것이며 허리를 굽히지 않을 것입니다. 중화민족은 겁먹지 않습니다. 무너지지 않습니다!"(70주년 담화)

이 대목은 1953년 마오 쩌둥의 담화 「항미원조의 승리와 의미」를 연상시킨다. 전쟁 직후 날것 그대로의 적대감이 2020년의 담화로 귀환한 것이다.

"중국인민에게 이런 말이 있습니다. '평화에 찬성하지만 전쟁도 안 무섭다, 둘 다 하면 된다.' 우리에겐 인민의 지지가 있습니다. 항미원조전쟁 중 인민들이 달려와 지원서에 서명을 했습니다. 지원자 경쟁이 얼마나 치열했던지 합격률이 100 대 1일 정도였어요. 사람들은 사윗감 고르는 것보다 더 까다롭다고 했습니다. 만약 미 제국주의가 다시 싸우자고 하면 우리는 다시 싸울 것입니다."(「항미원조의 승리와 의미」)

"중국인민은 일을 저지르지도 않지만 일을 저지르기를 두려워하지도 않"는다는 시 진핑의 담화의 문장은 "평화에 찬성하지만 전쟁도 안 무섭다"는 마오의 말을 떠올린다. 이 외에도 시 진핑의 70주년 담화는 여러 곳에서 마오의 육성을 그대로 옮겨왔다. 이를 테면, "이제 중국인민은 조직되기 시작했습니다. 건드릴 수 없습니다. 잘못 건드리면 골치 아파집니다!"라는 구절은 마오의 「항미원조의 승리와 의미」에서 그대로 차용한 것이다. 또한, "너는 너의 싸움을, 나는 나의 싸움을 하면 된다. 네가 원자탄으로 싸우면 나는 수류탄으로 싸운다"는 70주년 담화의 표현도 마오가 1950년 9월 5일에 한 아래 발언에서 가져온 것이었다.

"우리 중국인민은 싸움을 할 만큼 했습니다. 우리의 소망은 싸움을 하지 않는 것입니다. 그러나 반드시 싸워야 한다면 싸울 수밖에 없습니다. 너는 너의 싸움을, 나는 나의 싸움을 할 뿐입니다. 네가 원자탄으로 싸우면 나는 수류탄으로 싸우고, 너의 약점을 잡아 끝까지 따라다녀 마침내 쳐부술 것입니다. 전쟁이 시작되면 작은 싸움이 아니라 큰 싸움이 될 것이고, 짧은 싸움이 아니라 긴 싸움이 될 것이며 보통 싸움이 아니라 원자탄 싸움이 될 것입니다. 우리는 충분히 준비해야 합니다. 반드시 해야 한다면, 하는 겁니다."[49]

70여년 전 마오의 육성이 곳곳에서 들려오는 2020년 시 진핑의 기념담화는 항미원조전쟁이 역사화되기는커녕 오히려 생생한 현실로 살아 돌아오고 있음을 여실히 보여준다.

2000년대 담화의 변화 추이에서 발견되는 세번째 특징은 국제주의의 주변화이다. 영웅공신을 거명하는 대목에서 '국제주의 전사' 뤄 성자오(羅盛敎)가 빠진 것은 언뜻 사소해 보이지만 중요한 변화를 숨기고 있다. 50주년의 담화에는 "양 건쓰, 황 지광, 치우 샤오윈등 30여만명의 영웅공신과 6천개의 공신집단 및 뤄 성자오와 같은 빛나는 국제주의 전사"가 거명되었다. 그런데 60주년과 70주년의 담화로 오면 여기서 뤄 성자오의 이름만 빠진다. 뤄 성자오(1931~52)는 1952년 1월 평안도 성천군에 부대와 함께 주둔

---

49 毛澤東「朝鮮戰局和我們的方針」,『毛澤東文集』第6卷, 人民出版社 1999, 94면.

하던 중, 언 강바닥의 깨진 틈에 빠진 최영이라는 북한 아이를 구하다 목숨을 잃었다. 냉전시기 뤼 성자오의 이름은, 부상당한 지원군의 목숨을 구하다 희생된 북한의 들것부대원 박재근과 더불어 상호적인 중조우의의 상징으로 기념되었다.[50] 당시 중국정부는 뤼 성자오에게 특등공을 부여했고 북한도 '일급국기훈장'과 '일급전사명예훈장'을 수여했다. 그의 고향 후난성 신화현(新化縣)에 위치한 뤼 성자오 기념관에는 "뤼 성자오 열사의 국제주의 정신은 조선인민과 영원히 공존한다"는 김일성의 제사(題詞)가 새겨져 있다. 장진호의 황초령 고지에서 폭약을 안고 적에게 뛰어들었던 양 건쓰, 상감령 598고지 탈환전 중 몸으로 적의 토치카 총안을 막은 황 지광, 매복 중 아군의 위치가 노출되지 않도록 불붙은 짚불 아래 숨죽여 소사(燒死)했던 치우 샤오윈 등은 항미원조전쟁의 전설적 영웅들이다. 뤼 성자오는 비전투 중에 희생되었음에도 이들과 이름을 나란히 했으며, 2000년의 담화에는 "빛나는 국제주의 전사"로까지 거명되었던 것이다. 그의 이름이 2010년 이후의 담화에서 사라진 것은 분명 항미원조전쟁에서 중조우의와 국제주의가 퇴색하는 경향을 반영한다. 2016년 청소년 교육용으로 제작된 애니메이션 영화 「누가 가장 사랑스런 이인가」에도 뤼 성자오는 포함되지 않았다. 이 영화는 양 건쓰, 치우 샤오윈, 황지광, 왕 하이(王海), 장 타오팡(張桃芳) 5명의 영웅 이야기로 구성되었는데, 그중 공군조종사 왕 하이와 저격수 장 타오팡은 혁혁한

---

50 홍성후 「북한 미술, '항미원조'를 그리다」, 『근대서지』 제22호, 2020, 685~700면.

공을 세웠지만 전쟁 중 목숨을 잃은 '열사'는 아니었다.

　마지막으로, 70주년 담화에서 지원군 전몰자 수가 전격적으로 공개된 것에 주목하고 싶다. 담화는 "19만 7천명의 영웅적 아들딸들이 조국을 위해 인민을 위해 평화를 위해 고귀한 생명을 바쳤습니다"라고 하여 지원군 전몰자의 수를 공개했다. 중국은 2010년까지 항미원조전쟁의 사상자 수를 공식적으로 선포하지 않았다.[51] 1953년 마오의 담화를 보면, 적의 사상자 수를 109만명이라고 하면서 중국군의 손실에 대해서는 "우리도 댓가를 치렀습니다. 그러나 우리의 사상자 수는 예상보다 훨씬 적었습니다."라고 얼버무렸다. 1980년대 이후 사상자 36만명이라는 수치가 나왔고, 2010년 10월 항미원조기념관에서 전몰자 수를 183,108명으로 공표했다. 그리고 4년 후인 2014년 10월 중국총정치부와 중국민정부가 교차대조를 거쳐 197,653명으로 수정했다. 그러나 이 수치가 공적 문서를 통해 대중에게 공개된 것은 2020년이 처음이었다. 10월 23일 시 진핑이 담화에서 "19만 7천명의 영웅적 아들딸"을 언급한 것과 동시에 CCTV(중국중앙통신)에서도 "항미원조 197,653분의 희생열사를 기억합시다"라는 기사를 띄웠다. 그리고 황 지광, 양 건쓰, 치우 샤오윈, 양 렌디(楊連弟), 쑨 잔위안(孫占元), 양 춘찡(楊春增), 쉬 자펑(許家朋), 우 셴화(伍先華), 양 바오산(楊寶山) 9인의 위패를 온라인에 올렸다.[52] 열사들의 온라인 위

51 Abraham Denmark & Lucas Myers, "Eternal Victory," *Wilson Quarterly*, Summer 2020. (https://www.wilsonquarterly.com/quarterly/_/eternal-victory)
52 「抗美援朝197653位犧牲烈士 記住他們!」, 『央視新聞』 2020.10.23.

패는 "항미원조 197653位 희생열사"라는 해시태그와 함께 소셜 네트워크를 타고 빠르게 확대되었다. 그해 BTS의 밴플리트상 수상소감에 중국의 젊은 네티즌들이 격한 반응을 보이는 해프닝이 일어났던 데는 당시의 이같은 사회 분위기의 영향이 있었던 것이다.

2000년 미 국방성은 한국전쟁 중 전투요인으로 사망한 미군 전몰자 수를 33,686명으로 공식화했다. 비전투요인까지 합치면 54,246명이다.[53] 물론, 한국군과 북한군의 전몰자 수도 고려해야 겠지만, 항미원조전쟁을 미중전쟁으로 좁혀서 보는 중국의 입장에서 보면 197,653과 33,686의 차이는 부담스러운 것이 아닐 수 없다. 중국이 오랫동안 전몰자 수를 공개하지 않았던 것도 그런 연유였을 터이다. 그런 점에서 2020년 시 진핑 담화가 전몰자 수를 끝자리까지 공표했다는 사실은 그 자체로 매우 의미심장하다. 물론, 여기에는 열사들의 희생정신을 지금의 비상한 '위기' 상황에 필요한 애국주의 교육의 재료로 삼겠다는 의도가 작용하고 있다. 그러나 그것이 드러내는 더 중요한 의미는 이제 중국에서 항미원조전쟁이 더이상 모호한 금기에 얽매이지 않게 되었다는 것이다. 대외든 대내든, 197,653명이라는 수치는 자신감이 없다면 결코 공표하기 쉽지 않다.

---

53 "Korean War Death Stats Highlight Modern DoD Safety Record," *American Forces Press Service* 2000.6.8. (https://web.archive.org/web/20120114121831/http://www.defense.gov/news/newsarticle.aspx?id=45275)

결사항전의 기억과 부유하는 사연들
「압록강을 건너」

기억의 대방출

바야흐로 중국에서 항미원조 서사는 건국 이래 최고의 전성기를 맞고 있다. 미중 대결 기류를 타고 국가주의와 애국주의가 고양되는 악성 환경은 오랫동안 냉궁에 유폐되었던 항미원조전쟁의 기억이 가정과 극장, 인터넷 스트리밍 등을 통해 세상과 만나는 문을 활짝 열어주었다. 지난 세기 국민국가의 역사(national history)의 불편한 퍼즐 조각이었던 항미원조는 이제 국가의 기초를 놓은 '입국지전(立國之戰)'으로 위용을 드러내고 있다.

변화된 정치적 기후를 맞아 항미원조전쟁에 관한 작품들이 막혔던 물꼬가 터진 듯 쏟아져나오고 있다. 항미원조전쟁 70주년을 맞은 2020년 한해에만 드라마 2편과 영화 2편이 출시되었다. 10월 24일 '항미원조 출국작전' 개시일에 기해 13부작 드라마 「전화의 용광로(戰火鎔爐)」가, 12월 27일에는 40부작 「압록강을 건너」가 방영되었다. 극장가에서는 10월 23일「금강천」(金剛川, The Sacrifice)이 막을 올렸고 넷무비「가장 사랑스런 이(最可愛的人)」가 온라인을 통해 출시되었다. 이어서, 2021년 중국 극장가를 떠들썩하게 했던「장진호(長津湖)」를 필두로「저격령 혈전(血戰狙擊岭)」「무명천 혈투(浴血無名川)」가 개봉했고, 2022년에도「장진호」의 후속편인「장진호의 수문교(長津湖之水門橋)」와「저격수(狙擊手)」「저격영웅(狙擊英雄)」등이 상영되었다.

2000년대 항미원조전쟁 작품의 특징은 주선율 장르에 머물지 않는다는 것이다. 액션영화, 예술영화, 상업영화의 거물과 신예, 그리고 대중문화의 아이돌까지 새롭게 열린 이 무주공산으로 모여들고 있다. 2021년 화제를 모았던「장진호」의 감독으로는 중국 영화사에서 이름도 쟁쟁한 천 카이거(陳凱歌), 쉬 커(徐克), 그리고 홍콩의 린 차오셴(林超賢)이 참여했다. 주연급 배우는「전랑」시리즈로 최고의 성가를 올린 우 징(吳京)과 아이돌 스타이자 힙합 가수인 잭슨 이(Jackson Yee, 易烊千璽)였다. 제작비 2억 달러를 투입하여 9억 달러가 넘는 수익을 거둔「장진호」는「스타워즈: 깨어난 포스」(2015),「어벤져스: 엔드게임」(2019)에 이어 세계 시장에서 세번째로 높은 수익을 낸 영화로 기록되고 있다. 한 시대 중국영화를 대표했던 장 이모우(張藝謨) 감독도 상감령 전투에서 활약한 저격수 장 타오팡의 이야기를 바탕으로 한「저격수」를 제작했다.

항미원조전쟁에 관한 영상작품의 행렬은 지금도 진행중이다. 중국 국가라디오텔레비전방송총국에는 허가번호를 부여받고 최종 제작 사인을 기다리는 드라마들이 줄지어 있다. 1960년의 영화를 리메이크한 「철도보위병(鐵道衛士)」(40부작), 한국전장에 세 아들을 보낸 어느 가족사를 그린 「내 마음의 노래(我心有歌)」(47부작), 1957년의 경극 작품을 리메이크한 것으로 1953년 7월의 금성 전투를 다룬 「백호단 기습(奇襲白虎團)」(50부작), 어느 특전대원의 이야기를 중심으로 상감령을 그린 「깃발은 그림처럼(戰旗如畵)」(40부작)이 대표적이다. 그중 「깃발은 그림처럼」이 2023년 2월 산둥성 이난(沂南)에서 촬영을 개시했다는 기사가 최근 발표되었다.[54] 이들 작품이 당국에 허가번호를 받은 시기는 대체로 2017~20년이다. 시 진핑 집권 이후 항미원조전쟁이 확실히 해금되기 시작했음을 여기서 다시 한번 확인할 수 있다.

중국에서 한국전쟁에 관한 서사가 대대적으로 다큐멘터리, 드라마, 영화로 만들어지는 최근 상황을 보는 마음은 복잡하다. 문화예술에 대한 검열과 관리가 부쩍 강화된 시 진핑 체제에서 항미원조전쟁 서사가 이토록 호황을 만나는 아이러니한 상황은 문제적이지만 또한 흥미롭다. 물론 여기에 미중 대결의 국면에서 자국민의 애국주의와 국가주의를 고양하는 수단으로 한국전쟁이 활용되는 측면이 있는 것이 사실이다. 그러나 '끝나지 않은 전쟁'이면서 또한 '잊혀진 전쟁'인 한국전쟁의 모순된 현실을 생각건대, 정치적 악천후를 타고 항미원조전쟁에 씌어 있던 오랜 금기

---

54 「最新! 一批抗美援朝題材劇待播」, 『搜狐』 2020.7.28.; 「抗美援朝影視劇吹響集結號」, 『天津日報』 2020.8.11.; 「紀念抗美援朝勝利70周年電視劇〈戰旗如畵〉在沂南開機」, 『大衆日報』 2023.2.9.

가 해제된 상황을 반드시 부정적으로만 볼 일은 아니다. 관리되고 통제된 해금일지언정, 막힌 기억의 물꼬가 트이고 서사의 제방이 터지기 시작하면 모종의 사유의 공간이 형성될 수 있기 때문이다. 항미원조전쟁 서사가 국가가 정한 가이드라인을 엄수한다 하더라도, 국가의 통제력이 문화예술에 깊숙이 간여하는 중국의 미디어 환경을 생각하면 겉으로 드러나는 주선율뿐 아니라 주선율을 지탱하는 서사의 행간까지 세심히 살피는 독법이 필요하다.

공적 서사와 기층 서사

중국의 TV드라마가 당대에 형성중인 담론을 둘러싸고 다중적 언설 주체들 간의 길항·담판·타협이 벌어지는 공간이라면, 블록버스터 영화는 이미 형성된 공감대를 기초로 패권화된 담론이 모습을 드러내는 장이라는 다이 진화의 해석을 앞서 소개한 바 있다. 그러나 2020년대에 달라진 중국의 매체 생태에는 이런 해석이 잘 맞지 않는다. 영화뿐 아니라 TV드라마에도 블록버스터급 주선율 드라마가 출현했고, 여기에 다중적 언설 주체들이 길항할 여지는 대폭 줄어들었다. 2020년 항미원조전쟁 70주년 기념으로 제작된 40부작 대하드라마 「압록강을 건너」가 그 대표적인 예이다.

여기서 생각해볼 것이 TV다큐멘터리의 존재다. 최근 「압록강을 건너」 「장진호」와 같은 블록버스터들이 화려한 스포트라이트를 받았지만, 그 저변에는 지난 10년간 만들어진 다큐멘터리가 있었다. 「단도: 조선전장 대역전」(5부작, 펑황TV 2010), 「조국을 위해 싸우다」(5부작, CCTV 2011), 「빙혈 장진호」(81영화제작소

2011), 「홍 쉐즈」(7부작, CCTV 2012), 「장진호 혈전」(CCTV 2013), 「상감령: 가장 긴 43일」(10부작, CCTV 2012), 「잊지 못할 위대한 승리」(12부작, 81영화제작소 등 2013), 「위대한 항미원조」(6부작, 베이징위성TV 2014), 「불타는 철원: 지원군 제63군 철원전기」(46부작, CCTV 2015), 「혈전갱생: 50군조선전기」(4부작, 평황TV 2015), 「생사돌파: 조선에서의 180사」(5부작, 평황TV 2015) 등의 작품을 통해 전쟁에 참전했던 기층 간부와 병사들의 구술 인터뷰가 대량으로 수집되었다. 체계화된 공적 서술과 당사자 개인들의 파편화된 기억과 감정이 뒤섞인 다큐멘터리의 서사를 어떻게 볼 것인지는 복잡한 문제다. 다만 지난 10여년간 중국에서 형성된 항미원조전쟁 서사의 흐름을 보면, 2010년대 다큐멘터리를 통해 축적된 원재료가 2020년 「압록강을 건너」라는 주선율 드라마의 서사의 기틀을 이루고, 그로부터 다소 성급하게 구축된 패권화된 담론이 2021년의 「장진호」였다고 요약할 수 있겠다.

2020년대에도 다큐멘터리들이 지속적으로 제작되고 있지만, 2010년대의 다큐멘터리들이 자료로서 훨씬 중요하다. 우선, 시기적으로 2010년대에 들어 항미원조전쟁에 대한 금기가 풀리기 시작했다는 점을 기억해야 한다. 그 전까지 참전용사들이 전쟁의 체험을 이야기할 수 있는 매체 공간은 많지 않았다. 수십년 동안 담아두었던 기억과 그것에 얽힌 감정을 비로소 풀어낼 수 있었던 만큼 그들 기억의 진본성을 의심하기는 쉽지 않다. 또한, 2010년대는 전쟁 당시 20대에서 30대 초반이던 사(師)와 단(團), 영(營)급의 지원군 '골간(骨幹) 간부'들이 아직 생존해 있던 때였다. 항미원조전쟁 서사에서 이들 기층 간부들의 체험과 기억이 만들어내는 서사는 매우 중요하다. 공적 서사와 함께 가면서도 그것에 완전히 귀속되지 않는 독자적 울림을 가지고 있지만, 그렇다고 사적 영역이라고 하기도 어렵다. 아감벤(G. Agamben)의 말을 빌리면, 보편자와 개별자 어디에도 속하지 않는 '특이성(singularity)'의 존재라고 할까.[55] 공적 서사를 뒷받침하면서도 독자적 목소리를 지니는 2010년대 다큐멘터리 서사의 거대한 저장고가 없었다면, 2020년의 대하드라마 「압록강을 건너」는 만들어지기 어려웠을 것이다.

중국의 항미원조전쟁 서사에서 「압록강을 건너」는 단연 기념비적 작품이다. 1950년초부터 1953년 정전까지 한국전쟁의 전 기간을 베이징과 워싱턴, 지원군사령부와 연합군사령부를 종횡으로 오가며 전쟁의 전모를 담은 이 야심찬 기획은 한국을 포함하여 한국전쟁의 당사국 어디에서도 시도하지 못했던 것이다. 중국의 시각에 기반한 것임을 감안하더라도, 한국전쟁을 국면별 정세 변화, 양 지휘부의 지략 대결, 전장과 전투의 구체적 장면들을 거대한 파노라마 안에 생생하게 그려낸 것은 「압록강을 건너」가 처음이다. 분량에서도 압도적이다. 2016년의 수작 「펑 더화이 원수」에서 항미원조전쟁을 다룬 부분이 채 7회가 되지 않았다면, 「압록강을 건너」는 무려 40회에 달하는 분량을 오롯이 한국전쟁에 쏟아부었다.

---

55 조르조 아감벤 『도래하는 공동체』, 이경진 옮김, 꾸리에 2017, 9면.

　이 방대하고 문제적인 역사의 현장을 「압록강을 건너」는 어떠한 서사 전략으로 끌어갔을까. 베이징의 중난하이, 워싱턴의 백악관, 북한의 지원군사령부, 도쿄의 연합군사령부, 한국의 미 8군 사령부, 그리고 지원군의 기층 간부와 병사들을 포함하여 등장인물이 수백명에 달하는 이 작품은 크게 3개의 서사층위를 갖는다. 제일 위는 중국과 미국의 정치 수뇌부와 양측 군사령부를 주축으로 하는 상층 서사다. 이는 또한 항미원조전쟁을 바라보는 현 정

부의 관점과 방향이 투영된 공적 서사이기도 하다. 이 상층 서사가 수많은 악기로 구성된 오케스트라를 지휘하듯 드라마의 전체 서사를 이끈다. 가장 아래는 개인 서사의 층위이다. 「압록강을 건너」에는 38군의 병사 정 루이(鄭銳), 운반부대원 마 진후(馬金虎), 저격수 루 청펑(陸乘風) 등의 인물들이 등장하는데, 이들은 허구이지만 실제 역사적 전거를 가지고 있다. 허구성을 가미한 개인 서사의 층위는 공적 서사 위주의 이야기 전개가 가져올 경직성을 완화하는 윤활유 역할을 한다.

공적 서사와 개인 서사 사이에는 지원군의 기층 서사가 있다. 대체로 군장 이하 사, 단, 영, 연 단위의 중간 간부와 배, 반 이하 병사들의 이야기가 이 층위에 해당한다. 「압록강을 건너」가 「펑더화이 원수」와 구별되는 큰 차이는 전투 장면을 대거 포함시켰다는 것이다. 이는 필연적으로 전장에서 싸우는 기층 병사들의 이야기를 수반한다. 지원군의 기층 서사에는 상층 서사의 지휘를 받으면서도 그에 전적으로 회수되지 않고 부유하는 모종의 잔여가 있다. 「압록강을 건너」에서 가장 관건적인 부분이 이 기층 서사의 층위이다.

이 기층 서사의 출처는 어디일까. 「압록강을 건너」에 등장하는 지원군 기층 단위의 장면은 공적 역사기술에서 전거를 찾기 어려운 것이 대부분이다. 그도 그럴 것이, 전쟁의 정치적 의미와 각 전역의 전략·전술의 성과 및 한계를 논하는 공적 기술을 지배하는 것은 상층의 관점이다. 거기에 실제 전장에서 피와 땀을 흘렸던 병사들의 시선이 개입될 여지는 거의 없다. 여기서 중요하게 등장하는 것이 다큐멘터리이다. 「압록강을 건너」의 기층 서사에는 2010년대에 제작된 다큐멘터리에 등장하는 참전용사들의 구술이 대거 활용되었다. 다큐멘터리의 재료가 된 것은 2000년을 전후하여 출간된 기층 간부들의 회고록, 각군 단위에서 출간한 사화(史話)나 보고서 들로서, 이들 역시 기층 서사의 중요한 자료이다. 일례로 63군 188사 563단 단장으로 철원 전투를 지휘했던 마자오민(馬兆民)은 2000년대가 되어서야 수십년간 간직해온 자신의 전장일기를 기반으로 회고록을 집필하기 시작했다. 그리고 다시 10년 간 원고를 퇴고하여 94세가 되던 2013년에 회고록 『초연일사: 지원군 563단 항미원조실록』을 출간했다.[56] 2020년 「압록강을 건너」가 만들어질 수 있었던 배경에는 이처럼 지난 10여년 소리 없이 모여든 기층 서사들의 축적이 있었다.

물론, 「압록강을 건너」를 이끄는 것은 역시 상층 서사이다. 전체적으로 「압록강을 건너」는 2010년 시 진핑이 항미원조전쟁 60주년 기념담화를 통해 틀을 잡고 2020년의 70주년 담화에서 완성된 공적 서사의 가이드라인을 충실하게 화면에 구현했다. 그러나 공적 서사만으로 40부작의 내용을 채우는 것은 불가능하다. 수뇌부의 상층 서사, 지원군의 기층 서사, 그리고 개인들의 허구적 서사라는 세 층위가 한데 어우러짐으로써 비로소 웅장한 대하드라마가 연주될 수 있는 것이다. 관건은 상층 서사와 기층 서사의 관계이다. 전장에서 싸운 병사들의 서사가 상층 서사의 주선

---

56 馬兆民 『硝烟轶事: 志願軍五六三团抗美援朝纪实』, 北京: 解放軍文艺出版社 2013.

율을 따라가는 과정에서 남기는 미세한 불협의 울림, 간혹 예기치 않게 노출되는 부조화와 낙차를 감지하고 그 의미를 궁구하는 것이 이 장에서 할 일이다.

장진호의 악전, 상감령의 혈전

「압록강을 건너」가 시 진핑 시대에 확립된 항미원조 서사와 긴밀한 호응관계를 이루고 있다는 사실은 아래 70주년 기념담화의 아래 구절에 비춰보면 한눈에 나타난다.

> "이러한 극도의 비대칭, 극도의 고난의 상황에서, 중국인민지원군은 조선 군민과 긴밀히 공조하여 양수동의 초전, 운산성의 격전, 청천강의 총력전, 장진호의 악전 등 연속 다섯차례에 걸친 전역을 수행하였습니다. 그후 철옹성 같은 종심방어진지를 구축한 후에도 여러차례의 공세를 실시하여 '교살전'을 분쇄하고 '세균전'을 저지하였으며 상감령의 혈전을 거쳐 위대하고 장엄한 전쟁 위업을 창조하였습니다."(70주년 담화)

사실상 여기에 항미원조전쟁의 서사 지침이 응축되어 있다. 10년 전 60주년 담화에서 "양수동의 초전, 운산성의 격전, 청천강의 총력전, 장진호의 악전"이 명시되었다면, 70주년 담화에서 "상감령의 혈전"이 추가되었다. "양수동의 초전, 운산성의 격전"은 1차전역, "청천강의 총력전, 장진호의 악전"은 2차전역의 서부전선과 동부전선을 가리킨다. 항미원조전쟁을 전반부의 기동전

(1950.10~1951.6)과 후반부의 진지전(1951.6~1953.7) 두 시기로 나눌 때, 이들은 기동전 시기에 해당한다. "상감령의 혈전"은 진지전 국면의 대표적 전장이다. "장진호의 악전"과 "상감령의 혈전"을 강조하는 것은 시 진핑 시대 항미원조 서사의 주요한 특징이다. 이를테면 2010년의 「마오 안잉」이나 2016년의 「펑 더화이 원수」는 양수동과 운산성, 청천강 전투에 주력한 반면 장진호나 상감령은 간단하게만 짚고 넘어갔었다. 그런데 「압록강을 건너」는 장진호 전투[57]를 17~19부에 걸쳐, 상감령 전역을 36~39부에 걸쳐 매우 비중있게 다루었던 것이다.

위의 담화에서 눈여겨볼 두번째 지점은 "철옹성 같은 종심 방어 진지를 구축"했다고 하여 항미원조전쟁 중 지하 갱도전을 명시했다는 것이다. 5차전역이 끝나고 1951년 여름부터 지원군은 미군의 폭격으로부터 자신을 보호하기 위해 지하갱도를 파기 시작한다. 근 1년간의 작업을 거쳐, 1952년 5월말에 제1방어지대의 갱도 공사가 기본적으로 완성된다.[58] 「펑 더화이 원수」에서 아주 짧게 다뤘던 이 내용을 「압록강을 건너」는 33~34부에 걸쳐 상세하게 보여주었다.

마지막으로, '교살전'과 함께 '세균전'을 공식적으로 못 박은 점에 주목하자. 교살전은 1951년 8월에서 1952년 6월에 이르기까지 미군이 지원군의 보급선을 끊기 위해 북중 국경지역에서 38선

---

57 통상 장진호 전투라 부르는 것은 2차전역 동부전선 전체를 의미한다. 중국에서는 주로 '전투'보다 더 큰 개념으로 '장진호 전역'이라고 부른다.

58 軍事科學院軍事圖書館 編 『中國人民解放軍全史』 第6卷, 153~55면.

에 이르는 철도, 교량, 도로 등을 집중적으로 파괴한 것을 말한다. 내용 자체는 새로운 것이 아니지만, '교살전'이라는 이름으로 공식화한 것이 눈에 띈다. 중요한 것은 세균전이다. 세균전이 60주년 담화에 이어 70주년의 담화에도 명시되었다는 것은 중국이 이제 이 문제를 공식화하겠다는 뜻으로 읽힌다. 「압록강을 건너」 제35부는 지원군이 미국의 세균전에 대항하여 대대적인 방역사업을 전개하는 과정을 담았다.

이 중에서도 「압록강을 건너」는 장진호와 상감령의 전장을 보여주는 데 많은 공을 들였다. 총 40회 중 7회분의 분량을 여기에 할애한 것에서 이 작품이 두 전장을 어느 정도 중시했는지 알 수 있다. 장진호와 상감령의 중요한 공통점은 지원군이 미군과 정면으로 격돌한 전장이라는 것이다. 사실 기동전 단계에서 지원군이 미군으로만 구성된 부대와 싸운 경우는 그리 많지 않았다. 지휘는 미군이 하더라도 실제 작전부대에는 국군 및 연합국 군대가 섞여 있는 경우가 대부분이었다. 특히 지원군은 상대의 약한 고리인 국군 부대를 집중 공격함으로써 적진에 침투해 적을 분할, 포위하는 전술로 효과를 보았다. 그런데 2차전역 중 장진호 지구에서 지원군 9병단이 상대했던 것은 바로 인천상륙작전을 성공적으로 완수했던 미 해병 1사단과 7보병사단으로 구성된 미 10군단이었다. 국군 1군단도 여기 속해 있었지만 이들은 동쪽 해안선을 타고 북진했기 때문에 지원군과 마주치지 않았다.

상감령 전역도 유사하다. '쇼다운 작전'은 밴 플리트 미 8군 사령관이 직접 수립하고 지휘한 것이었다. 2019년 CCTV가 제작한 10부작 다큐멘터리 「상감령: 가장 긴 43일」(이하 「상감령 43일」)에는 당시 상감령 전투에 참전했던 15군 44사 130단 3영 9연 반장 장 시닝(章熙寧)의 인터뷰가 나온다. 그는 자신이 한반도에 들어온 이후 중대 단위까지 미군으로만 구성된 부대와 싸워본 것은 상감령이 처음이었다고 회고했다.(2부) 장 시닝이 속했던 15군은 제3병단 예하로 4차전역이 끝나가던 1951년 4월 2차로 전장에 투입된 부대였다. 상감령 공격의 전면을 맡았던 미군은 장진호에서 혹독한 시련을 겪었던 7사단이었다. 결국, 200명 미만의 사상자를 낼 것이라던 밴 플리트의 예상과 달리 미 7사단은 2천명의 사상자를 내고도 목표했던 598고지를 탈취하지 못했다. 그리고 10월 25일부로 국군 2사단이 작전지역을 인계받는다. 사실 국군 2사단은 쇼다운 작전 초기부터 공격에 가담했었다. 미 7사단이 598고지 전면을, 국군 2사단이 오른쪽 측면을 맡았던 것이다.[59] 따라서 장 시닝의 기억이 실제 전장의 상황과 완전히 부합하는 것은 아닌 듯하다. 개인의 경험은 전장의 일부만을 담을 수 있을 것이다. 그러나 상감령 전투가 교착된 전세의 흐름을 바꿔보려는 밴 플리트의 야심찬 기획으로 시작된 것은 사실이다. 이 노병의 뇌리에 상감령 전투가 미국과 정면으로 싸운 첫 전장으로 깊이 각인되었던 것은 그 때문일 것이다.

장진호와 상감령은 시 진핑 시대 새롭게 소환된 전장이라는 공

---

59 국방부 군사편찬연구소 『6·25전쟁사10: 휴전회담 고착과 고지쟁탈전 격화』, 2012, 440~41면; Peter R. Johnston, "Attack on Triangle Hill," *Military History*, 2006 Jan/Feb, 55~60면.

통점을 지니지만, 양자에는 미묘한 차이가 있다. 상감령이 혁명시대 항미원조전쟁의 상징으로 사람들의 마음속에 각인되었다가 개혁개방과 함께 잊혀진 것이라면, 장진호는 종래의 항미원조전쟁의 서사에서 크게 강조되지 않았던 전장이었다. 최근 10여년 「빙혈 장진호」(2011), 「장진호 혈전」(2013), 「국가기억: 빙호혈전」(2020), 「뜨거운 눈: 위대한 항미원조」(2021) 같은 다큐멘터리에서 장진호 전투를 조명하기 시작하더니, 급기야 2021년과 2022년 역대급 블록버스터 「장진호」와 「장진호의 수문교」가 연달아 제작되었다. 여기에는 2010년을 전후하여 장진호 전투에 참전했던 미군 노병의 기록들이 출판되기 시작한 상황이 작용하지 않았을까 싶다.[60] 장진호에서 살아남은 소수의 병사 '초신 퓨(Chosin Few)'의 이야기들이 서사화되고 또 이들을 죽음의 계곡에서 탈출시킨 올리버 스미스 미 해병1사단장을 위대한 지휘관으로 추앙하는 분위기가 형성되면서, 중국도 이에 대항하는 서사가 필요했을 것이다. 이제까지 중국의 드라마나 영화에 나오는 장진호 전투 장면은 눈밭에서 매복하다 동사한 '빙조련'이나 폭약을 안고 적진에 뛰어든 양 건쓰를 숏컷으로 처리하고 넘어가는 형식이었다. 반면 「압록강을 건너」는 장진호 남쪽 하갈우리의 길목을 지켰던 20군 58사 172단 3연 양 건쓰의 이야기를 완정된 서사로 그려보였다.

한편, 상감령은 1950~60년대를 살았던 중국인이라면 모르는

---

60 햄프턴 사이즈 『데스퍼레이트 그라운드』, 박희성 옮김, 플래닛미디어 2021, 427~30면.

이가 없었던 전장이다. 그러나 또한 오랫동안 잊혀진 이름이기도 했다. 이 책 서두에서 소개한 피아니스트 랑랑의 일화가 말해주듯, 미중 데탕트 이후에 태어나 미중 밀월기에 청소년기를 보낸 세대에게 상감령은 조부모들이 읊는 옛날이야기에 불과했다. 그랬던 것이 2020년 시 진핑의 담화에 "상감령의 혈전"으로 다시 돌아온 것이다. 생각해보면, 전장의 구체적 이름을 거명하기 시작한 60주년 담화에 정작 제일 중요한 상감령을 유보했다가 70주년 담화에 비로소 포함한 이유는 상감령이라는 이름에 담긴 미국과의 결사항전의 상징성이 너무 강했기 때문 아닐까. 「압록강을 건너」는 오랜 세월 속에 흐릿해진 결사항전의 기억을 되살려냈다. "내 관을 상감령에 준비하라!" 상감령 전역을 총지휘했던 15군장 친 지웨이(秦基偉)의 이 말은 당시의 비장했던 분위기를 압축적으로 전달한다. "상감령의 혈전"을 중국이 다시 꺼내 들었다는 것은 현재의 미중 대결구도를 바라보는 중국의 태세가 예사롭지 않음을 말해준다.

애환의 지하장성

미국과의 결사항전으로서 상감령 전장의 모습을 「압록강을 건너」는 여러 각도에서 재연했다. 그중 지하땅굴, 즉 갱도의 모습을 상세하게 보여주었다는 점은 주목을 요한다. 이 대목에서 「압록강을 건너」는 2012년의 다큐멘터리 「상감령 43일」과 서로 보완을 이룬다. 다큐멘터리에서 자세하게 알려진 갱도전의 내막이 드라마에서 서사화된 것이다. 5차전역이 끝나고 38선 부근에서 대치

상태에 들어선 1951년 여름, 지원군은 전선을 따라 갱도 파기 공사에 들어갔다. 「압록강을 건너」와 「상감령 43일」에서 갱도전은 2차로 파병된 3병단의 사령관이자 지원군 총부사령관이었던 천 경(陳賡)이 기층에서 올라온 보고서를 검토하던 중 옌 즈강(閻志剛)의 부대가 고안한 고양이 귓구멍 모양의 방포 동굴(일명 '묘이동猫耳洞')에서 착안한 것으로 그려진다. 묘이동이 미군의 폭격과 포격으로부터 아군의 사망률을 줄였다는 보고가 올라왔던 것이다. 갱도전은 「펑 더화이 원수」에서도 아주 잠깐 등장한 바 있다. 여기서는 기층의 경험은 전혀 언급하지 않았다. 펑 더화이의 옛 전우이자 뛰어난 지략가인 천 경이 항일전쟁 중의 '지하도전(地道戰)'의 경험을 바탕으로 갱도전을 고안하는 것으로 나왔을 뿐이다.

다큐멘터리 「상감령 43일」과 더불어 드라마 「압록강을 건너」 33부와 34부는 천 경의 주도로 갱도전의 매뉴얼이 만들어지고 그것이 전군에 확산되는 과정을 상세하게 보여준다. 먼저, 묘이동 2기(基)를 연결하여 말발굽 모양의 U자형 갱도를 산지 경사면에 파는 시범공사를 시행하고, 이후 시행착오를 거쳐 매뉴얼을 확립한다. 갱도는 지표면 30미터 이하에서 파야 하고 방호의 깊이는 10~15미터가 되어야 하며, 폭 1.2미터에 최소 2개 이상의 출구가 있어야 한다는 것 등이다. 모양도 지형과 현지 사정에 따라 U자형, Y자형, H자형, 닭발형 등으로 다양했다. 그런데 단단한 화강석이 많은 북한 산지에 땅굴을 파는 일이 여간 고되지 않았다. 공사 중 영양실조와 야맹증에 걸리는 병사들이 속출했다. 이에 새로 고안한 것이 미군이 투하한 폭탄의 탄피와 불발탄을 개조하여 다이너마이트 대용으로 사용하는 것이었다. 「압록강을 건너」 34부에는 천 경과 사령부 지휘관들이 시범 갱도를 시찰하는 장면이 나온다. 갱도 안에는 탄약창고, 식량창고, 취사실, 화장실까지 있다. 겨우내 쉬지 않고 전군을 동원하여 공사에 매진한 끝에, 1952년 가을 임진강에서 고성까지 250킬로미터의 방어선에 지원군이 판 7,789개, 인민군이 판 1,730개의 갱도가 완성된다. 갱도의 총 거리를 합하면 지구 한바퀴 반을 돌 정도라는 설명에 평 더화이는 그것을 "기적"의 "지하장성"이라 부른다. 「상감령 43일」은 43일간 지원군의 생명을 지켜준 것은 근 1년 동안 파놓은 갱도였으며, 갱도는 미군 폭격이 만든 발명품이라고 말했다.

이처럼 「압록강을 건너」와 「상감령 43일」에서 갱도는 상감령 전투의 승리라는 쾌거를 가져온 비장의 무기로 부각되었지만, 이러한 상층 서사의 허리를 지탱하는 기층 서사는 어딘가 다른 정서를 은근히 내비친다. 지원군에게 상감령은 결코 운산성이나 청천강 전투 같은 통쾌한 승리가 아니었다. "가장 긴 43일"이라는 다큐멘터리의 부제가 암시하듯, 지원군에게 갱도에서 버틴 43일은 인간의 한계를 시험하는 시련과 인고의 시간이었다. 「상감령 43일」은 지원군에게 상감령 전투는 시간의 싸움이었다고 말한다. 지형을 모르고 담당 부대가 자주 바뀌었던 탓에 연합군의 화력은 강할지언정 사실상 무작위 포격이었으므로 오래 버티는 쪽이 이기는 상황이었다는 것이다(6부). 그런데 이 말은 지원군이 절대적 열세였음을 반증한다. 상감령 전역 기간 중 3.7제곱미터에 불과한

두 고지에 연합군은 대포 324대와 탱크 181대, 전투기 100대를 동원했다.[61] 갱도는 지원군에게 그것을 버티는 시간을 제공해주었을 뿐이다.

목표 달성의 관점에서 보면 상감령 전투는 미국의 패배였다. 미 7사단과 국군 2사단 거의 전 부대를 투입하고도 목표했던 598고 지를 확보하지 못했기 때문이다.[62] 그러나 사상자의 측면에서 보면 어떨까. 얼마 전 중국 인민해방군의 한 매체는 상감령 전역에서 발생한 사망자를 11,520명으로 발표했다. 한국 국방부 자료에서 추산한 수치가 사살 3,772명, 추정사살 11,023명이니 조금 적지만 대체로 유사하다.[63] 「상감령 43일」에 따르면, 상감령에 투입된 지원군은 15군의 45사와 29사, 12군의 31사와 34사, 그리고 공병대, 운반부대를 합쳐 4만 3천여명이었다. 30%에 가까운 인원이 사망한 것이다. 더구나 전체 사망자의 14%를 넘는 1,700명의 사망자가 갱도에 식량과 탄약을 보급하는 운반부대에서 나왔다는 말은 갱도전이 지원군에게 얼마나 엄혹했는지를 말해준다.

특히 15군의 피해가 극심했다. 「상감령 43일」은 15군에서만 사망자 수가 1만명에 근접했다고 말했다. 통상 한개의 군은 30,000~35,000명으로 구성된다. 상감령에 투입될 당시 15군이 얼마나 남아 있었는지 알 수 없지만, 최소 1개군의 3분의 1이 하나의 전장에서 전사하는 일이 발생한 것이다. 그중 45사는 연 전체

---

61 徐平 「上甘嶺戰役爲甚麼这麼么出名?」, 『中國軍網』 2019.6.17.
62 국방부 군사편찬연구소 『6·25전쟁사10』 444면.
63 徐平, 앞의 글: 국방부 군사편찬연구소, 앞의 책 444면.

가 전사하여 재편성한 것이 16개에 달했고, 연장급 65%, 배장급 95%, 반장급 100%가 사망한 것으로 전해졌다(6부). 대개 연장은 120명, 배장 30명, 반장이 10명을 지휘한다. 15군의 45사는 기층 간부가 전멸했다고 봐도 과언이 아닌 것이다. 45사의 비참하고 비장한 모습은 「압록강을 건너」 38부에 인상 깊게 그려졌다. 45사 작전과장 쑹 신안(宋新安)이 군장 친 지웨이에게 전황을 보고하면서 반 전체, 배 전체가 한명도 남지 않고 전사했다며 울먹인다. 친 지웨이는 45사 사장(師長) 추이 젠궁(崔建功)에게 마지막 한명이 남더라도 고지를 탈환해야 한다고 다그친다.

"나한테 하소연하지 마라. 상부의 명령은 어떤 댓가를 치러서라도 상감령을 사수하라는 거다."

"군장님, 걱정 마십시오. 싸우다 죽어 한개의 단(團)만 남으면 이 추이 젠궁이 단장이 되고, 한개 연만 남으면 제가 곧 연장이며, 한개 반만 남으면 제가 곧 반장입니다. 이 추이 젠궁이 살아 있는 한 고지는 우리의 것입니다."(「압록강을 건너」 38부)

상감령에서 이름을 알린 '열사'가 유독 45사에서 많이 나온 것은 우연이 아니었다. 게다가 그 대부분은 배장이나 반장급의 최하층 간부였고 심지어 통신병도 있었다. 포탄에 맞아 두 다리가 잘려나간 상태에서도 적의 기관총을 빼앗아 80명을 더 사살했다고 알려진 쑨 잔위안은 15군 45사 소속의 배장이었고, 적의 토치카의 총안을 가슴으로 막아 전우들이 능선을 탈환할 수 있도록 도왔던 황 지광은 45사의 통신병이었다. 폭격으로 끊어진 전화선을 총상 입은 손과 입으로 3분간 연결하고 숨이 끊어졌던 뉴 바오차이(牛保才) 역시 45사의 통신병이었다. 「압록강을 건너」는 마치 열사들의 '만인보'처럼 이들의 전사 장면을 하나하나 장엄하게 클로즈업했다. 이외에도, 비록 극중 허구 인물이긴 하지만 운반병 마 진후가 갱도에 사과 한알을 넣기 위해 목숨을 잃는 장면 역시 전거가 없지 않다. 실제로 친 지웨이는 갱도에 사과 한알을 넣으면 이등공을 부여한다고 공언했다. 영화 「상감령」에는 부상과 허기로 탈진한 갱도 안 병사 수십명이 들것부대가 목숨을 걸고 넣어준 사과 두알을 소중하게 나눠 먹는 장면이 나온다.

항미원조전쟁의 여러 전투 중에서도 상감령에 대한 중국인들의 정서적 기투는 비상했다. 상감령을 소재로 하는 영화나 작품, 노래들은 오랜 세월 정치적·이념적 기상의 변화에도 불구하고 지금까지도 많은 사람들에게 사랑받는 정전으로 남아 있다. 만약 상감령이 단순히 '승리'한 전투였다면 그렇게까지 사람들의 심금을 울리지 못했을 것이다. 영화 「상감령」을 보면, 주제가 「나의 조국」을 합창하는 장면 뒤로 고향의 아름다운 산천에 이어 댐과 항구, 공장이 건설되는 발전한 조국의 모습이 그려진다. 상감령에서 병사들이 치른 희생이 조국의 현대화로 돌아온다는 의미이다. 이 장면이 자아내는 정서는 국력에서 상대 되지 않는 미국과의 싸움에서 오직 강인한 의지와 믿음으로 버티었던 힘없고 가난한 조국에 대한 애환이다. 골리앗과 싸우는 다윗의 모습에 비견될 만한 어린 지원군 병사들의 희생을 바라보는 애틋한 감정이 바로 전선과 본국의 수백, 수천 킬로미터를 연결하는 전인민적 유대를 형성했던 것이다.

여기에는 조국인민조선방문위문단을 비롯하여 전장에 파견된 종군기자와 작가들의 역할도 지대했다. 항미원조전쟁 중 중국인민항미원조총회는 세차례에 걸쳐 대규모 위문단을 파견했는데, 그중 제2차 위문단이 상감령의 전장을 방문했다. 전국 각민족대표, 민주당파, 인민단체 대표, 혁명열사 가족 등으로 구성된 1,097명의 제2차 위문단은 9개의 조로 나누어 전선 각지에 파견되었는데, 그중 3분단은 도착한 날 황 지광의 희생 소식을 듣는다. 수차례 총탄을 맞고 기절하고도 기적처럼 다시 일어나 적의 토치카를 향해 "화살처럼 몸을 내던졌던"[64] 황 지광의 모습을 그린 통신문이 속속 국내로 전해졌다. 「우리는 상감령에 도착했다」「마트로소프식[65] 영웅 황 지광」「황 지광 열사의 모친이 마오주석과 지원군에게 보내는 편지」 같은 기사가 『런민르바오』 지면을 통해 전국의 인민에게 읽혔던 것이다.[66] 드라마 「압록강을 건너」는 오래전 중국인의 마음 깊은 곳을 울렸던 애환과 비탄의 정서를 되살리는 데 많은 노력을 기울였다.

그런데 장면이 중난하이로 옮겨지면 이런 정서의 흐름에 어딘가 위화감이 생긴다. 「압록강을 건너」 39부에는 저우 언라이가 마

---

64 王玉章 「馬特洛索夫式的英雄黃繼光」, 『人民日報』 1952.12.21.
65 마트로소프는 2차대전 중 독일 중기관총을 몸으로 막아 전사한 소련 병사 알렉산더 마트로소프(Alexander Matrosov)를 말한다.
66 朱丹南, 「我们到了上甘嶺」, 『人民日報』 1952.12.7; 「黃繼光烈士的母親寫信給毛主席和志願軍」, 『人民日報』 1953.1.16.

오 쩌둥과 펑 더화이에게 전국에서 위문기금 5조 위안이 걷혔다고 보고하는 장면이 나온다. 3,710대의 전투기를 구매할 수 있는 금액이라는 말에 고무된 마오 쩌둥이 이렇게 말한다.

"작디작은 상감령이 전국 인민의 마음을 움직였군. 친 지웨이에게 전보를 치게, 전국의 인민이 그들과 함께 상감령을 지키고 있다고."(「압록강을 건너」 39부)

마오의 이 말은 그 자체로는 틀린 것이 아니다. 상감령을 다룬 많은 작품들이 그리고자 했던 것도 "전국의 인민들이 함께 상감령을 지킨다"는 감정이었다. 「단원」에서 바진이 "나의 마음이 단단하게 조국과 연결되어 있다"고 표현했던 것 역시 같은 의미였다. '조국이 나와 연결되어 있다'는 감각은 바진의 소설 여러곳에서 등장한다. 그것은 갱도 안에서 혹독한 시련의 시간을 버티는 지원군이 초인 같은 힘을 발휘하게 했던 거대한 정서적 지지대였다. 그러나 반 전체, 배 전체가 한명도 남지 않았다며 기층 간부가 울먹이고 갱도에 사과 한알을 넣기 위해 병사들이 목숨을 잃는 장면들과 위의 중난하이의 장면 사이에는 분명 건너기 힘든 감정의 낙차가 있다. "전국의 인민이 함께 상감령을 지킨다"는 마오의 말은 상감령에 부착된 말로 표현하기 힘든 기층 정서를 국가의 언어로 전유한 것이다. 수많은 이름 없는 병사들의 목숨이 초개처럼 쓰러지는 전장이 중난하이의 언어로 총결되었을 때, 거기에는 회수되지 않는 정서의 잔여가 있다. 그 낙차는 상감령 전역의 성과를 정리하는 마오의 다음 발언에서 확연하다.

> "모두에게 좋은 소식을 전하겠소. 우리 지원군이 또 승전을 했답니다.(좌중 박수) 극악무도한 미 제국주의는 빨간 눈을 한 도적떼 같소. 그들이 한판 붙자면 붙는 거요. 싸울수록 좌절만 할 테니까. 상감령은 바로 저들의 패전의 고개요. 4제곱킬로미터밖에 되지 않는 상감령 작은 땅에 한달 동안 미군은 2만명을 잃었소. 사기도 떨어지고 싸울 힘도 잃었지요. 반면 우리 지원군은 이제 기동전뿐 아니라 진지전도 할 수 있게 되었습니다. 산허리에 수많은 갱도를 파둔 창의력 덕에, 나가면 싸우고 물러서면 지킵니다. 예전에 우리 전사들이 단층집에 살았다면, 종횡으로 연결된 갱도는 바로 그들의 베이징호텔입니다.(좌중 웃음과 박수) 미군들이 표면 진지를 점거하면 우리 전사들은 갱도 속에서 버팁니다. 우리 전사들이 갱도에서 언제 튀어나올까 걱정하느라 미군들은 제대로 먹지고 자지도 못하죠. 왜구와 싸울 땐 지하도를 발명했고 미제와 싸울 땐 갱도를 고안했소. 지하도와 갱도 모두 **정의의 길(道)이자 승리의 길**입니다.(좌중 박수) 한달 동안 미군은 상감령에 포탄 백만발을 퍼부었습니다. 전세계의 이목이 집중된 이 승부의 결과는 어땠습니까? 우리 지원군이 상감령에서 결국 승리했습니다. 미군이 내걸었던 협상 조건을 스스로 수정할 수밖에 없게 했지요."(「압록강을 건너」 39부, 강조는 인용자)

죽음의 행렬이 연일 이어지는 전선과 웃음과 박수로 축포를 울리는 중난하이 사이에는 의미상으로는 연결될지언정 정서적으로 건너기 힘든 단절이 있다. "종횡으로 연결된 갱도가" 지원군의 "베이징호텔"이라며 호쾌하게 웃는 마오의 언어는 컴컴한 갱도를 지키기 위해 무참하게 죽어간 희생과 너무나 큰 간극을 보이는 것이다. 갱도가 "정의의 길이자 승리의 길"이라는 드라마 속 마오의 발언은 '정의의 전쟁'이라는 시 진핑 시대 항미원조 서사의 가이드라인을 암시한다. 공간사인『중국인민해방군전사(中國人民解放軍全史)』는 상감령 전역이 승리한 원인의 하나로 강력한 정치사상을 들었다. 고생과 죽음을 불사하는 강인한 의지력으로 병사들 하나하나가 불가능한 임무를 완성했고 그 결과 황 지광과 쑨 잔위안을 비롯한 50여명의 영웅들이 솟아나왔다는 것이다.[67] '영웅'의 대다수는 목숨을 헌납한 '열사'들이다. 마오가 말한 "정의의 길이자 승리의 길"은 바로 43일간 50여명의 '영웅'을 비롯하여 4만여명이 목숨을 잃는 여정이기도 했다. 이처럼「압록강을 건너」는 국가의 언어로 총결했을 때 덩그러니 남는 정서적 잔여의 존재를 의도치 않게 일순 가시화했던 것이다.

국민당 기의부대의 한강 방어전

「압록강을 건너」에서 주목할 또 하나의 대목은 기존 항미원조 전쟁 서사에서 주변화되었던 4차전역과 5차전역이 비중있게 다뤄진 것이다. 이 두 전역이 그동안 잘 알려지지 않았던 이유는, 간단히 말해 지원군의 수세였기 때문이다. 1951년 1월 25일에 시작

67『中國人民解放軍全史』第6券, 180면.

하여 6월 10일까지 지속된 4~5차 전역에서 지원군은 전체 한국전쟁 중 가장 큰 위기 상황에 내몰렸다. 그것은 지원군사령부가 예측했던 것이기도 했다. 38선을 넘어 서울로 진격하라는 베이징의 명령을 받고 펑 더화이가 깊은 고뇌에 빠졌던 것은 바로 그 이후에 닥쳐올 위기를 예감했기 때문이었다. 아니나 다를까 연합군의 반격으로 시작된 4차전역에서 지원군은 곧바로 수세에 빠졌다. 그리고 그에 대한 재반격이었던 5차전역에서 지원군은 더 큰 위기를 맞게 된다.

물론 4~5차 전역에서 지원군의 승전이 없었던 것은 아니었다. 4차전역 중 횡성반격전, 5차전역 중 사창리와 현리 전투에서 지원군은 국군을 상대로 큰 승리를 거두었다. 4~5차 전역에서 지원군의 전술은 미군의 주력부대를 서부전선에 묶어두고 자신의 주력을 동부전선으로 은밀히 이동시킨 다음 약체인 국군을 공격하는 것이었다. 백선엽은 이 시기 동부전선에서 국군이 중공군에 당한 치욕스런 패배를 상세하게 기술했다. 강원도 횡성에서 국군 7사단, 화천 사창리에서 국군 6사단이 중공군에 의해 무너졌고, 인제의 현리에서 국군 5, 7사단과 3군단은 제대로 싸워보지도 못한 채 와해되었다. 특히, 현리 전투에 대해 백선엽은 한국전쟁사에서 대한민국 군대가 치른 가장 기록적인 참패였다고 말했다. 3군단은 싸우면서 후퇴하라는 밴 플리트 사령관의 명령을 따르지 않았고, 현리 전투 후 밴 플리트는 국군 3군단을 해체해버렸다.[68]

---

68 백선엽, 앞의 책 3권 306~50면.

그런데 「압록강을 건너」는 이러한 승전을 크게 조명하지 않았다. 사령부 내부의 대화와 내레이션으로 처리했을 뿐이다. 국군과의 교전 장면을 생략하는 것이 최근 중국 드라마나 영화의 경향이기도 하지만, 흥미롭게도 「압록강을 건너」는 승전보다는 지평리와 화천에서의 패전, 그리고 다분히 논쟁적인 한강 방어전과 철원 저지전을 중심으로 이야기를 풀어갔다. 이들은 모두 종래의 항미원조 서사에서는 거의 주목받지 않았던 전투이다. 혁명적 낙관주의를 중요한 원칙으로 삼았던 혁명시대는 물론이고 2000년대 이후의 작품에도 4~5차 전역은 회피되었다. 당연히 시 진핑 담화의 가이드라인에서도 비껴나 있다. 이처럼 항미원조전쟁에서 서사화하기 껄끄러운 지점을 「압록강을 건너」는 무려 24부에서 30부에 걸쳐 자세하게 그려냈다.

드라마에서 가장 무게를 두었던 것은 4차전역 중 50군의 한강 방어전과 5차전역 중 63군의 철원 저지전이다. 두 전투는 지원군 전체가 큰 위기에 내몰렸을 때 주력부대의 후퇴를 위해 특정 부대를 희생시켰다는 공통점을 지닌다. 1~3차의 연속된 공세에서 체력을 소진한 지원군은, 원래 3차전역이 종결된 1월 8일 이후 2개월간의 휴식과 재정비를 거쳐 3월에 공세를 재개할 예정이었다.[69] 그러나 1월 25일 연합군의 반격이 시작되면서 지원군은 준비되지 않은 상태에서 새 전역에 임하게 된다. 펑 더화이가 택한 전술은 동부전선으로 주력군을 보내고 그들이 적을 북쪽으

---

69 『中國人民解放軍全史』 第6券, 66면.

로 깊이 유인할 수 있도록 서부전선에서 시간을 벌어주는 것이었다. 즉, 중공군이 서울 방어에 집중할 것으로 예상했던 리지웨이의 허를 찔러, 강원도 횡성에 배치되었던 국군 7사단을 타깃으로 삼았던 것이다. 이 작전의 문제점은 서부전선에서 버티는 부대의 막대한 희생을 요구한다는 것이었다. 펑 더화이는 그 임무를 50군에게 맡겼다. 50군이 한강 이남의 수리산, 광교산, 문형산의 최전선을 맡고 38군과 인민군 1군단이 이들을 보조하는 배치였다. 「압록강을 건너」는 50군의 한강 방어전의 처참했던 상황을 생생하게 그렸다.

50군이 문제적인 이유는 이들이 국민당에서 전향한 기의부대(起義部隊)였다는 것이다. 이들은 원래 국민군 60군이었다. 군장 쩡 쩌성(曾澤生)은 1948년 3월 인민해방군에 의해 봉쇄된 창춘(長春)을 3개월 이상 수성하다 결국 부대를 이끌고 해방군에 투항했다. 그리고 1949년 1월 중국인민해방군 50군에 편입되었던 것이다. 펑 더화이는 쩡 쩌성에게 지원군의 주력이 동부전선에서 작전을 수행하는 열흘 동안 한강 이남을 방어할 것을 명령한다. 이들의 상대는 미 3사단, 24사단, 25사단, 제1기병사단을 위시한 제1군단과 9군단이었다. 「압록강을 건너」 24부에는 한강 이남에서 50군의 1, 2차 방어선이 무너지고 마지막 방어선마저 위태로운 상황이 적나라하게 그려졌다. 열흘이 훌쩍 넘어간 가운데 방어전 중 50군의 사상자는 절반이 넘었고 그중 5개 연, 28개의 배, 118개의 반이 전멸하여 단급으로 부대를 재편성해야 하는 상황에 이른다. 50군이 곧 전멸할 것이라는 부사관에게 군장 쩡 쩌성은 이렇게 말한다.

"철수 명령이 없는 한 최후의 한명이 남을 때까지 싸운다. 50군이
존재하지 않게 되어도 할 수 없다. 조국은 우리를 잊지 않을 것이다.
단장이 전사하면 사장이 나서고, 사장이 전사하면 내가 나선다."(「압
록강을 건너」 24부)

동부전선에서 작전이 끝난 후에도 50군은 서부전선의 본대와
부상병이 모두 한강 이북으로 철수할 때까지 한강 이남에 남아
방어했다. 관련한 내막은 2015년 평황TV에서 제작한 다큐멘터
리 「혈전갱생: 50군조선전기(血戰重生: 五十軍朝鮮戰記)」에서 상세
하게 소개되었다. 국민당 기의부대인 50군의 항미원조전쟁 참전
기가 참전용사의 구술을 통해 세상에 알려진 것은 「혈전갱생」이
처음이었을 것이다. 여기에는 전 부대에 철수 명령이 내려졌을
때, 홀로 "진지와 함께 생사를 같이하라"는 지시를 받았던 50군
149사 447단의 이야기가 소개되었다. 447단이 사수해야 했던 곳
은 수원의 광교산 옆 백운산, 서울로 향하는 도로의 감제고지였
다. 447단은 백운산에서 11일을 버티며 본대가 37도선 이북으로
후퇴할 수 있도록 미군의 진격을 최대한 지연시켰다. 50군이 한
강 이남과 이북에서 방어했던 전체 기간은 50일이었다.

이 대목은 문제적이다. 본대를 지키기 위해 추격하는 미군을
몸으로 막는 역할을 국민군 출신의 부대에 맡겼던 것 아닌가.
50군의 이야기가 오랫동안 알려지지 않은 데에는 이같은 민감성

이 작용했을 것이다. 그런데 「압록강을 건너」는 이 대목을 정면으로 다루었다. 부대가 거의 전멸해가는 시점에서 펑 더화이가 쩡 쩌성의 지휘부를 찾아온다. 사상자의 수를 묻는 펑 더화이에게 쩡 쩌성은 머뭇거리며 생존자의 수만 보고받고 있다고 답한다. 쩡 쩌성으로부터 생존자 수가 적힌 종이를 받아든 펑 더화이가 울음을 터뜨린다.

"펑 사령관, 한강 전투에서 우리는 마침내 형제부대 앞에서 고개를 들게 되었습니다."

"자네들이 기의부대라서 고개를 숙일 이유는 없다. 혁명 앞에 전군은 모두 평등하니까. 아니라면 내가 왜 전군의 안위를 자네 손에 맡겼겠나. 자네 마음에 그런 응어리가 있을 줄 몰랐다. 이 펑 더화이도 구군(舊軍) 출신이야. 나는 너희를 한번도 배다른 형제로 생각한 적이 없어."(「압록강을 건너」 25부)

50군이 한강에서 고전했던 데에는 동부전선에서의 패배도 일조했다. 횡성전투에서 국군 7사단을 상대로 대승을 거둔 덩 화의 동부전선 사령부는 양평군의 지평리 전투에서 프랑스 대대에 의해 불의의 일격을 당한다. 지평리를 빨리 점령하여 서부전선으로 주력부대를 보내야 한다는 성급함에 판단을 그르쳤던 것이다. 「압록강을 건너」는 지평리 전투의 패배 장면을 상당히 솔직하게 보여주었다. 지평리에는 기껏해야 4개의 대대 병력밖에 없을 것이며 횡성에서 패했으니 곧 지평리를 버리고 도주할 것이라는 사령부의 안일한 판단과 달리, 프랑스 대대는 지평리에서 완강하게 버텼다. 지평리 전투는 한국전쟁 중 연합군이 중공군과의 전투에서 승리한 최초의 전투로 기록되었다.[70] 「압록강을 건너」 25부는 지원군 39, 40, 42, 66군의 8개사가 미군과 프랑스 부대로 구성된 연합군의 화포에 궤멸당하는 장면을 보여준다. 그리고 다음과 같은 내레이션을 덧붙였다.

> 2월 13일 낮과 밤. 지원군 6개단이 공격을 개시했으나 당일 밤에 전투를 종결짓지 못했다. 다음날 미군은 지평리에 증원했다. 그날 밤 지원군은 다시 공격을 시작했다. 비록 적을 2제곱킬로미터가 안 되는 협소한 지역에 몰아넣었지만 여전히 전투를 종결짓지 못했다. 15일. 미 기병1사단 일부가 탱크와 전투기를 대동하고 지평리 서남으로 진입하여 지원군 부대와 격전을 치렀다. 증원된 미군 보병은 격파되었지만, 21여량의 탱크가 지평리에 돌입하여 방어하던 부대와 결합했고, 증원된 남조선군과 영국군 선두부대까지 지평리에 들어왔다.(「압록강을 건너」 25부)

결국 2월 15일 펑 더화이는 지평리의 공격을 중지하고 전군을 북쪽으로 철수시킨다. 한강에서 50군과 38군이 얼마나 버틸지 알 수 없는 상황에서 더는 시간을 끌 수 없었기 때문이다. 이후 지원군이 38선 이북으로 철수할 때까지 한강에서 벌어진 방어전에 대

---

70 「육군 지작사, 한국전쟁의 분수령 '지평리전투 전승기념행사' 개최」, 『파이낸셜뉴스』 2023.2.16.

해서는 앞에서 언급한 바다. 그 이후에도 지원군이 38선 이북으로 완전히 철수하는 4월초까지는 두달 가까운 시간이 더 걸렸다. 「압록강을 건너」는 4차전역의 결과를 다음과 같이 총결했다.

> 4차전역 중 중국인민지원군과 조선인민군은 피동 국면을 주동으로 전환하여 서쪽을 지키고 동쪽을 치는 방침을 채택했다. 견고한 방어로 반격하는 전술, 기동적으로 방어하는 전술들을 민첩하게 구사하는 지원군에 대적하여, 연합군은 매일 평균 900명을 희생하는 댓가를 치르고서야 고작 1.3킬로미터씩밖에 전진할 수 없었다. 지원군은 승리로 방어 임무를 완성했다.(「압록강을 건너」 25부)

여기에서도 공적 서사와 기층 서사 사이의 위화감이 발생한다. 「압록강을 건너」는 "승리로 방어 임무를 완성했다"는 공식 서사를 앞에 내걸면서도, 그것과 어딘가 불화하는 4차전역의 이면을 감추지 않고 드러냈다. 횡성전투를 제외하면, 근 석달에 이르는 4차전역 기간에 지원군은 기본적으로 쫓기는 처지였다. 사령부가 내세웠던 "기동적 방어"란 손실을 최소화하면서 후퇴한다는 말의 다른 표현에 불과했다. 연합군의 추격 속도를 최대한 지연시키면서 2차 파병 부대를 기다리는 것이 최선의 길이었다. 그 길을 지키기 위해 50군은 후퇴하는 지원군의 후방을 온몸으로 막아내는 역할을 했던 것이다.

화천저수지에 얽힌 사연

지원군의 더 큰 위기상황은 5차전역에서 발생했다. 이 부분의 내용을 「압록강을 건너」는 기록적인 패배를 가져온 화천저수지 전투와 전군의 목숨이 경각에 놓였던 철원 전투를 중심으로 구성했다. 화천저수지의 현재의 이름은 '파로호(破虜湖)'이다. 중공군을 화천저수지에 수장시킨 전적을 기념하여 당시 이승만 대통령이 파로호비를 세우면서 생긴 이름이다. 그런데 파로호비에는 "중공군 제10, 25, 27군을 화천저수지에 수장시킨 대전과"로 적혀있어, 60군 180사는 제외되어 있다. 자세한 역사 고증이 필요해 보인다.

4월 22일, 5차전역이 지원군의 반격으로 개시된다. 지원군사령부가 4차전역이 끝나자마자 5차전역을 개시한 이유는 제2의 상륙작전에 대한 두려움 때문이었다. 연합군이 전 전선에서 38선 부근까지 진격해온 상황에서, 이들이 동해의 원산이나 서해의 진남포에 상륙하여 지원군을 앞뒤에서 협공하기 전에 선제공격으로 주도권을 잡고자 했던 것이다.[71] 전술은 4차전역 때처럼 서울을 위협하는 척 미군의 주력을 서부전선으로 유인하면서 동부전선으로 자신의 주력군을 보내 국군을 공격하는 것이었다. 5월 6일, 국군 5, 7사단과 3군단이 인제의 현리에서 지원군의 공격에 무참하게 패했던 것은 이러한 작전의 결과였다. 그런데 이 장면을 「압록강을 건너」는 다루지 않았다.

---

71 『中國人民解放軍全史』 第6券, 90~91면.

그보다는 5차전역 중의 후반부, 즉 5월 21일 펑 더화이가 전군에 철수계획을 하달한 이후에 발생한 문제적 전장 둘을 조명했다. 그중 하나가 5월 24일에서 26일 춘천에서 화천 방향으로 후퇴하던 60군 180사가 지암리 부근에서 연합군에 포위된 사건이었다. 「압록강을 건너」 29부에는 펑 더화이가 연락이 두절된 180사의 행방을 초조하게 기다리는 장면이 나온다. 아무래도 180사가 전멸한 것 같다는 덩 화의 말에, 펑 더화이는 "하나의 사 전체가 무너진 것은 조선에 들어온 이후 처음 있는 일"이라며, 조사해서 지휘관의 문제임이 밝혀지면 총살하겠다고 격노한다. 이어, 저수지를 뒤에 두고 3면이 포위된 지원군 180사의 병사들이 미군의 총탄세례를 받으며 물속으로 걸어들어가는 장면이 비장한 음악과 함께 그려진다. 그 위로 아래의 내레이션이 흐른다.

5차전역 두번째 단계에서 지원군이 진격을 멈춘 후 연합군은 즉각 탱크와 기계화된 보병대로 조직된 특전대를 조직하여 대로를 따라 반격해 올라왔다. 지원군의 지휘체계에 소홀함이 발생했다. 적이 특전대까지 앞세워 그렇게 빨리 추격해올지 예측하지 못했던 것이다. 지휘부는 부대의 이동을 치밀하게 조직하지 못했고, 매복 임무를 맡았던 부대도 도로와 요지를 주밀하게 장악하지 못했다. 결국 연합군 특전대는 지원군의 방어선의 종심으로 침투하여 지원군의 배치를 흔들었다. 부대는 후퇴 초기 단계부터 피동적 국면에 빠지고 말았다. 포위된 180사의 지휘관은 상황을 제대로 분석하여 적의 틈새를 찾아 포위망을 뚫지 못했고, 포위망을 분산시키지도 못했다. 180사는 심각한 손실을 입었다. 전후 합쳐 포위망을 돌파한 인원은 4천명이 채 되지 않았다. 게다가 이 수는 초기 60군의 후방 이동을 엄호하기 위해 투입되었던 한개 영(營)을 포함한 수치였다.(「압록강을 건너」 29부)

이러한 서사는 『중국인민해방군전사』에 기록된 공식 서술과 궤를 같이한다.[72] 180사 지도부의 지휘에 문제가 있었다는 것이다. 그러나 이후 기층에서 출현한 서사들은 이와 다른 이야기를 하고 있다. 180사의 사건은 항미원조전쟁사의 밝혀지지 않은 흑점 중 하나이다. 당시 화천에서 생환한 180사의 노병 쉬 이펑(徐一朋)이 1997년에 발간한 수기 『착각: 180사 조선 수난기』에는 당시 180사의 피해 상황이 다음과 같이 기술되어 있다.

60군 180사는 화천 서남부에서 고립되었다. 수차례 포위망을 뚫고자 했으나 소용없었다. 사장과 부사장, 참모장 및 대형물자 엄호를 맡은 부대의 일부 인원이 포위망을 돌파했을 뿐이다. 그 외 허기와 탈진으로 쓰러졌거나 행군 중 독이 든 풀을 잘못 먹고 사망했거나 작전 중 전사한 이들을 포함하여 총 손실이 7천여명이었다.

180사가 상부에 보고한 「180사 포위망 돌파 중 감원 통계표」에 따르면, 부상, 전사, 실종을 합친 수는 7,644명이었다. 사급 간부 1인, 단급 간부 9인, 영급 간부 49인, 연급 간부 201인, 배급 간부 394인, 반 이하 6,990인이었다. 이는 비교적 사실에 부합하는 문서기록이다.[73]

---

72 『中國人民解放軍全史』第6券, 109면.

73 徐一朋 『錯覺: 180師朝鮮守挫記』, 南京: 江蘇人民出版社 1997, 183~84면.

우선 사상자의 통계가 다르다. 공적 서사에서는 생환자가 4천명이라고 했지만, 이 책에서는 사상자를 7,644명이라 명시하고 있다. 1개사가 9천~1만명이라고 보면, 생존자는 기껏 2천명 내외밖에 되지 않는다. 이 책에서 밝혀진 한가지 놀라운 사실은 당시 포위망을 뚫지 못했던 180사 일부가 뿔뿔이 흩어져 화천과 철원 산지에서 1년 넘도록 빨치산 활동을 벌였다는 것이다.『착각』에는 철원 북부 적근산에서 300여일간 유격전을 벌이다 귀환한 540단 소속 10여명, 420일이 지나서야 본대와 합류한 180사 정치부주임 우 청더(吳成德) 외 30여명의 이야기가 수록되어 있다. 구사일생으로 돌아온 이들을 기다린 것은 본대의 따뜻한 환영이 아니었다. 지원군 보위부는 이들을 연합군이 보낸 간첩으로 간주하여 처벌했다.[74]

180사에서 5천명이나 되는 포로가 발생한 데 대해서도『착각』의 저자는 적극 항변했다. 이들은 결코 순순히 투항하지 않았으며, 대부분 부상과 기아, 탈진으로 인해 이미 쓰러진 상태였거나 전투력을 상실한 상황에서 기습을 당한 것이라고 했다.[75] 180사는 한국전쟁을 통틀어 한개 단위에서 중공군 포로가 가장 많이 발생한 경우였다. 1개사의 절반이 넘는 수가 포로가 된 셈이다. 한국 국방부의 통계에 따르면, 한국전쟁에서 중공군 포로의 수는 상병 포로와 송환포로가 6,670명, 송환 불원 포로가 14,704명으로 도합

---

74 같은 책 184~208면.
75 같은 책 209면.

21,374명이었다.[76] 물론 여기엔 누락된 수도 있겠지만, 대체로 총 2만여명의 지원군 포로 중 5천명이 180사에서, 그것도 단일 전투에서 나왔던 것이다. 이들 중 몇 명이 정전 후 본국 송환을 택했는지는 알 수 없다. 다만, 이국 산지를 헤매다 천신만고 끝에 돌아온 이들의 처지에 비춰보건대, 하물며 포로가 되었다 송환된 경우 그 삶이 얼마나 신산했을지 짐작하기는 어렵지 않다. 2011년에는 180사 538단의 병사로서 포로가 되었다 본국으로 송환된 장 쩌스(張澤石)의 수기가 베이징에서 출간되었다. 이 책에는 1979년이 되어 명예를 회복하기까지 조국에서 '우파'와 '배신자'로 살아온 그의 고된 삶의 기록이 담겨 있다.[77]

2015년 홍콩 평황TV에서 180사의 이야기를 담은 5부작 다큐멘터리 「생사돌파: 조선에서의 180사」가 방영되었다. 총 150분 분량의 이 다큐멘터리는 당시 구사일생으로 생환했거나 연합군의 포로가 되었다 송환된 180사 노병들의 구술을 대거 수집했다. 이에 따르면, 180사가 후퇴 명령을 받은 것은 다른 부대가 철수 명령을 받은 5월 21일보다 사흘이나 지난 24일이었다. 당시 미군의 빠른 추격에 쫓기는 상황에서 180사 사장 쩡 치구이(鄭其貴)는 상부로부터 전방의 부상병을 후방으로 이송한 후에 철수하라는, 사실상 불가능한 임무를 전달받았고, 상부에 이를 재문의하고 답을

76 국방부 군사편찬연구소 『6·25전쟁사11: 고지쟁탈전과 정전협정 체결』 2012, 735, 744면.

77 張澤石 『我的朝鮮戰爭: 一個志願軍戰爭俘的六十年回憶』, 北京: 金城出版社 2011; 한국어판 장 쩌스 『나의 한국전쟁: 한 중국인민지원군 전쟁포로의 60년 회고』, 손준식·이사사 옮김, 소명출판 2022.

얻지 못하는 과정에서 또다시 시간을 허비했다. 사실 지휘체계와 통신 과정에서 발생한 착오들은 지엽적인 것에 불과하다.「생사돌파」는 180사가 전멸한 근본적 원인을 5차전역을 무리하게 발동한 지원군사령부에 추궁했다. 펑 더화이가 홍 쉐즈와 덩 화의 우려를 무시하고 무리하게 대규모 공세를 개시한 것 아니냐는 것이다. 결국, 지원군은 자석전술로 이들을 전방으로 유인하면서 후방의 보급선을 끊어버리는 리지웨이의 치밀한 작전에 걸려들었다. 펑 더화이가 전군에 후퇴 명령을 내린 후 지원군은 미군의 빠른 기갑부대에 의해 퇴로를 차단당했다. 1~2차 전역에서 지원군이 산지에서의 빠른 발을 이용하여 주무기로 사용했던 방식 그대로, 현대화된 미군 부대의 빠른 속도에 크게 낭패를 당했던 것이다. 인터뷰에 참여한 노병들은 당시 절망적이었던 상황을 되새기며 '포로도 영웅'이라고 말했다.「생사돌파」는 항미원조전쟁의 가장 큰 오점으로 기록된 180사에 대한 정당한 평가를 요구하고 있었다.

드라마「압록강을 건너」는 이처럼 말로 다 할 수 없는 180사의 복잡한 사연을 제대로 보여주지 않았다. 포로가 되거나 산속으로 들어가 빨치산이 되었던 이들의 삶은 제외되었고, 명예로운 죽음을 택하는 비장한 모습만이 그려졌을 뿐이다. 그러나 비록 제한적이지만, 항미원조전쟁사의 문제적 지점을 5차전역의 주요한 에피소드로 다뤘다는 것은 분명 의미가 있다. 화천저수지 대신 지원군이 대승을 거두었던 현리 전투를 배치할 수도 있었을 텐데 그렇게 하지 않았던 것이다. 그 의도는 화천저수지 전투를 항미원조전쟁의 일부로 포함시킴으로써 180사의 명예를 되찾아주고자 함이었다. 바로 그 점에서 시 진핑 시대 귀환하는 항미원조 서사가 흥미롭다. 전체적으로는 공적 서사에 견인되고 있지만, 항미원조 서사의 공간이 넓어지는 순기능이 그것에 따라온다. 서사의 열린 공간 사이사이로, 기피되었거나 가려졌던 항미원조전쟁의 예민한 장면들이 하나둘 세상에 모습을 드러내고 있는 것이다.

살과 피로 막은 철원전장

「압록강을 건너」가 5차전역에서 가장 비중있게 다룬 것은 5월 28일에 시작된 철원 전투였다. 펑 더화이와 리지웨이의 지략 싸움이 가장 팽팽하게 그려지는 것도 이 대목이다. 중국에서 '철원저지전'으로 불리는 철원 전투 역시 종래의 항미원조 서사에서 잘 알려지지 않았던 부분이다. 『중국인민해방군전사』에도 철원 전투와 그곳에서 63군의 역할은 전혀 부각되지 않았다. 그 내막이 상세하게 알려진 것은 2015년 CCTV 6부작 다큐멘터리 「불타는 철원」을 통해서였다. 다큐멘터리 제작팀은 당시 철원 전투에 참가했던 63군 노병들의 구술을 담은 것은 물론, 철원·연천 부근의 종자산, 고대산, 그리고 지금은 이름도 사라지고 없는 내외가산까지 당시의 전장 유적을 면밀하게 답사했다. 「압록강을 건너」의 철원 전투 장면은 다큐멘터리 「불타는 철원」에 상당 부분 빚지고 있다. 전체적으로 철원 전투는 후퇴하는 본대의 후미를 지키는 희생전이었다는 점에서 50군의 한강전투와 유사하다. 차이가 있다면, 그 긴박함이 훨씬 더 컸다는 것이다. 펑 더화이의 입을 빌려 "전군 멸망"의 위기라고 부르짖을 정도였다(「압록강을 건너」 28부).

5차전역을 개시할 즈음 지원군은 대대적인 증원을 얻은 상태였다. 양 더즈(楊得志)의 19병단과 천 경의 3병단이 합류했고,[78] 2차전역 중 장진호 전투에서 막대한 전력 손실을 입었던 쑹 스룬의 9병단도 원산에서 재정비를 마친 상태였다. 포병과 대전차 포병, 소련제 카튜샤 로켓발사포와 고사포 부대도 새롭게 배속되었다.[79] 이에 힘입어 지원군사령부는 총 70만의 부대를 앞세워 대규모 공세를 시작했던 것이다. 그러나 5월 21일, 전선이 길어진 것을 감지한 펑 더화이가 전군에 공격 중지 명령을 내리고 순차적 철수작전을 개시했다. 문제는 탱크와 전차를 앞세운 연합군의 반격 속도가 예상보다 훨씬 빨랐다는 것이었다. 앞서 화천저수지에서 지원군 180사가 전멸했던 것 역시, 크게 보면 지원군의 후퇴 속도가 현대화된 장비를 갖춘 미군의 추격 속도를 당해내지 못한 결과였다.

이 대목에서 지원군은 한국전쟁 최대의 위기를 맞게 된다. 추격하는 리지웨이의 목표는 철원이었다. 철원은 지원군의 동부와 서부, 전방과 후방의 연결지점이자 후퇴를 위한 교통의 요로였다. 또한 철원 서북쪽은 지원군의 후방기지였다. 철원이 연합군에 점거당하면, 남쪽에 있는 지원군 수십만 대군의 보급이 끊어

---

78 3병단은 부사령관 왕 진산(王近山)이 통솔했다. 천 경이 3병단과 합류한 것은 1951년 8월 22일이다. 陳賡 『陳賡日記』, 北京: 解放軍出版社 2002, 331면.
79 『中國人民解放軍全史』 第6券, 84면.

철의 삼각지

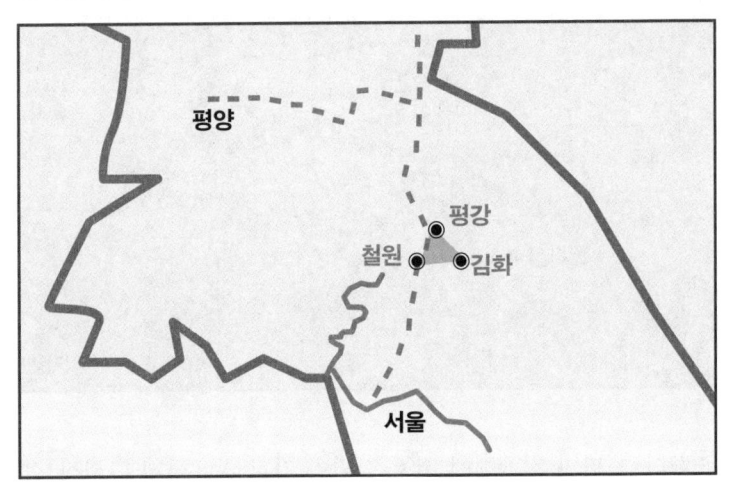

질 뿐 아니라 철원 이북 평천(平川)의 뻥 뚫린 평원에서 연합군 탱크부대의 공격을 맞아야 했다. 그것은 지원군의 방어선이 완전히 끊어지는 것을 의미했다. 철원에 배치된 지원군 본대가 철수하고 저장된 물자를 옮기는 데는 최소 15일이 필요했다. 그 15일 동안 연천-철원 지구에서 밴 플리트의 미 8군을 막아낼 구원병의 역할을 맡았던 것이 바로 19병단 푸 총비의 63군이었다.

「압록강을 건너」 29부와 30부는 5월 28일부터 6월 10일까지 13일간의 긴박했던 상황을 생생하게 그려보였다. 63군 군장 푸 총비는 철원으로 진입하는 연천-철원 도로를 장악하기 위해, 187사를 종자산 오른쪽에, 189사를 왼쪽에 두고, 188사를 예비대로 배치했다. 「압록강을 건너」는 그중 연천산 입구에서 4일 낮 3일 밤을 버틴 187사와 종자산에서 6일을 버틴 189사의 이야기에 집

종자산과 고대산 전투

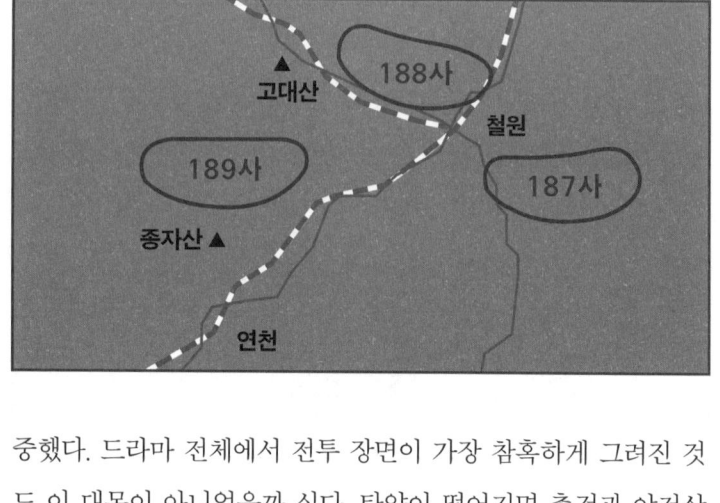

중했다. 드라마 전체에서 전투 장면이 가장 참혹하게 그려진 것도 이 대목이 아니었을까 싶다. 탄약이 떨어지면 총검과 야전삽으로 싸우고 최후에는 수류탄으로 적과 자폭하는 육탄전이 반복적으로 화면에 재현되었다. 189사 사장 차이 창위안(蔡長元)은 10여 킬로미터에 달하는 전선을 지키기 위해 소규모의 인원으로 200여개의 진지를 만들어 듬성듬성 배치하는 '깨알작전'을 썼다. 타깃의 밀집도를 낮추어 상대 포격의 효율성을 떨어뜨리기 위함이지만, 지키는 쪽의 막대한 출혈을 요구하는 궁여지책이었다. 낮에 진지를 잃으면 밤에 되찾아오고, 앞에 보낸 결사대가 전멸하면 다음 결사대를 보내는 식의 출혈전이 연일 이어졌다. 「압록강을 건너」 29부에는 종자산 사수 7일째 차이 창위안이 부상병밖에 남지 않은 10여명으로 최후의 결사대를 꾸려 출격하려는 순간, 63군 사령부로부터 철수 명령을 받는 장면이 나온다. 홀로 종자산이 보이는 쪽으로 걸어가 "종자산아, 네 얼굴 한번 다시 보자"

며 입을 크게 벌리고 울음을 삼키는 차이 창위안의 일그러진 표정이 189사의 처참했던 7일을 응축하고 있다.

그런데 「불타는 철원」에 따르면, 철원 전투는 종자산에서 끝난 것이 아니었다. 이어지는 고대산과 내외가산 전투는 드라마에서는 생략되었던 것이다. 철원 전투 7일째가 되는 6월 3일 189사는 전력의 3분의 2를 상실하여 전투불능 상태에 이르렀다. 그 자리를 대체한 것은 188사였다. 188사 563단은 종자산 서북쪽의 고대산을 7일간 사수했다. 당시 563단 단장이었던 마 자오민은 자신의 저서 『초연일사: 지원군 563단 항미원조실록』에서 당시 상황을 이렇게 전달했다.

> 이는 항미원조전쟁 중 제일 어려운 싸움이었다. 활활 타오르는 네이팜탄이 산지를 불살랐고 중형 포탄이 내리꽂히는 곳마다 땅이 2미터씩 뒤집어졌다. 563단은 무기와 탄약이 떨어지자 일선 전사 전원이 총검을 빼 들고 싸웠다.(「불타는 철원」 3부)

마 자오민은 563단이 6월 9일 고대산에서 철수 명령을 받았을 때 생존한 대원은 247명이었다고 말했다. 그가 예속된 19병단이 압록강을 건넌 것은 그해 2월 17일이었다. 2,800명이었던 563단은 5차전역 임진강 전투를 거치며 1,600명이 남았다. 그리고 고대산 7일간의 전투 후 247명만이 남았던 것이다. 마 자오민은 그런 사상률은 단은 물론 188사의 역사에서 전례 없는 것이었다고 말했다. 인터뷰 당시 94세였던 그는 제작진이 철원에서 촬영해온 고대산의 영상을 보여주자, 바로 종이에 당시 전투의 상황도를 그렸다. 어떻게 그렇게 오래된 일을 기억하느냐는 물음에 노병의 눈에서 굵은 눈물방울이 굴러떨어졌다. 단장으로서 전우에 대한 미안함과 죄책감이었다(「불타는 철원」 3부).

「압록강을 건너」 30부에는 지원군 본대가 철수하고 난 텅 빈 철원을 접수한 밴 플리트가 리지웨이에게 "13일간 포로 한명도 잡지 못했다"며 허탈해하는 장면이 나온다. 하나같이 죽을 때까지 싸웠다는 것이다. 그리고 이렇게 덧붙였다. "고대산에서 잡을 수 있었는데, 마지막 남은 8명이 절벽 아래로 뛰어내리더군. 무슨 놈의 귀신들인지, 믿을 수가 없어." 여기서 말하는 '8명'은 563단 1연 2배의 '8용사'이다. 밴 플리트의 대사로 지나가듯 언급한 '8명'의 이야기는 「불타는 철원」에 자세하게 소개되었다. 고대산 전투 중 미군이 563단 측면의 높은 고지를 점령하는 바람에 본대 후방의 1연 2배가 고립된다. 마 자오민은 그들을 구할 수가 없었다고 말했다. 1연 2배의 최후까지 남은 8명이 절벽 아래로 투신했다. 그중 나무에 걸려 목숨을 건진 3명이 미군의 봉쇄를 뚫고 본대로 돌아왔다. 563단 '8용사'의 이야기는 63군 사진기자 멍 즈(蒙紫)의 기사 「결사불굴의 8용사(寧死不屈的八勇士)」로 『잔셴바오(戰線報)』에 게재되었다(「불타는 철원」 3부).

「압록강을 건너」는 철원 전투 일부만을 담았을 뿐이다. 고대산 전투 이후 철원 동남부로 우회하여 지원군사령부를 노렸던 프랭크 밀번(Frank W. Milburn)의 기갑부대를 막기 위해 내외가산 북쪽의 댐을 폭파하고 함께 죽음을 맞았던 188사 564단 5연의 이야기도 포함되지 못했다. 188사의 지도원이었던 자 원치(賈文岐)는 2014년 한국으로부터 지원군의 유해가 송환되었을 때[80] 며칠간 잠을 이룰 수 없었다고 말했다. 그리고 이렇게 덧붙였다. "철원에 묻힌 전우는 돌아오지 못해"(「불타는 철원」 4부).

「압록강을 건너」의 철원 전투는 63군의 처참한 전장에 펑 더화이가 찾아오는 장면으로 마무리된다. 초연이 자욱한 진지에 불에 그을리고 상처투성이가 된 63군의 병사들이 널브러져 있다. 총사령관을 보고 일어나 힘없이 경례를 붙이는 병사들의 손을 펑 더화이가 하나씩 잡고 내려준다. 푸 총비가 황급히 달려온다.

"63군 군장 푸 총비 사령관님께 보고합니다. 적의 무자비한 소이탄에 군장이 불에 타고 병사들이 사흘간 먹지 못했습니다. (…) 그래서 복장이 불량하고 대열을 갖추지 못했습니다. 용서하십시오."
"아니다. 내가 본 군대 중 최고로 단정하고 최고로 위엄있는 군대다."(「압록강을 건너」 30부)

끝내 울음을 터뜨리는 푸 총비를 위로하면서, 펑 더화이가 살아남은 63군의 병사들을 향해 크게 외친다.

---

80 중국군 유해 송환은 2013년 6월 29일 박근혜 전 대통령이 국빈 방중에서 제안하여 2014년 3월 28일 437구의 유해를 송환하면서 시작되었다. 2022년까지 총 9차에 걸쳐 913구의 유해가 중국에 인도되었다. 「사드·코로나·나토에도 계속되는 중국군 유해 송환…한·중 9차 송환 합의」, 『중앙일보』 2022.7.3; 「6·25전쟁 중국군 유해 88구 中에 인도…中, 대규모 행사」, 『뉴시스』 2022.9.16.

"63군 전사들, 너희들은 3만이 안 되는 병력으로 수성 불가능한 20킬로미터의 전선을 완강하게 막아냈다. 9만여명의 미군의 맹공을 13일이나 버텼다. 이 기적은 너희가 창조한 것이다. 너희들은 위기에 임해 명을 받들었고 어려운 국면을 돌려세웠다. 주력부대의 안전한 이동을 위해 막대한 희생을 치렀다. 철원 전투는 필경 너희들의 영웅적 장거로 인해 역사에 기록될 것이다. 이 펑 더화이가 너희에게 감사한다, 조국 인민이 너희에게 감사한다, 전군을 대표하여 내가 너희에게 경례한다."(「압록강을 건너」 30부)

이 장면은 공적 서사에 한줄 기록되지 않았던 63군의 희생에 보내는 뒤늦은 위로이다. "철원 전투가 너희들의 영웅적 장거로 인해 역사책에 기록될 것이다"라는 펑 더화이의 대사는 그동안 이들의 희생을 기억하지 않았던 역사서술을 문제화한다. 이토록 중요한 전투가 그동안 감춰진 이유는 그 책임 소재가 상부에 있었기 때문 아닐까? 철원에서 지원군이 '전멸의 위기'에 놓였던 근본적인 원인은 5차전역의 무리한 작전 탓이었다.『중국인민해방군전사』는 5차전역의 문제를 다음 몇가지로 요약했다. 너무 성급하게 작전을 개시했다는 것, 전선을 너무 멀리 확장했다는 것, 증원된 신병의 전투 경험이 부족했다는 것, 부대에 적을 경시하는 경향이 만연했다는 것 등이다. 제2의 상륙작전에 대한 두려움으로 성급하게 대규모 공세를 전개했을 뿐 아니라, 전력 증강에 고무되어 자신의 역량을 과대평가했다는 것이다.[81] 4차전역과 더불어 5차전역에서 지원군은 미군과의 전력 차이를 뼈저리게 체감했다. 산지에서 기습 위주로 펼쳤던 1~3차 전역과 달리, 4~5차 전역에서 지원군사령부는 미군의 추격을 예상하고 미리 퇴각했음에도 그 속도와 규모를 당해낼 수 없었던 것이다.

더 근원적으로 보면, 선 즈화의 비판처럼[82] 3차전역 직후 유엔의 정전 제안을 받아들이지 않았던 베이징에 책임을 물을 수 있을 것이다. 전쟁 초반의 승리에 힘입어 과도한 자신감으로 미군과의 대규모 전면 승부를 감행했던 4~5차 전역에서 지원군의 전술은 곳곳에서 심각한 구멍을 드러냈다. 그것을 메운 것은 역사책에 이름이 기록되지 않은 수많은 병사들이었다. 「불타는 철원」의 인터뷰에서 천 젠 뉴욕대 교수는 철원 전투는 장비, 운수, 무기에서 드러난 지원군과 미군의 격차를 63군의 피와 살로 메운 것이라고 말했다(4부).

「압록강을 건너」는 70년 전 미군과의 격렬했던 결사항전의 기억들을 복원해냈다. 필경 그것은 미중 대결이라는 현재의 정세적 요구에 따른 것이다. 그러나 2년 9개월 동안 수백만이 참전하고 수십만이 목숨을 잃은 국가 대재난의 기억을 불러내는 일은 결코 간단한 것이 아니다. 국가가 가이드라인을 제시하고 서사의 내용을 통제한다고 한들, 공적 서사의 얇은 표층 아래 도도하게 흐르는 기층 서사의 물살을 과연 어디까지 걸러낼 수 있을까. 공적 서사의 물줄기와 함께 딸려나온 기층 서사의 물살에는 '정의의 전쟁' '승리의 전쟁'과 같은 주류의 언어로 회수되지 않는 감정과

---

81 『中國人民解放軍全史』 第6卷, 110~11면.
82 션즈화 『조선전쟁의 재탐구』, 618~57면.

정서의 잔여들이 부유하고 있다.

그 회수되지 않는 정서와 감정을 가장 잘 드러낸 것이 죽음의 장면이다. 이는 「압록강을 건너」가 혁명시대의 항미원조전쟁 영화와 구별되는 중요한 특징이기도 하다. 혁명적 낙관주의가 지배했던 1950~60년대 영화에서 지원군의 죽음은 언제나 단단한 낙관주의로 무장되어 있었다. 「상감령」 중 "슬퍼하지 마라, 승리는 결국 우리의 것이니"라는 말을 남기고 갱도 안의 어린 병사들에 둘러싸여 평화롭게 숨을 거둔 지도원의 죽음에 비통과 슬픔의 감정이 개입할 여지는 극히 적다. 「영웅아녀」에서도 전장에서 오빠를 잃은 왕 팡의 슬픔은 감정의 '불순한 상태'로 비판을 받았던 것이다. 이에 비하면, 「압록강을 건너」에 그려진 병사들의 죽음은 장면 하나하나가 적나라하다. 혁명시대의 영화에서 영웅의 죽음이 신념과 낙관, 희망의 후광으로 환하게 밝았다면, 「압록강을 건너」는 죽음 앞에 감정을 과도하게 절제하거나 수식하지 않았다. 참혹한 전투 현장 곳곳에서 기층 간부들의 비통한 울음, 심지어 총사령관인 펑 더화이가 울음을 참지 못하는 장면까지 그려졌던 것이다. 물론 이러한 장면들이 궁극적으로 전달하는 것은 국력이 약했던 시기 거대한 골리앗과의 싸움에서 수많은 생명을 헌납했던 역사를 돌아보며 지금의 부강해진 조국에 감사하라는 의미와 더불어, 이제는 중국이 미국과 제대로 싸울 힘을 갖췄다는 메시지일 것이다. 그럼에도 그것은 공적 서사체계에서 표출될 길이 없었던 기층의 기억과 서사에 미세하게나마 숨 쉴 공간을 열어준다. 시 진핑 시대에 귀환한 항미원조 서사의 모범적 구현이라 할 대하드라마 「압록강을 건너」에는 이처럼 수많은 숨은 그림들이 있다.

「압록강을 건너」 시놉시스

제1부

1950년 3월 4일 마오 쩌둥 일행이 79일에 걸친 소련 방문과 둥베이 시찰을 마치고 귀국한다. 소련 방문 중 '중소우호동맹상호조약'이 체결되었음이 암시된다.

제2부

6월 25일 한국전쟁이 발발한다. 7월 31일 맥아더가 백악관의 승낙 없이 장 제스에게 미-대 군사협력 의사를 타진한다.

제3부

미군이 인천상륙작전으로 서울을 수복한다. 북한이 소련에 도움을 요청한다. 스탈린은 중국이 참전하면 소련이 공군을 지원하겠다고 말한다.

제4부

김일성의 친필 서신을 가져온 북한의 특사가 마오를 접견한다. 마오는 중앙서기처 회의에서 펑 더화이를 수장으로 출병을 결정한다.

제5부

스탈린이 돌연 공군 지원 결정을 번복한다. 마오의 아들 마오 안잉이 참전한다.

제6부

트루먼이 맥아더에게 중국의 참전 가능성을 묻지만, 맥아더는 일절 고려하지 않는다. 펑 더화이가 지원군 본대에 앞서 북한으로 들어간다.

제7부

펑 더화이가 대동에서 김일성과 회견한다. 지원군사령부는 대유동에 마련된다. 지원군 38군이 묘향산 지역, 39군이 태천과 구성 지역에 진군하고, 42군은 동부전선에 잠입한다.

제8부

펑 더화이가 덩 위애(鄧岳)의 40군 118사에게 온정 이북에서 매복하여 집결하는 본대를 엄호할 것을 명한다. 마오의 비준과 중앙군위의 명령으로 지원군사령부가 정식으로 수립된다.

제9부

한국군 제6사단 2연대 3개 대대가 양수동 지구에서 118사의 매복에 걸려든다. 40군 120사 역시 한국군 1사단과 교전한다. 맥아더의 정보참모 윌러비(Charles Willoughby)가 대규모의 중공군 참전 가능성을 보고하지만, 맥아더는 듣지 않는다.

제10부

39군이 운산에서 미 제1기병대 제8사단과의 전투에서 승리한다.

제11부

38군 335사가 청천강 이남으로 향하는 퇴로를 막기 위해 비호산을 점령한다. 이로써 1차전역이 종결된다.

제12부

펑 더화이가 황초령과 비호산에 매복 중이던 부대를 순차적으로 철수시켜 적을 북쪽으로 유인한다.

제13부

대유동 사령부에서 2차전역 작전회의가 열린다. 적의 주력군을 청천강 이북 산지에 밀어넣고 우회, 차단, 포위하는 계획을 수립한다. 펑 더화이가 1차전역에서 실책을 범한 38군을 매섭게 꾸짖고 2차전역의 덕천 전투를 맡긴다.

제14부

뉴욕 UN회의에서 중국 대표 우 슈취안(伍修權)이 "중국은 하나이며 대만은 중국의 신성하고 불가분한 일부"라 발언하고 제7함대를 대만해협에 진주시킨 미국을 비판한다.

제15부

1950년 11월 25일 2차전역이 시작된다. 38, 40, 42군이 덕천과 영원에서 한국군 제7, 8사단을 공격한다. 39군은 미군 흑인부대를 포로로 잡는다.

제16부

장 차오(江潮)의 38군 113사가 한국군 2개 중대가 점거한 삼소리로 진격한다. 전략적 요충지인 삼소리를 지키기 위해 워커는 미 제1기병 제5사단을 파견하여 협력 방어를 명한다.

제17부

38군이 삼소리와 용원리를 사수하고 송골봉에서 혈전을 벌인다. 2차전역에서 밀린 후 맥아더는 중국군의 참전을 인정한다. 2차전역이 승리하자 스탈린이 중국을 돕기 시작한다. 쑹 스룬(宋時輪)의 9병단 3개군이 개마고원에 잠입한다.

제18부

동부전선 장진호에서 9병단 27군이 미 제7보병사단 31연대전투단을 신흥리에서 섬멸한다.

제19부

20군 58사 양 건쓰가 황초령 고지에서 폭약을 들고 적과 폭사한다. 쑹 스룬은 수문교를 폭파하여 미 해병 1사단의 퇴로를 차단한다. 서부전선에서 지원군 39군과 인민군 1군단이 평양으로 진격한다. 유엔13개국이 '평화방안'을 기초한다.

제20부

유엔 정전3인위원회가 결성된다. 워커가 전사하고 리지웨이가 신임 8군사령관으로 부임한다. 중국 본토 공격을 주장하는 맥아더와 백악관의 갈등이 깊어진다.

제21부

39군과 40군이 동두천 서쪽 안흥리와 상패리를 점령하고 39군은 포천에서 미군을 격퇴하며, 50군은 문산 동쪽으로 진격한다. 42군 주력군은 화견리와 중판리로 진격한다. 38선에서 미군의 3개 방어선을 모두 돌파한다.

제22부

1950년 12월 31일 3차전역이 시작된다. 리지웨이는 영국군 29여단을 제외하고 전군을 철수시킨다. 1951년 1월 8일 지원군은 서울을 점령하고 연합군을 37도 부근으로 몰아낸다.

제23부

펑 더화이는 리지웨이가 유인술을 펼치고 있음을 감지한다. 미국은 지원군의 보급을 끊기 위해 압록강 부근을 폭격한다.

제24부

1951년 1월 25일 미군의 반격으로 4차전역이 개시된다. 펑 더화이는 서부전선에 50군을 배치한다. 중국은 연합국이 제출한 정전 5개국방안의 수정안을 거절하고, 연합국은 중국을 침략자로 규정하는 결의안을 통과시킨다.

제25부

1951년 2월 11에서 13일, 동부전선의 횡성 반격전에서 한국군 제8사단을 섬멸하고 13일 밤 지평리 전투 방어에 성공한다.

제26부

중난하이와 사령부에서 전시물자 보급 방안에 대해 논의한다.

제27부

리지웨이의 연합군이 서울을 수복한다. 지원군사령부는 38선 이북으로 철수하는 이동 경로인 철원을 지키기 위해 김화에서 다음 전투를 준비한다.

제28부

트루먼이 맥아더를 해임하고 리지웨이를 연합군사령관으로 임명한다. 1951년 4월 22일 5차전역이 시작된다. 지원군은 철원을 보급품 창고로 사용한다.

제29부

5차전역 중 지원군 180사가 미군에 포위당한다. 리지웨이는 지원군의 물류창고이자 후퇴의 요로인 철원을 공격 목표로 삼는다. 펑 더화이는 19병단 63군에게 철원을 15일간 사수할 것을 명한다. 63군 187사 561단이 연천산을 3박 4일, 189사가 종자산을 13일간 사수하는 동안, 지원군은 철원 이북에 방어선을 구축한다.

제30부

철원 이북에 카튜샤 로켓발사포대 진지가 구축되자, 리지웨이는 공격을 멈추고 방어선을 구축한다. 중국 전역에 항미원조운동이 일어난다.

제31부

1951년 6월 30일 정전회담이 연합군사령부와 중조사령부에서 제기된다. 마오 쩌둥은 리 커농과 차오 관화(喬冠華)를 수뇌로 정전담판지휘부를 결성한다.

제32부

중립구 경계선과 외국군 철수 문제를 놓고 담판이 교착된다. 남한 정부가 개성으로 괴한을 보내 중국군 경무대를 사살한다. 경무대원 야오 칭샹(姚慶祥)이 순국한다.

제33부

지원군은 북한의 산맥을 따라 방포동(防砲洞)을 연결하여 거대한 갱도 공사를 개시한다. 소련의 미그-15 150여대가 전선에 투입된다. 1951년 8월에서 1952년 6월, 교살전 대항 작전이 벌어진다. 지원군 공군 '왕 하이(王海) 대대'가 실전에 투입된다.

제34부

20병단 사령관 양 청우(楊成武)가 탱크 대항 작전으로 미군의 탱크 부대를 격파한다. 1951년 10월 25일 2차회담이 시작된다. 11월 27일 시점의 접촉선을 중심으로 비무장지대를 구축한다. 지원군은 임진강에서 고성까지 250킬로미터 전선에 20~30킬로미터 종심의 갱도 공사를 완성한다.

제35부

북한 지역에서 대량의 죽은 쥐가 발견되자 지원군 총방역위원회를 결성하여 방역사업에 매진한다. 국제기구가 현장조사를 거쳐 미국의 세균전을 확인한다. 1952년 5월 포로교환 협상이 시작된다.

제36부

담판이 지연되던 1952년 10월 14일 상감령 전역이 개시된다. 지원군 내 저격수 작전이 전개된다.

제37부

포로교환을 두고 회담이 다시 교착된다. 12군 35사 양 춘쩡이 무명고지에서 수류탄을 안고 적과 폭사하고, 15군 29사의 치우 샤오윈이 매복 중 소이탄에 소사했으며, 뤄 성자오가 북한 아이를 구하다 희생된다.

제38부

15군 45사의 쑨 잔위안과 황 지광이 상감령 전투에서 희생된다.

제39부

상감령의 갱도전이 지속된다. 국내에서 지원군 위문기금 5조 위안이 모금된다.

제40부

1953년 6월 8일 포로교환 협상이 타결된다. 6월 17일 남한 정부가 송환하기로 한 인민군 포로를 석방한다. 이에 대한 징벌전으로 7월 13일 20병단 5개군이 금성전역을 개시한다. 27일 오전 10시 정전협정이 거행된다.

03

스포트라이트가 밝힌 것과 덮은 것
「장진호」「장진호의 수문교」

기억의 어둡고 아픈 곳

항미원조 서사가 귀환하는 최근 흐름에서 특기할 현상은 장진호 전투의 부각이다. 과거 항미원조 서사에서 장진호는 특별히 주목받는 전장이 아니었다. 혁명시대 항미원조전쟁을 다룬 영화나 문학작품에 장진호 전투가 다뤄진 기억은 거의 없다. 폭약을 들고 적진으로 뛰어든 양 건쓰의 공적이나 혹한에 연 전체가 전투대형으로 동사한 '빙조련'이 에피소드로 소개되긴 했어도, 장진호 전투 자체가 서사의 전면에 나온 적은 없었다. 중국의 전사(戰史)를 찾아봐도 장진호를 2차전역 동부전선이 전개된 장소 이상으로, 이를테면 상감령처럼 특별한 감정의 기투가 들어간 이름으로 다룬 흔적은 발견되지 않는다. '장진호 전투'가 하나의 고유명사로서 조명되기 시작한 것은 아무리 일찍 잡아도 최근 10여년 사이이다.

장진호 전투가 오랫동안 항미원조전쟁의 서사와 기억에서 주변화되었던 것은 왜일까. 어쩌면 왕 수쩡(王樹增)의 『한국전쟁』의 다음 구절에서 그 힌트를 얻을 수 있을지 모르겠다.

> 1950년 11월 하순 동부전선에서 벌어진 이 전투에 대해 적어도 중국의 한국전쟁 관련 사료에는 매우 간단하게 기록되어 있다. 왜 그렇게 간단히 기록되었는지 모를 일이다. 전투가 너무 참혹해서였을까? 쌍방이 치른 전투의 댓가가 엄청나서였을까? 전투가 끝난 뒤 쌍방이 저마다 '빛나는 승리'를 거두었다고 선언한 모든 것이 다소 과장된 점이 있었기 때문일까? 치른 댓가가 몹시 큰 전투를 현실 그대로 돌아보는 것이 매우 고통스러운 일이었기 때문일까?[83]

이런 맥락에서 보면, 2010년 시 진핑 군사위 부주석의 항미원조전쟁 60주년 기념담화에 "장진호의 악전(惡戰)"이 기입되었다는 사실이 예사롭지 않다. 앞서 말했듯, 중국의 공적 담화에서 구체적 전장이 언급된 것은 2010년의 이 담화가 처음이었다. "양수동의 초전, 운산성의 격전, 청천강의 총력전, 장진호의 악전"을 나란히 나열함으로써, 국가가 선도적으로 장진호의 지위를 공식적으로 부각했던 것이다. 10년 후 70주년 기념담화에 추가된 "상감령의 혈전"을 포함하더라도, '장진호의 악전'이라는 말이 주는 어감은 필경 비상하다. 어딘가 이 "전투를 현실 그대로 돌아보는 것이

---

83 왕 수쩡 『한국전쟁: 한국전쟁에 대해 중국이 말하지 않았던 것들』, 나진희·황선영 옮김, 글항아리 2015, 456~57면. 이 책의 원서는 『朝鮮戰爭』으로 2009년에 출간되었다.

매우 고통스러운 일"이라는 느낌이 여기에 응축되어 있는 것이다. 혁명 시기 전 인민의 애환을 한 몸에 받았던 상감령의 '혈전'과는 또다른 정서가 "장진호의 악전"이라는 표현에 들어 있다.

장진호 전투란 1950년 11월 25일에서 12월 24일까지 2차전역 동부전선에서 벌어진 싸움을 말한다. 중국의 전쟁사는 장진호 전투 혹은 2차전역 동부전선을 어떻게 기록하고 있을까. 전쟁 당시의 실감에서 가장 가까운 곳에 있는 책으로 『중국인민지원군 항미원조전쟁 정치공작』(이하 『정치공작』)을 살펴보자. 『정치공작』은 원래 1956년 중국인민해방군 총정치부와 당위원회가 '중국인민지원군 항미원조전쟁 정치공작경험 총결 편집위원회'를 조직하여 초고 집필을 시작한 책이다. 1958년 초고가 완성되어 그해 10월 전군 사(師)와 단(團)급 이상을 대상으로 의견 청취를 거쳐 1959년 8월 칭다오(靑島)에서 지원군 정치공작 영도자들의 최종 심의가 진행되고 있었다. 그런데 마침 그때 루산회의에서 펑 더화이 비판이 개시되면서 심의가 중단되었던 것이다. 1978년 중공 11기 3중전회에서 펑 더화이가 복권되면서 1984년 이 책의 편찬 작업이 재개된다. 그리하여 1985년 10월, 29년간 동면했던 『정치공작』이 비로소 세상에 나오게 된다. 새로 꾸려진 심의 소조에는 항미원조전쟁 당시의 지원군정치부 주임 두 핑(杜平)과 장 난성(張南生), 19병단 정치위원 리 즈민(李志民) 등 당시 전장을 지휘했던 간부들이 대거 참여했다.[84] 대부분의 항미원조전쟁 전사들

---

84 抗美援朝戰爭政治工作經驗總結審編小組 『中國人民志願軍抗美援朝戰爭政治工作』, 北京: 解放軍出版社, 1985. 276~277면.

이 1980년대 후반에 출간되었음을 고려할 때, 1956년에 초고가 완성된 『정치공작』은 전쟁의 가장 생생한 실감 위에 쓰여진 기록이라 할 수 있다.

『정치공작』에 2차전역 동부전선은 어떻게 기술되었을까. "적을 38선으로 돌려보내다"라는 표제가 붙은 이 책 제1장에는 1~5차 전역의 기동전 단계가 총괄되어 있다. 그런데 이 장에서 거명한 승전 중 장진호 전투는 빠져 있다. 군우리, 삼소리, 청천강 등 2차전역의 승전지는 모두 서부전선에 집중되었으며, 특히 삼소리에서 후퇴하는 적의 퇴로를 끊은 38군 113사의 공적이 크게 부각되었다. 이에 반해 동부전선은 극한의 고난과 희생을 극복한 지원군의 숭고한 정신력을 강조하는 대목에서 직간접적으로 환기될 뿐이었다.

> 조선 입국 작전 초기, 적을 38선 이남으로 몰아내는 다섯차례의 전역 중 아군은 놀랄만한 용기와 완강하고 굳건한 정신력을 보여주었다. 공격에서는, 적의 맹렬한 포화에 굴하지 않았고 갖은 피로와 고난에도 불구하고 산을 넘고 물을 건너 용감히 전진했다. 방어에서는 적기의 포격과 포화에 시종 강인하게 견디고 버텼다. 영하 40도의 혹한 속에 수척의 적설이 쌓인 험산을 넘어 연속 며칠 밤낮을 싸우기도 했다. 사나운 포화를 뚫고 뼈를 찌르는 얼음강을 건너고 험산준령을 넘어 강고한 적의 방어진지를 향해 돌격했다. 무수한 용맹스러운 동지들이 총탄에 쓰러지면서도 행진을 멈추지 않았고, 목숨이 경각에 달한 상황에서도 수많은 열사들이 동지들의 용감한 전진을 고무했다.

『지원군 영웅전』 제1집에는 폭약꾸러미를 품고 적진으로 돌격하여 살신순국한 특급영웅 양 건쓰를 위시한 20명의 영웅모범의 사적이 담겼다. 아군 출국 작전 초기에 빛을 발한 모범이다. 이러한 불굴의 용기와 꺾이지 않는 투지, 반드시 적을 무찌르겠다는 숭고한 사기는 미 침략군 8군의 대변인조차도 공개적으로 인정하지 않을 수 없었다.[85]

동부전선을 언급한 또다른 대목을 읽어보자.

고난은 주로 물자공급 방면에 있었다. 1~3차 전역 중 우리 양식과 피복, 탄약의 공급이 부대의 수요를 충족시키지 못했다. 양식은 수요의 4분의 1 정도 충족시킬 뿐이었고 탄약은 중요한 곳 위주로 보급되었다. 동부전선 장진호에서 영하 30~40도의 혹한 속에 작전을 벌였던 9병단은 조선에 들어올 때 준비가 부족했고 들어온 후에는 공급이 따르지 않아 동사와 아사로 인한 감원이 전투로 인한 사상자보다 많았다.[86]

이러한 서술들은 2차전역의 동부전선이 승리보다는 고난의 상징이었음을 말해준다. 항미원조전쟁 전 기간 중 지원군이 적은 희생으로 상대적으로 큰 전과를 냈던 시기는 1~2차 전역이었다. 당시 맥아더는 중공군이 참전했다는 첩보를 믿지 않았고 오만했다. 또한 현대적 중장비로 무장한 미군의 기갑부대는 북한의 험

---

85 같은 책 19~20면.
86 같은 책 36면.

한 산지에서 구실을 하지 못했다. 지원군은 미군의 자만을 이용하고 또 유격전에 능한 자신의 장점을 십분 발휘하여 1~2차 전역에서 큰 전과를 낼 수 있었다. 그러나 2차전역 동부전선은 그런 연전연승의 팡파르에 가려져 있다. 『정치공작』의 동부전선을 기술하는 어조는 간결했고, 비장했고, 어두웠다. 그 행간에는 영하 40도의 혹한과 무자비한 포화를 뚫고 설산과 얼음강을 넘어 적의 난공불락의 방어벽을 향해 돌격하다 쓰러져간 무수한 죽음에 보내는 애도와 비탄, 자괴, 경외의 감정들이 복잡하게 뒤얽혀 있었다. 서부전선이 양지라면 동부전선은 음지였다. 서부전선에서 거둔 승리의 흥분과 대조적으로, 동부전선의 서술은 지원군이 겪었던 이루 말할 수 없는 고난과 희생에 대한 숙연함으로 감싸여 있다.

신흥리 전투의 부상

2021년 중국공산당 건당(建黨) 100주년을 기념하여 개봉한 영화 「장진호」와 이듬해 나온 후속편 「장진호의 수문교」가 세운 기록적인 박스오피스 수치는 시 진핑 시대 화려하게 귀환한 항미원조 서사의 정점에 장진호 전투가 있음을 말해준다. 그 전까지 장진호 전투는 중국에서 그렇게 잘 알려진 이름이 아니었다. 자료를 찾아보면, 장진호 전투를 처음으로 중국 대중들에게 비교적 자세하게 소개한 것은 2011년 인민해방군 산하의 81영화제작소가 만든 95분 길이의 다큐멘터리 영화 「빙혈 장진호」였다. 시 진핑의 항미원조전쟁 60주년 기념담화에 "장진호의 악전"이 기입된 이듬해 이 작품이 출시되었다는 사실도 공교롭다. 「빙혈 장진호」는 그해 최우수 다큐멘터리 영화로 금계상(金鷄狀)을 수상했다. 물론 극장에도 걸리지 않은 이 영화가 중국사회에 의미있는 반향을 일으켰다고 보기는 어려울 것이다. 다만 2010년대 항미원조전쟁의 금기가 걷히면서 거의 매년 1~2편의 관련 다큐멘터리가 나오기 시작한바 「빙혈 장진호」가 그 행렬의 선두에 있었다는 점은 짚어둘 필요가 있다. 아울러 이 시기 관련 다큐멘터리들이 짧게는 4~6부작 길게는 10~12부작의 장편이었던 데 비해 유독 「빙혈 장진호」만 단편이었다는 것을 보건대, 당시에도 비교적 소극적이고 조심스런 분위기에서 이 작품이 제작되지 않았을까 추측해본다.

서사적 소재와 구조에서 2020년대의 블록버스터 「장진호」와 「장진호의 수문교」는 「빙혈 장진호」에 크게 빚지고 있다. 「빙혈 장진호」는 인민해방군 화둥군구 제3야전군 사령관 천 이가 중공중앙으로부터 비밀리에 항미원조전쟁 참전 지시를 받았던 1950년 10월 7일부터 흥남항을 점령하는 12월 25일까지의 전투 과정을 날짜별, 사건별로 짚어나갔다. 장진호 전투에 투입되었던 9병단은 제3야전군 예하 20, 26, 27군이었다. 95분이라는 제한된 분량에서 「빙혈 장진호」는 2차전역 동부전선 중 특히 두 대목을 강조했다. 바로 전투 초반부의 신흥리 전투와 후반부의 수문교 폭파작전이다. 영화 「장진호」가 신흥리 전투를 중심으로, 「장진호의 수문교」가 수문교 3차 폭파작전을 중심으로 구성된 것은 두편의 블록버스터가 「빙혈 장진호」가 구축한 서사의 틀을 기반

으로 제작되었음을 말해준다.

영화 「장진호」는 1950년 11월 9병단 27군 80사 모(某)단 모영 7연 연장 우 첸리(伍千里)와 그의 동생 우 완리(伍萬里)가 장진호의 동쪽 신흥리에서 미 육군 제7보병사단 31연대(정확하게는 '31연대전투단')를 섬멸하는 이야기이다. 그런데 신흥리 전투라는 것이 과거 항미원조전쟁 서술에서 좀처럼 드러나지 않았던 이름이다. 장진호 전투 자체가 독립된 단위로서 주목받지 않았던 상황에서 신흥리 전투는 말할 것도 없었다. 완정한 기록이라 하기는 어렵지만, 항미원조전쟁에 관한 가장 이른 시기의 자료로『펑 더화이 자술』(1981)을 살펴보자. 펑 더화이 사후 그가 남긴 글을 모아 편찬한『펑 더화이 자술』은 총 15개의 장으로 되어 있는데, 그중 항미원조전쟁에 관한 14장은 그가 실각하여 베이징 근교에 기거하던 1962년 중공중앙에 보낸 8만자 편지의 일부이다. 전쟁의 기억이 생생하던 시기, 당 중앙에 자신의 업적을 피력하여 복귀의 기회를 내심 노리며 썼을 이 글에 2차전역의 동부전선은 한마디도 언급되지 않았다.[87] 지원군사령부 고위층의 보다 본격적인 전장 기록으로서 당시 병참부 사령관이었던 홍 쉐즈의 회고록『중국이 본 한국전쟁』에는 동부전선이 소략하게나마 서술되어 있다. 그러나 여기에도 장진호 전투는 그다지 부각되지 않았을뿐더러 신흥리 전투를 포함한 당시 전황을 기술하는 어조는 오히려 부정적인 쪽에 가까웠다.

밤을 새우며 격전을 치른 끝에 28일, 아군은 미군을 토막토막 나누어 신흥리, 유담리, 하갈우리 등 몇개 지역에서 완전히 포위하여 유리한 전황을 만드는 데 성공했다. 그러나 상대가 사방을 탱크로 에워싸 포격을 하는 반면 우리는 소총, 수류탄 정도로 밀어붙이니 화력싸움에서 밀렸다. 게다가 월동준비를 하지 못해 동상에 걸린 전사들이 속

---

87 Peng Dehuai, Zheng Longpu tr., Sara Grimes ed., *Memoirs of a Chinese Marshal: The Autobiographical Notes of Peng Dehuai(1898~1974)*, Honolulu: University Press of the Pacific, 1984(2005), 2~3, 476~77면.

출해 전투력의 손실이 엄청났다.[88]

2차전역 동부전선의 신흥리 전투가 부각되기 시작한 것은 대체로 2000년대 이후이다. 단적인 예로 중국군사과학원에서 출간된 『중국인민지원군항미원조전쟁사』의 1990년판과 2000년판을 비교해보자. 전자에 비해 대폭 증보된 후자의 목차에서 특히 눈에 띄는 것은 2차전역 동부전선에 관한 배치이다. 1990년판이 서부전선과 동부전선을 하나의 장에 안배했다면, 2000년판은 두 전선을 각각 독립된 장으로 배치했다. 먼저 1990년판의 목차를 보자. 2차전역을 다룬 제2장의 전체 6개 소절 중 서부전선과 동부전선에 관한 4절과 5절은 아래와 같은 표제를 달고 있다.

4. 서부전선, 아군 반격 거행, 남군 제7, 제8사 대부분 섬멸, 미 제2사단 섬멸성 타격

5. 동부전선, 아군 반격 거행, 미 해병1사와 제7보병사단에 섬멸성 타격[89]

분량에서도 서부전선을 다룬 4절이 동부전선보다 좀더 많다. 2차전역의 전술 배치와 전투 개황을 기술한 기타 소절의 서술도 서부전선이 중심이고 동부전선은 보조였다. 그런데 2000년 판본으로 오면 서술의 중점과 배치가 크게 달라진다. 우선, 목차 구성

88 홍학지『중국이 본 한국전쟁』173면.
89 軍事科學院軍事研究部『中國人民志願軍抗美援朝戰爭史』, 軍事科學出版社 1990, 2면.

에서 서부전선과 동부전선이 대등할 뿐 아니라, 분량에서 동부전선이 서부전선보다 오히려 좀더 많아졌다.[90]

제5장. 제2차전역 서부전선

지원군 제2차전역 서부전선의 반격 배치

덕천, 영원 전투, 남조선군 2개 사 대부분 섬멸, 전역의 돌파구를 열다

측면 우회와 정면 공격을 결합, 지원군 삼면에서 미 9군단 포위

청천강 지구의 포위섬멸전, 지원군 미 9군단에 중상을 입힘

제6장. 제2차전역 동부전선, 지원군 2차전역을 승리로 종결

지원군 동부전선 반격 작전 배치

지원군 제9병단 장진호 지구 미군 부대를 분할 포위

신흥리 전투, 지원군 미 제7보병사단 31연대 전멸시킴

포위 추격, 퇴로 차단, 지원군 미군 '에이스' 해병 1사단에 섬멸성 타격 가함

'연합군' 38선 이남으로 패퇴. 지원군 승리로 2차전역 종결[91]

제6장에 신흥리 전투가 하나의 소절로 특화되어 있으며, 여기에 "전멸(全殲)"이라는 단어가 사용된 것에 주목하자. 승전을 기록할 때 주로 "섬멸(殲滅)성 타격" "섬멸"과 같은 단어가 사용되

---

90 軍事科學院軍事硏究部『中國人民志願軍抗美援朝戰爭史』, 軍事科學出版社 1990, 30~51면; 軍事科學院軍事硏究部『抗美援朝戰爭史』(第2卷), 軍事科學出版社 2000, 91~134면.

91 『抗美援朝戰爭史』第2卷, 2면.

는데, "전멸(全殲)"이라는 단어를 쓴 것은 1990년판과 2000년판을 통틀어 이곳밖에 없다. 증보판 『항미원조전쟁사』는 동부전선과 더불어 신흥리 전투를 크게 부각하는 새로운 흐름을 극명하게 드러낸다.

2000년대의 문자기록과 영상기록에서도 유사한 흐름이 나타났다. 왕 수쩡의 『조선전쟁(朝鮮戰爭)』(2009)과 리 펑(李峰)의 『결전조선(決戰朝鮮)』(2009) 같은 역사기술을 비롯하여,[92] 「빙혈 장진호」「장진호 혈전」「국가기억: 빙호혈전」, 「뜨거운 눈: 위대한 항미원조」에서도 일제히 신흥리 전투의 승리를 강조하기 시작했다. 이들은 마치 약속이라도 한 듯, 신흥리 전투가 "조선전쟁에서 유일하게 미군의 1개 연대를 섬멸한 전투"라는 말을 읊조렸다.

말하자면 영화 「장진호」는 2021년에 갑자기 출현한 것이 아니었다. 동부전선의 전장을 신흥리 전투를 중심으로 재구성하는 지난 10여년간 준비해온 '장진호 서사'가 이 영화를 통해 드디어 스크린에 구현된 것이다. 물론 「장진호」가 종래의 주선율 역사물의 문법을 뛰어넘어 사실과 허구를 뒤섞고 할리우드식 재난서사를 결합시키는 제4의 장르를 시도했다는 점에서, 그것의 역사적 진실성을 따지는 것이 크게 의미 없을 수도 있다. 그러나 중국에서 2차전역 동부전선을 처음으로 오롯이 조명한 이 영화가 역사와 허구를 뒤섞는 전략을 통해 중국인의 무의식 속에 담겨 있던 장진호의 기억을 어떻게 새롭게 불러내고 있는지, 그렇게 불러내진

---

92 리펑 『항미원조』(상권), 이재연·정명기 옮김, 다른생각 2021, 410면; 왕수쩡, 앞의 책 485면.

장진호가 역설적으로 덮어버리는 것은 또 무엇인지, 곰곰이 음미해볼 필요가 있는 것이다.

신흥리의 승리, 장진호의 비극

관련 자료들을 찾아보면 신흥리 전투가 2차전역 동부전선에서 9병단이 거둔 가장 큰 승리였다는 것은 사실이다. 신흥리 전투는 미국 측 기술에서도 중요하게 다뤄진다. 장진호 전투 중에서도 신흥리 전투를 집중 분석한 『장진호 동쪽』에 따르면, 11월 27일부터 12월 2일까지의 이 전투에서 미 7사단 31연대전투단은 장비와 차량을 하나도 가져오지 못했고, 전투단 소속 병력 3천여명 중 온전히 살아 돌아온 장병은 385명에 불과했다. 부상으로 후송된 1,500명을 제외하면 천여명이 전사하거나 포로가 된 것이다. 지휘관 앨런 맥린(Allen Duart MacLean) 대령은 전투 초반에 전사했고 그 후임이었던 돈 카를로스 페이스(Don Carlos Faith) 중령도 중상을 입고 후퇴 과정에서 숨졌다. 하갈우리에 있던 해병 1사단 지휘부가 사실상 구출을 포기한 상황에서, 이들은 제한된 공중 지원에 의지하여 자력으로 지옥의 계곡에서 빠져나와야 했다.[93]

그런데 중국 쪽 자료를 읽어보면, 신흥리의 승리는 쑹 스룬의 9병단에게도 쓰디쓴 과실이었다. 한반도 진입 과정부터 우여곡절이 많았던 9병단은 작전배치에서도 작지 않은 과오를 범했다. 무엇보다 개마고원의 혹한에 대한 사전 준비 부족과 보급 체계의

---

93 로이 E. 애플맨 『장진호 동쪽: 4일낮 5일밤의 비록』, 허빈 옮김, 다트앤 2013, 401~405면.

장진호 전투의 주요 전장

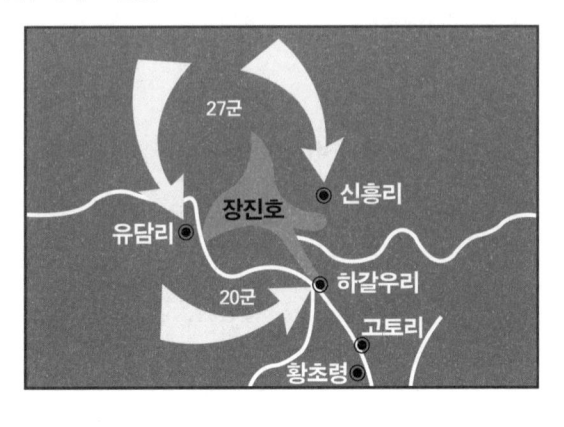

결핍 탓에 전투요인보다 비전투요인으로 더 많은 병력을 잃었다는 것이 뼈아팠다.

먼저, 2차전역 동부전선에서 신흥리 전투가 어느 위치에 있는지부터 살펴보자. 애초 9병단의 계획은 장진호 서쪽의 유담리, 동쪽의 신흥리, 남쪽의 하갈우리에서 미 해병 1사단과 육군 7사단을 동시에 분할, 포위, 섬멸하는 것이었다. 이 작전 계획에 따라, 27군의 79사가 유담리에서, 80사가 신흥리와 내동치에서 적을 포위했다. 20군의 59사는 하갈우리 이북의 사응령을 점령하여 유담리와 하갈우리 사이의 연결을 끊었고, 58사가 삼면에서 하갈우리를 포위했다. 그리고 20군 60사는 고토리 이북의 도로를 차단하여 하갈우리의 해병 1사단이 남쪽에서 원군을 얻지 못하도록 했다.

이러한 배치는 9병단 공격의 주목표가 신흥리가 아니라 하갈우리였음을 말해준다. 당시 하갈우리에는 해병 1사단의 전진지휘부와 후방보급소가 있었다. 사단장 올리버 스미스는 만약의 철수작전을 대비하여 하갈우리에 간이비행장을 짓고 있었다. 9병단 작전의 성패는 신흥리와 유담리에 있던 미군이 포위망을 뚫고 내려오기 전, 그리고 고토리에서 지원병이 북상하기 전에 하갈우리에 있는 해병 1사단 지휘부를 무력화하는 데 달려 있었다. 그러나 20군과 27군은 유담리, 신흥리, 사응령, 하갈우리, 고토리의 미군을 다섯 토막으로 분할 포위하여 유리한 전세를 마련해놓고도 하갈우리를 점령하지 못했다. 이 상황은 훗날 인민해방군 포병 교재로 사용된 『중국인민지원군항미원조전쟁간사(中國人民志願軍抗美援朝戰爭簡史)』에 알기 쉽게 정리되어 있다.

27일 황혼, 제9병단 제27, 20군이 갈라져 유담리, 신흥리, 하갈우리, 고토리, 사창리 등 지구의 미 제10군단을 공격했다.

제27군 79사가 유담리의 적을 향해 진격하여 적과 대치했다. 동군 80사의 주력은 신흥리와 내동치 지역에서 각각 적을 포위했다.

제20군 59사는 신속하게 사응령을 점령하고 유담리와 하갈우리 사이의 적의 연결을 끊었다. 58사는 삼면에서 하갈우리를 포위했고 60사는 고토리 이북의 도로를 끊어 적이 북진하여 지원하는 것을 막았다. 89사는 사창리 지구를 향해 공격했으나 효과적이지 못했다.

하룻밤의 격전을 거쳐 28일 아군은 적을 신흥리와 유담리, 하갈우리 등 몇개 고립 지구로 분할, 포위하여 연속 공격했지만 소용이 없었다. 29일, 9병단은 유담리, 하갈우리의 적을 포위하되 섬멸하지 않고 병력을 우선 신흥리의 적을 섬멸하는 데 집중하기로 결정했다. 즉각 배치를 조정하여 30일 밤, 80사, 81사가 신흥리의 적을 섬멸했다. 12월

1일 새벽녘, 적을 협소한 지역으로 몰아넣었다. 정오에 적은 항공병의 지원을 얻어 남쪽으로 포위망을 뚫었다. 아군은 이들을 추격하여 차단했다. 하갈우리로 도주한 200여명을 제외하고 나머지는 모두 후포와 사수리 지구에서 아군에 의해 섬멸되었다. 2일 4시, 신흥리 지구의 전투는 종결되었다.[94]

여기서 알 수 있는 것은 신흥리의 공격이 전략적 선택이라기보다 궁여지책이었다는 사실이다. 애초 유담리, 하갈우리, 신흥리의 미군을 동시에 공격한다는 9병단의 목표가 현실적이지 못했던 것이다. 포위된 미군은 탱크로 원형 대형을 이루어 사방으로 화력을 뿜어냈고 위로는 막강한 공중폭격의 지원을 받았다. 2010년 『성훠쌴렌저우칸(生活三聯周刊)』 항미원조전쟁 특집기사는 장진호 유담리에서 벌어진 전투 상황을 묘사하면서, 27군에 의해 포위된 해병 1사단을 '볼 수는 있지만 먹을 수는 없는', 함정에 빠진 맹수에 비유했는데,[95] 이러한 상황은 신흥리도 마찬가지였다. 이틀간의 격전에서 20군과 27군이 전력을 소진해버리자, 29일 9병단 지휘부는 주 공격부대인 27군이 있는 신흥리로 공격력을 집중하기로 계획을 수정한다. 말하자면 신흥리 공격은 그곳이 전략적으로 중요해서가 아니라 아군의 주력군이 거기 있었기 때문이었다. 장진호 전투 전체에서 보면, 신흥리의 승리는 적의 지휘부가 있는 하갈우리를 내주고 얻은 보잘것없는 승리에 불과

---

94 中國人民解放軍砲兵學院訓鍊部『中國人民志願軍抗美援朝戰爭簡史』, 1982, 19~20면.
95 「志願軍9兵團長津湖血戰是最漫長的追擊」, 『生活三聯周刊』 2010.9.17.

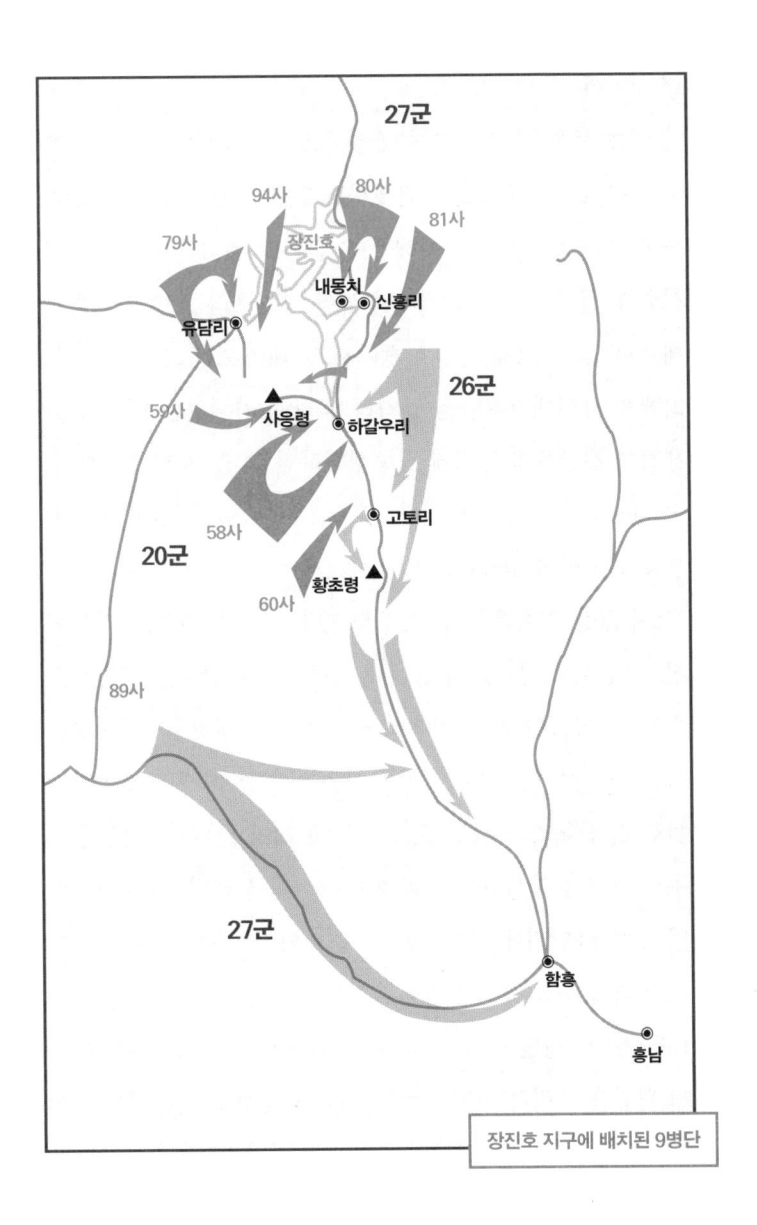

27군

94사　80사

79사　81사

장진호

내동치

유담리　신흥리

26군

59사　사응령　하갈우리

20군　58사　고토리

60사　황초령

89사

27군

함흥

흥남

장진호 지구에 배치된 9병단

했던 것이다.

『장진호 동쪽』의 저자 로이 애플맨(Roy E. Appleman)은 11월 27일 20군 58사가 하갈우리를 삼면에서 포위한 상황에서 왜 공격의 방향을 신흥리로 돌렸는지 이해할 수 없다고 썼다. 9병단이 공격을 개시한 11월 27일부터 12월 1일 사이 하갈우리는 방비가 취약한 상태여서, 만약 그때 장진호 동쪽에서 내려오던 27군 80사가 신흥리에서 31연대전투단을 공격하기 위해 지체하는 대신 58사와 합세하여 하갈우리 공격에 집중했더라면 해병 1사단으로서는 재앙이 되었을 것이라는 말이다. 애플맨은 9병단이 작전 초기 공격력을 하갈우리에 집중하지 않음으로써 장진호 전투에서 두번 다시 오지 않을 기회를 놓쳤다고 말했다. 나아가 장진호 전투에서 해병 1사단이 하갈우리의 방어에 성공하고 흥남으로 성공적으로 철수할 수 있었던 것은 신흥리에 있던 31연대전투단이 9병단의 주력을 소모시키고 사령부의 혼선을 야기한 희생 덕분이었다고 역설했다. 신흥리의 전투 효과 덕분에 해병 1사단은 하갈우리의 활주로 공사를 완성하여 수천명의 부상자를 해안으로 후송할 수 있었고, 또 유담리에 포위되었던 5연대와 7연대를 비롯하여 살아남은 병력 모두를 하갈우리에 집결시킬 수 있었다는 것이다.[96]

11월 29일 9병단이 왜 공격력을 신흥리에 집중할 수밖에 없었는지 원인을 추적하자면, 한반도 진입 과정으로 거슬러올라간다. 중국인민해방군 제3야전군의 최정예 부대인 9병단의 20, 26, 27군

---

[96] 로이 E. 애플맨, 앞의 책 438~43면.

15만 병력은 11월 11일에서 19일 사이에 한반도로 들어왔다. 그 중 20군은 침투와 우회에 능하고 27군은 공격에 강했다. 그래서 애초의 작전 배치는 27군을 전위로 삼아 먼저 한반도에 진입시키고, 매복과 저지가 강점인 20군을 후위에 두어 앞뒤에서 적을 협공하는 것이었다. 상대적으로 전력이 약한 26군은 예비대로 두었다. 그런데 이 계획이 한반도에 진입하는 과정에서 틀어진다. 11월 6일 중공중앙이 돌연 일정을 앞당기는 바람에, 원래 후위부대로서 둥베이 지역에 대기하다 천천히 투입될 예정이었던 20군이 제일 먼저 입국하면서 전략적으로 가장 중요한 하갈우리의 공격을 맡게 된다. 그리고 뒤에 들어온 27군이 신흥리와 유담리에 배치되면서, 전위와 후위가 뒤바뀌어버린 것이다. 아울러, 갑작스런 일정 변경으로 20군이 동복을 보급받지 못함으로써 이후 상상을 초월하는 희생을 야기한 점도 짚어야 한다.[97]

해병 1사단의 본대가 있었던 하갈우리를 삼면으로 포위한 20군 58사의 힘이 턱없이 부쳤다는 사실은 중국의 여러 자료에서 산견된다. 20군 군사(軍史)인 『20군 사화(二十軍史話)』는 11월 27일에서 29일까지 58사 172단의 2연, 3연, 5연, 6연이 하갈우리의 동쪽 소고령(비학산) 1071고지를 점령하던 상황을 생생하게 기록했다. 소고령 1071고지는 유담리의 해병 1사단 5연대와 7연대가 하갈우리로 후퇴하기 위해 반드시 지나가야 하는 길목의 감제요지였다.

---

97 2차전역 시기 9병단은 20, 26, 27군 9개사에 30군의 88사와 89사, 32군의 94사를 더해 12개사 15만명으로 구성된 특전부대였다. 朱曉明 「冰凍長津湖: 抗美援朝著名戰役介紹之二」, 『黨史博采』 2010年 第9期, 9면.

『20군 사화』는 이곳을 '하갈우리의 목을 찌르는 비수'라고 불렀다. 소고령 점령 임무를 맡았던 58사 부대 중 3연 연장은 항미원조전쟁의 '특급 영웅'으로 이름도 유명한 '양 건쓰 열사'였다. 양 건쓰가 이끄는 3연 30명 결사대는 27~29일 1071고지에서 미군의 여덟차례 공격을 막아내고 전원 전사했다. 「빙혈 장진호」에는 당시 양 건쓰 부대를 지원했던 중기관총배(排) 배장의 회고가 나온다. 당시 결사대 중에서 양 건쓰 혼자만이 살아남았고 중기관총 부대는 탄환이 바닥난 상태였다. 양 건쓰는 함께 남아 육탄전을 벌이겠다는 중기관총 부대를 본대로 돌려보낸 후, 홀로 폭탄 꾸러미를 안고 고지로 접근하는 미군들을 향해 뛰어들었다. 신화통신을 통해 12월 25일자 『런민르바오』에 게재된 양 건쓰의 기사 일부를 소개한다.

적들이 반격을 지속했다. 한차례 또 한차례 쓰러진 사체들이 쌓여갔다. 양 건쓰의 1배 대원들도 영웅적으로 전사하면서 점차 수가 줄어갔다. 몇 차례의 반격에도 소용이 없자, 적은 중화기와 B29폭격기로 폭격탄, 소이탄, 심지어 휘발유를 이 작은 산봉우리에 쏟아부었다. 흙덩이와 돌덩이, 연기가 온 산을 메웠다. 적이 삼면에서 집단 공격을 시도해왔다. 그러나 영웅 양 건쓰 부대의 용사들은 완강하게 버텼다. 영웅들은 적이 30미터 앞까지 다가올 때까지 침착하게 기다렸다가 먼저 수류탄을 투척한 다음 톰슨총으로 사격했다. 밀집해 있던 적들이 연달아 산 밑으로 굴러떨어졌다. 수십대의 전투기들이 여전히 분대를 나누어 폭격을 퍼부었다. 포격도 멈추지 않았다. 그들은 1개 배의 수십명을 대적하기 위해 수 톤의 강철을 사용했다. 그러나 영웅들은 여전히 서로를 격려했다. '견결히 고지를 사수하자. 적이 하나 올라오면 하나를 섬멸하는 거야!'[98]

양 건쓰의 '영웅적' 사적을 강조하는 이 기사는 뒤집어 보면 당시 무기와 화력에서 58사와 미 해병 1사단의 차이가 천양지차였음을 여실히 드러낸다. 실제로 '불후의 열사' 양 건쓰의 탄생은 불가능한 임무가 요구한 참혹한 희생의 결과였다. 소고령 고지를 두고 격렬한 쟁탈전이 이어지던 11월 30일, 58사 172단 4개연은 3연 연장 양 건쓰를 포함하여 간부 대부분이 사망한 뒤였다. 병사들 가운데 중증 동상자가 급증했고 나머지도 경동상으로 발이 검게 부어오르고 마비된 상태였다. 그런 상황에서 그들은 적의 지휘부가 소재한 하갈우리를 공격해야 했던 것이다. 30일, 쑹 스룬은 58사가 남은 병력을 추슬러 하갈우리를 공격하는 동안 27군의 1개단이 여기 합세하라고 명령했지만, 27군은 신흥리 공격에 부쳐 합류하지 못했다.[99]

9병단이 작전 초기 하갈우리로 병력을 집중하지 못했던 데에는 정보력의 부족도 한몫했다. 이후 스스로도 뼈아프게 반성했듯, 9병단 지휘부는 자신들이 포위한 적에 대한 기본적인 파악이 되어있지 않았다. 27일 하룻밤의 격전을 거쳐 유담리, 신흥리, 하갈우리에서 적을 분할, 포위하고 나서야 비로소 포위된 적의 규모

98 「不朽的楊根思排」, 『人民日報』 1950.12.25.
99 百旅之傑編委會 編 『百旅之傑: 二十軍史話』(上), 杭州: 杭州出版社 1999. 424면.

가 예상했던 것의 2배가 넘는다는 사실을 깨달았다는 기록은 여러곳에서 나온다. 『20군 사화』에 따르면, 58사는 하갈우리에 있던 미군 병력을 사단급 지휘소 하나와 보병대대 하나를 포함하여 5천여명으로 예상했는데, 실전 과정에서 그곳에 해병 1사단의 전진지휘소 외에도 3개의 대대, 1개의 탱크대대, 각종 특수임무대 등 1만명에 가까운 병력이 있다는 것을 알게 되었다.[100] 신흥리의 상황도 유사했다. 2차전역 종결 후 27군이 작성한 보고서를 보면, 신흥리 공격을 개시하기 전 그들은 그곳에 주둔한 적을 해병 1사단으로 알고 있었다. 상대가 육군 7보병사단이라는 사실을 안 것은 역시 작전을 수행하던 중에서였다.[101] 이러한 기록들은 당시 9병단 지휘부가 극한의 환경에서 15만 병력을 동원하는 대규모 공세를 감행하면서, 적의 지휘부가 어디 있는지, 상대 병력의 규모가 어느 정도인지 제대로 파악하지 못한 상태였음을 말해준다.

훗날 9병단은 이 같은 과오가 "군 지도부의 안일한 태도" 탓이라고 인정했다. 『20군 사화』에서는 미군의 지휘계통과 편제, 무기장비 등을 세심히 파악하지 않고 과거 국민당과의 내전 경험을 기반으로 안이한 추산을 했다고 자아비판했으며, 27군의 내부보고서 역시 "지도부의 과오"로 인해 "적에 대한 인식 부족과 판단 착오" 가 있었고 "상부에서 하부까지 적을 경시하는 사상이 있어 하룻밤 결전의 전투 방식 외에 대안적 계획이 부재했다"고 적고 있다.[102]

---

100 같은 책 418~19면.
101 「第二十七軍第二次戰役經驗簡要報告」(1951.1.16.) 志願軍(三)三(8)-10號.
102 百旅之傑編委會 編, 앞의 책 418~19면; 「第二十七軍第二次戰役經驗簡要報告」.

그러나 작전 초기 공격의 방향을 제대로 잡지 못하고 갈팡질팡했던 책임을 전적으로 9병단 지휘부에 돌리는 것도 공평해 보이진 않는다. 9병단 3개군의 사단급 간부 300여명이 한반도 전장에 투입된다는 사실을 안 것은 10월 29일 산둥성 취푸(曲阜)에서 열린 비밀회의에서였다. 여기서도 전투의 구체적 임무가 전달되지 않았다. 11월 11에서 19일 사이 한반도에 잠입한 9병단 15만 병사들은 애초의 공격 개시일이었던 11월 26일까지 목표지점에 도달하기 위해 영하 30~40도의 개마고원 산지를 2주 만에 두 다리로 주파해야 했다.[103] 그런 상황에서 적정을 충분히 파악한다는 것은 물리적으로 어려웠을 것이다. 다만 여기서 드는 의문은 9병단의 자기반성 기록들로 보건대, 과연 당시 지원군 스스로가 장진호 전투를 '대승리'로 인식하고 있었을까 하는 것이다.

장진호 전투로 9병단은 막대한 전력 손실을 입었다. 2차전역이 종결된 12월 25일 이후 휴식과 재정비에 들어간 9병단이 다시 전투에 투입된 것은 이듬해 4월말에 개시된 5차전역에 와서였다. 신흥리의 공격을 맡았던 80사의 전력 손실이 어느 정도인지는 기록을 찾기 어렵다. 다만, 유담리 공격을 담당했던 79사의 어느 구술 기록을 통해 당시 27군의 상황을 가늠해볼 수 있다. 27군 79사 236단 3영 부(副)영장이었던 푸 시펑(傅喜峰)은 11월 27일 200여명으로 구성된 특전대를 이끌고 유담리 동북부 1240고지전에 나섰던 첫 전투의 참담했던 상황을 이렇게 회고했다.

---

103 동부전선에서의 2차전역은 쑹 스룬의 요청으로 하루 연기하여 11월 27일에 개시되었다.

격렬한 쟁탈전이 전개되던 중 미군이 갑자기 유탄포를 쏘기 시작했다. 눈보라가 휘날리는 벌판이 삽시간에 산이 무너지고 땅이 갈라질 듯 포효하더니 내 주위에 떨어진 불바다가 연의 공격대형을 거의 완전히 뒤덮어버렸다. 나는 수년을 전장터에서 보냈지만, 이처럼 정확하고 신속한 화포 공격을 본 적이 없었다. 더 큰 손실을 피하기 위해 일단 부대를 이끌고 퇴각했다.

산의 경사면에 집결하여 남은 인원수를 세어보았다. 부상자를 빼고도 60여명을 잃었다. 나는 억장이 무너졌다. 우리 연은 전 단(團)의 주력 공격대로, 대원의 절대다수가 역전의 노장이었다. 대부분이 자오둥(膠東) 출신의 베테랑이고 공산당원이 109명에 달한다. 해방전쟁 중 백전불패였던 우리 돌격대가, 대만 공략을 위해 1년 넘도록 훈련해온 이 정예부대가, 필승의 각오를 품고 조선으로 건너와 초전에서 병사들을 다 잃었으니, 이 분을 어떻게 참겠는가.[104]

푸 시펑은 생존자들을 추스르고 포병부대의 지원을 받아 결국 1240고지를 점령한다. 그러나 이틀 동안 언 감자 3개밖에 먹지 못한 그의 병사들은 다가올 반격에 대비할 기력조차 남아 있지 않았다. 이어지는 미군의 반격 장면은 더 생생하다.

대략 9~10시경, 반격을 준비하는 미군의 포격이 한층 더 맹렬하게

104 傅喜峰 구술, 劉洪亮 정리「爭鋒長津湖雪域大搏殺: 記長津湖戰役1240高地爭奪戰」, 『春秋』2013年 第4期, 31~32면.

개시되었다. 고막을 찢을 듯 연발하는 폭음의 강력한 진파가 오장육부를 강타했다. 내 코에서 코피가 흘러내렸다. 잠시 후 소이탄이 하늘 높이 솟구쳐 터지더니 소이제가 사방으로 떨어졌다. 작열하는 화염이 순식간에 산봉우리를 집어삼켰다. 내 모자와 군복에도 불이 붙었다. 이미 얼어붙은 사지로 찌르는 통증이 파고들었다. 나는 눈밭을 데굴데굴 굴렀다. 돌연 포탄 파편 하나가 내 배를 가르고 지나갔다. 복부 수십 밀리미터가 벌어졌다. 나는 이를 악물고 극도의 통증을 참으며 흘러나온 창자를 집어넣었다. 통신원 이 리환(易禮煥)이 붕대로 상처를 단단히 싸매주었다. 나는 덜덜 떨리는 몸을 간신히 초토에 붙이고 있었다.

미군의 포화가 조금씩 잦아들었다. 고개 들어 산 아래를 내려다보니 산허리에 50여명의 미군이 우리 진지를 향해 다가오고 있었다. 다시 주위의 전우들을 둘러보았다. 모두 새까맣게 탄 숯덩이였다. 그중 눈밭 위로 기거나 꿈틀거리는 이들을 합하니 대략 30여명이었다.[105]

푸 시평의 특전대 200명은 장진호 전투가 개시된 첫날 단 몇 시간의 고지전에서 10여명을 남기고 전멸했다. 화둥군구 제3야전군의 정예부대인 9병단, 그중에서도 주 공격부대인 27군, 그중에서도 백전불패를 자부하는 푸 시평의 특전련이 미군의 첨단 포화 공격에 순식간에 무력화된 것이다. 한국전쟁에서 맥아더가 중공군을 농민군 유격대라 업신여기는 바람에 낭패를 보았다고 하지

---

[105] 같은 글 같은 면.

만, 농민군 유격대라는 말이 아주 틀린 것은 아니었다. 적어도 장비 면에서 지원군은 미군의 상대가 되지 않았다. 당시 27군 235단 3영 부교도원으로 고토리 전투에 참전했던 츠 하오톈(遲浩田)은 다큐멘터리 「빙혈 장진호」에서 출현하여, 장진호에서 난생 처음으로 적외선 장비를 보았다고 회고했다. 당시 22세였던 츠 하오톈은 이후 1993년에서 2003년까지 중국 국방부장관을 지낸 인물이다. '지난(齊南) 제1단'이라는 혁혁한 이름을 자랑하던 235단의 특전련은 야간에 적을 정확하게 조준 사격하는 미군의 첨단 무기에 간부에서 병사까지 전원 궤멸되었다. 츠 하오톈은 야간투시경의 존재를 그때 처음 알았다고 말했다.

9병단의 희생이 어느 정도였는지 말해주는 결정적 지표는 장진호 전투가 끝나갈 무렵 마오 쩌둥이 보낸 전보일 것이다. 12월 17일 펑 더화이와 쑹 스룬 등에게 보낸 전보에서 마오는 9병단 전원이 귀국하여 휴식할 것을 권한다.

9병단의 이번 동부전선 작전은 극도의 곤궁한 조건에서 거대한 전략적 임무를 달성. 혹한의 기후, 보급의 결핍, 전투의 격렬함으로 감원(減員) 4만여 명에 달함. 중앙은 극도로 애도의 염을 표함. 원기를 회복하고 기력을 충전하여 다시 전투에 복귀할 수 있도록 9병단은 현 작전이 완전히 종결된 후 전체가 둥베이로 돌아와 신병을 보충하고 2달에서 3달 정비한 후 다시 조선 작전을 재개할 것을 제안함.[106]

---

106 中國人民解放軍軍事科學院 『毛澤東軍事文選』(內部本), 1981, 682면.

제3야전군의 최정예 15만 병력 중 4만이 20일간의 전투에서 소실되었다. 9병단으로서 가장 비통한 사실은 그 3분의 2가 동사와 아사 등 비전투 요인으로 사망했다는 것이다. 2016년에 방영된 드라마 「펑 더화이 원수」를 보면 부사령관 덩 화가 펑 더화이에게 동부전선에서 발생한 동사자 수를 28,954명으로 보고하는 장면이 나온다. 이 수치의 출처가 어디인지는 알 수 없지만, 끝자리까지 명시한 것을 보건대 아마도 내부 자료에 근거했을 것이다. 이를 뒷받침하는 자료로 12월 14일 9병단 병참부장 관 종리(官宗禮)의 보고서가 있다. 이 문서에는 2차전역 중 "동상과 기아, 양식 결핍 현상이 보편적이고 동사와 아사, 특히 최장 9일간 양식을 먹지 못해 발생한 비전투 감원이 전투 감원의 2배에 달해 전투력의 심각한 손실을 초래했다"고 기록되어 있다.[107] 마오가 말한 4만을 기준으로 계산해보면, 동사와 아사자가 대략 2만 6천 6백에 이른다는 말이니, 드라마에서 명시한 수치와 얼추 맞아떨어진다.

9병단은 둥베이로 귀국하라는 마오의 제안을 거부하고 함흥에 남았다. 12월 19일, 마오에게 보내는 회신에서 펑 더화이는 현지에서 휴식하겠다는 9병단의 뜻을 아래와 같이 전했다.

쑹 스룬이 함흥에 남아 휴식하겠다고 회신함. 당신의 전신 후 계획이 바뀌었는지 물었으나 회신 없음. 각 방면에서 판단컨대, 흥남지구

---

107 官宗禮 「十二月份後勤準備工作報告」, 1950.12.13.

에서 군량 1만 톤 준비는 문제없음. 목전 상황으로 보아 쑹 병단이 둥베이로 퇴각하는 것 역시 쉽지 않음. 장진, 강계에서 지안까지 열흘 이상 행군해야 함. 마침 대설이 내리고 기온이 영하 30도 이하로 직하함. 체력이 떨어지고 동상으로 발이 상한 이들이 행군과 노숙을 한다면 상상할 수 없는 손실이 발생할 수 있음.[108]

동상자를 이끌고 행군하다 "상상할 수 없는 손실"이 발생할 수 있다는 구절이 당시 9병단의 상황을 단적으로 말해주고 있다. 그런데 『20군 사화』의 관련 대목을 찾아보면 이들이 귀국을 거부한 데는 또다른 요인이 있었던 듯하다. 바로 치욕감이었다.

20군 군장은 토론을 거쳐 귀국하지 않고 현지에서 휴식하자는 일치된 의견을 제기했다. 군장 장 이샹(張翼翔)이 말했다. "군, 사, 단이 수만명의 동상자를 끌고 어떻게 움직이겠소? 게다가 행군하면 노숙해야 합니다. 동상자가 또 생길 것이고, 경동상자는 중동상자가 될 텐데, 안될 말이오. 근처에서 기거할 곳과 양식을 찾아 휴식하는 것이 좋겠소."

부군장 랴오 정궈(廖政國)의 말은 더 절박했다. "무슨 낯으로 귀국을 한단 말입니까. 동상자에, 절름발이에, 너덜너덜 누더기 행색을 하고! 제대로 꼴을 갖추어 개선가를 부르며 돌아가겠소!"[109]

---

108 中國人民解放軍軍事科學院, 『毛澤東軍事文選』, 691~92면.
109 『百旅之杰: 二十軍史話』(上) 476면.

이러한 기록은 적어도 당사자의 관점에서 장진호 전투가 9병단의 낯을 세워줄 만한 승전은 아니었음을 말해준다. 미군의 1개 연대를 전멸시켰다는 점에서, 그리고 압록강까지 진격하던 미군을 흥남항으로 철수시켰다는 점에서 장진호 전투는 지원군의 대승리라 할 수 있을 것이다. 그러나 그 승리를 위해 9병단은 상상할 수 없는 희생을 치렀다. 그것은 영화 「장진호」가 화려한 스포트라이트로 감추었던 장진호의 어둠이었다.

참담함에서 숭고함으로

중공군 역시 살인적 추위에 굴복하고 있었다. 멀지 않은 곳에 10여 개의 빙구(氷丘)가 눈 위에 솟아 있었다. 그들 중 하나가 움직이는 것 같자 해병대 하사가 달려가 조사했다. 눈을 털어낸 뒤 그것이 참호에 들어가 있는 중공군이라는 것을 확인했다. (⋯) 그는 거의 죽어 있었다. 눈동자는 움직였지만, 아무것도 보지 못했다. 운동화를 신었지만 양말은 신지 않았다. (⋯) 해병대는 그들을 불쌍히 여길 수밖에 없었다. 그들은 구덩이에 박혀 죽었던 것이다.(햄프턴 사이즈 『데스퍼레이트 그라운드』 299면)

다큐멘터리 「빙혈 장진호」에서 영화 「장진호」까지 2차전역 동부전선의 기억과 서사가 조직적으로 재구성되는 일련의 과정은 브라이언 마수미(Brian Massumi)가 말한 '정동적 전환' 개념을 상기시킨다. 마수미는 지금은 도덕적 틀로 정치를 정당화하는 시대가 아니며 정동적 차원을 조절하는 능력으로서 미디어가 통제의 직접적인 메커니즘이 되었다고 주장했다. 미디어가 정동의 조절, 채록, 확산을 통해 애국심과 같은 공적인 감정을 부추기는 것을 '정동적 전환'이라 부르면서, 그는 이데올로기가 물질화되어 실행되는 과정을 이해하기 위해서는 이데올로기보다 더 근본적인 정동에 대한 이해가 중요하다고 강조했다.[110] 「빙혈 장진호」에서 「장진호」로 이어지는 과정은 2차전역 동부전선에 대한 공적 기술 중 언어로 등록되지 않고 행간을 부유하는 경험의 특이성들(singularities)을 승리의 서사로 재조직하는 것이었다. 「장진호」가 문제적인 이유는 그것이 단순히 잊혀져가던 항미원조전쟁의 기억을 불러냈기 때문이 아니다. 근본적인 문제는 장진호의 기억에 들러붙어 있던, 공적인 언어로 구조화되지 않은 채 떠도는 정서와 감응을 포섭하여 새로운 집단기억으로 재조직했다는 것이다. 「장진호」의 도발적 성격은 항미원조전쟁에 관한 중국인의 집단기억과 정서에서 가장 어둡고 아팠던, 그래서 되도록 드러내고 싶지 않았던 지점에 요란하게 스포트라이트를 쏘아댔다는 데 있다.

망각의 골짜기에 방치되어 있던 장진호를 승리의 서사로 재구축하는 과정에서 영화 「장진호」는 크고 작은 왜곡과 과장을 감행했다. 그중 다소 사소해 보이지만, 신흥리에서 섬멸한 적을 "북극곰단"("The 31st Infantry Regiment, 'Polar Bears'")이라고 강조하는 대목을 지적할 수 있다. 장진호에 관한 다큐멘터리와 영화 들은

---

110 브라이언 마수미 『정동정치』, 조성훈 옮김, 갈무리 2021, 330~31면.

신흥리에서 27군이 대적한 상대가 1차대전 중 시베리아 원정대로 참전했고 2차대전 기간에는 일본군을 필리핀에서 격퇴한 유서 깊은 육군 31연대 일명 '북극곰단'임을 역설했다. 영화 「장진호」는 인천상륙작전을 마치고 부두에 대기하고 있던 31연대의 연대장 앨런 맥린과 그의 대원들이 이곳의 싸움은 2차대전에 비하면 식은 죽 먹기라며, 이제부터 진짜 전투가 무엇인지 보여주겠다고 거들먹거리는 장면으로 시작한다.

31연대 '북극곰단'의 이야기는 최근 항미원조 서사에 빠짐없이 등장하는 단골 메뉴다. 30년 전통을 자랑하는 미 육군의 에이스 중의 에이스 부대가 27군에 의해 궤멸당했으며, 단장이 전사하고 단기(團旗)까지 전리품으로 포획했다는 영웅담은 거의 모든 다큐멘터리에서 다뤄졌다. 「빙혈 장진호」와 「장진호 혈전」을 위시하여 2020년대에 방영된 「국가기억: 빙호혈전」 「뜨거운 눈: 위대한 항미원조」에 출현한 지원군 노병들은 약속이나 한 듯 신흥리에서 포획한 북극곰단 단기에 대한 증언을 늘어놓았다. 세부적인 내용은 조금씩 다르지만 요지는 대체로 같다. 신흥리 전투가 끝나고 전장을 정리하던 중 근사한 파란색 깃발을 발견했는데 취사반장이 만두랑 감자를 찌는 보로 쓰겠다는 걸 빼앗아 상부에 보고했더니 그게 그 유명한 북극곰단 단기였다는 것이다. 「국가기억: 빙호혈전」에서는 이 단기가 현재 상하이 소재 중국인민혁명군사박물관에 일급문물로 보존되고 있으며, 북극곰단은 신흥리 전투로 궤멸되어 더이상 존재하지 않게 되었다고 말했다. 영화 「장진호」에서 전사한 맥린 대령 뒤로 푸른 단기가 카메라에 의미심장하게 잡혔던 것도 이런 맥락이었다. 「빙혈 장진호」는 이렇게 덧붙였다. "세계 일류의 부대, 별것 아니었다."

그러나 신흥리에서 궤멸된 부대가 31연대 북극곰단이라는 것은 사실과 다르다. 27군이 궤멸시킨 부대의 정확한 이름은 31연대가 아니라 '31연대전투단'이었다. 당시 동부전선에 배치된 아먼드(E. M. Almond)의 제10군단은 해병1사단과 육군 7사단으로 구성되어 있었다. 해병대가 흥남 철수작전을 성공시킨 반면 신흥리의 육군부대가 참패한 원인을 깊이 연구했던 애플맨은 당시 상황을 이렇게 정리했다. 해병 1사단이 장진호에서 태세를 갖추고 있었던 것과 달리, 11월 26일 정오까지 장진호 동쪽에 집결하라는 아먼드의 명령이 떨어졌을 때 육군 7사단의 부대들은 서로 100마일 이상 떨어져 있었다. 7사단은 장진호에 가까이 위치해 있는 여러 부대들을 모아 즉석으로 31연대전투단을 결성해야 했다. 그리하여 31연대 본부와 본부중대, 2대대와 3대대, 32연대 1대대, 31전차중대, 57포병대대, 15대공포대대 등으로 31연대전투단이 만들어졌다. 급조된 3천명의 31연대전투단은 함께 일해보지 못했으며 어떤 보병부대와 그들을 지원하는 포병 간에는 장교와 사병이 면식조차 없었다. 애플맨은 만약 31연대나 32연대가 정상적인 포병대대와 전차중대를 갖추어 신흥리에 집결했더라면 훨씬 좋은 결과를 얻었을 것이라 말했다. 아울러 그는 7사단의 4분의 1이 함흥에서 강제 징집된, 훈련되지 않은 카투사였다는 점도 지적했다.[111]

---

111 로이 E. 애플맨, 앞의 책 24~28면, 453~54면.

이런 설명이 패자의 변명처럼 들릴 수도 있지만, 적어도 신흥리에서 27군에 의해 궤멸당한 미군이 '북극곰단'으로 불리는 31연대가 아니라는 점은 분명하다. 그리고 신흥리 전투의 패배로 북극곰단이 해체되었다는 중국 다큐멘터리의 진술도 사실과 다르다. 31연대 북극곰단은 지금도 건재하다. 한국전쟁 이후 베트남전에 참전했고 9·11 발발 이래 아프가니스탄과 이라크 등 중동지역에도 배치되었다.[112]

신흥리 전투와 더불어 장진호 서사에서 크게 강조되는 수문교 폭파 작전도 적잖은 의문을 자아낸다. 12월 4일 유담리에서 포위망을 뚫은 해병 1사단 5연대와 7연대 등은 하갈우리의 본대와 결합했다. 해병 1사단장 스미스는 하갈우리에 만들어둔 간이비행장을 통해 1,400명의 부상병을 비행기로 호송하고, 나머지는 모든 중장비를 거느리고 흥남으로 남하할 것을 결정한다. 스미스가 이 여정을 '후퇴'가 아닌 '남쪽으로의 공격'이라 불렀다는 것은 알려진 일화다. 부대 전체가 비행기로 철수하려면 엄호 부대의 희생을 전제해야 하고 또 수천대의 군장비를 포기해야 했는데, 스미스는 그것을 용납할 수 없었던 것이다. 그런데 스미스의 해병대가 남하하는 길에는 황초령이라는 천연의 장애물이 가로놓여 있었다. 고토리 남쪽 6킬로미터 아래 위치한 황초령 고개에는 수문교라는 다리가 있었다. 인공호수인 장진호 저수지의 취수

---

112 31st Infantry Regiment Association, *The 31st Infantry Regiment: A History of "America's Foreign Legion" in Peace and War*, North Carolina: McFarland & Company 2018, 6~7면.

탑에서 빨아들인 물을 지하관을 통해 아래의 계곡으로 낙하시키는 수조 위에 걸쳐 있는 불완전한 교량이었다. 해병대가 수천대에 달하는 탱크와 전차 들을 거느리고 남하하기 위해서는 반드시 이 다리가 필요했다. 그래서 사단장 스미스는 공병대장 패트리지(John H. Partridge) 중령에게 지시하여 기존 교량을 강도 50톤의 교량으로 부설해둔 터였다. 그런데 그곳의 지형적 중요성을 간파했던 쑹 스룬도 황초령 1081고지 부근에 20군 60사를 배치했다. 60사는 패트리지의 공병대가 부설한 교량을 폭파했고 그것을 공병대가 도하용 조립교량으로 다시 보수했다. 12월 4일 해병대는 항공정찰 과정에서 이 교량이 또다시 파괴된 것을 발견한다.[113]

「장진호」의 후속편 「장진호의 수문교」는 신흥리의 전투를 마치고 황초령으로 이동한 우 첸리와 우 완리의 27군 80사 7연이 20군 포병대와 협력하여 수문교의 제3차 폭파 임무를 달성한다는 이야기이다. 이 서사의 원형 역시 다큐멘터리 「빙혈 장진호」에서 나왔다. 「빙혈 장진호」에서는 12월 6일 27군 80사 240단 3영 7연 연장 장 칭윈(姜慶雲)이 20명의 결사대를 조직하여 수문교 3차 폭파를 결행했다고 말했다. 그런데 왜 수문교의 세번째 폭파를 황초령에 배치되어 있던 20군이 아닌, 멀리 신흥리에 있던 27군 80사의 장 칭윈이 수행했을까. 더 근본적인 물음은 과연 수문교의 3차 폭파가 하나의 사건으로서 존재하는가이다. 1990년판 『항미원조전쟁사』는 물론 2000년판에도 수문교 폭파에 관한 기

---

113 국방부전사편찬위원회 『장진호전투: 한국전쟁전투사 12』, 1981, 253~54면.

술은 거의 발견되지 않는다. 1990년판의 관련 부분을 살펴보면,
12월 6일 20군의 58사와 60사가 황초령 남북 지구를 점령하고 있
었고 26군이 남하하는 해병대를 추격했으며 27군의 주력은 적의
퇴로를 막기 위해 오른쪽 측면에서 사창리를 경유하여 함흥 서쪽
경계를 향해 진격했다고 기술되어 있다.[114] 수문교는 언급되지도

---

114 軍事科學院軍事研究部 『中國人民志願軍抗美援朝戰爭史』, 1990, 47면.

않았을뿐더러, 이 기술에 따르면 27군이 이동하는 동선에서 수문교는 한참 벗어나 있었다. 2000년판『항미원조전쟁사』의 관련 부분도 "지원군이 도로와 교량을 폭파하고 진지를 엄수했다", "미군은 (…) 한편으로 긴급히 교량을 공수하여 가교"했다는 기술이 전부이다.[115] 이런 서술로 보건대, 수문교 3차 폭파는 근래 장진호 전투의 부상과 함께 만들어진 서사라는 의구심을 피하기 어렵다.

20군 60사가 수문교를 두차례 폭파했다는 것은 관련 내용이 한국 국방부가 편찬한『장진호전투』에도 나오는 만큼 그 자체는 사실이다. 그런데 여기에도 중공군이 수문교를 두 차례 파괴하여 미군이 보수했다는 말만 있고 세 번째 폭파에 관한 언급은 없다. 다만, 햄프턴 사이즈의『데스퍼레이트 그라운드』에서 희미하게나마 그 실마리를 찾을 수 있다. 이 책에는 12월 7일과 8일, 미 공군의 대형 수송기 C-119를 통해 일본 미쓰비시 제철로부터 공수한 강철 프레임의 교량 부품 8개를 특수 제작한 대형 낙하산으로 고토리 외곽에 투하한 다음 해병 공병대가 하루 만에 교량을 조립하는 과정이 상세하게 설명되어 있다. 그런데 12월 9일 조립한 부품을 가지고 교량 현장에 도착한 미 공병대는 며칠 사이 중공군이 수문교를 더 파괴하여 애초에 추정한 간격보다 9피트 즉 2.74미터가 더 넓어진 것을 발견한다. 다행히 공병대는 근처 철로의 침목을 활용하여 부족한 간격을 메울 수 있었다.[116] 「빙혈 장진호」와 「장진호의 수문교」가 부각한 수문교 3차 폭파란 바로 이

---

115 軍事科學院軍事研究部『抗美援朝戰爭史』第2卷, 2000, 125면.
116 햄프턴 사이즈, 앞의 책 384~85면.

부족한 2.74미터를 뜻하는 듯하다. 다시 말해 수문교 3차 폭파란 2차 폭파에서 파괴한 부분에 2.74미터를 추가로 파손시킨 것으로, 사실 왜곡까지는 아니더라도 장진호 전투에서 의미있는 사건이나 작전으로 보기는 어려운 것이다.

나아가 햄프턴 사이즈는 수문교 보수 과정에서 한가지 끔찍한 사실을 밝혔다. 수문교 교량 가설을 위해 설치한 비계(飛階)가 위험할 정도로 흔들거리자 공병대장 패트리지는 중공군의 시신으로 틈을 메우는 "기괴하지만 불가피한 해결책"을 썼다는 것이다. 격자 모양의 비계는 인간 밸러스트(ballast)로 채워졌고 그렇게 가설된 교량 위로 1만 4천명의 해병대와 육군 장병 그리고 1,400대의 차량이 지나갔다.[117]

중국과 한국, 미국 측 기술들을 종합해보건대, 9병단이 미 해병대의 퇴로를 막기 위해 수문교를 폭파한 것은 사실이지만, 그것이 중공군의 빛나는 전과로 기억되는 대목은 아니었다. 중국의 전사조차도 수문교를 좀처럼 언급하지 않았던 것이다. 만약 장진호 전투에서 수문교 폭파가 주목을 받는다면, 그것은 한편으로는 황초령에서 중공군과 격전을 벌이면서 다른 한편에서 철제 부품을 하늘에서 공수하여 교량을 조립하고 가설해낸 미군 공병대의 능력일 것이다. 수문교의 보수 및 가설 과정에 대해 한국 국방부의 전사는 다음과 같이 평가했다.

---

117 햄프턴 사이즈, 앞의 책 385~87면.

이와 같은 교량 자료의 공중수송 작전을 개관할 때 그 신속성과 능력에 놀라지 않을 수 없다. 즉, 불과 2일 동안에 현지 정찰, 공중 투하 시험, 기술 요원과 대형 낙하산의 일본으로부터의 공수 및 작업, 공중 투하와 회수 등 마치 사전에 준비됐던 일련의 상황을 처리하듯이 신속 정확하게 그리고 적기에 수행되었다는 것은 많은 교훈을 안겨준다.

그러나 이와 같이 합리적이고 능률적인 행동을 할 수 있었던 그 이면에는 어떠한 상황에도 대처할 수 있는 물자와 고도의 기술, 그리고 평소에 협조된 합동작전 훈련의 결정이라고 평가할 수 있으며, 결국은 미국의 막강한 국력이 이를 해결해주었던 것이다.[118]

수문교 폭파는 장진호 전투가 공학기술의 싸움이자 나아가 국력의 싸움임을 여실히 보여주었다. 미 공병대가 수문교를 가설하는 12월 7일에서 9일 사이 황초령 1081고지에서는 치열한 전투가 벌어졌다. 하갈우리에서부터 해병대를 추격해온 9병단은 이들의 흥남 철수를 저지하기 위해 사력을 다했다. 한국 국방부의 전사는 1081고지에서 중공군이 최후의 1인, 최후의 일각까지 백병전으로 저항하여 한명의 포로도 남김없이 섬멸되었다고 적고 있다.[119] 『20군 사화』역시 1081고지의 마지막 전투에서 20군 60사의 1개 연이 전멸한 "비할 데 없이 비장한" 장면을 기록했다. 이에 따르면, 그들이 황초령 고지를 그렇게 허망하게 내준 이유는 혹한 속에 한달 동안이나 탄약과 식량을 제대로 보급받지 못해 저항할

---

118 국방부전사편찬위원회, 앞의 책 264면.
119 같은 책 261면.

힘이 다 소모되었기 때문이었다.[120] 20군 스스로도 수문교와 황초령에서의 저지전이 사실상 무기력했음을 인정했던 것이다. 수문교 폭파와 황초령 1081고지전은 기아와 혹한 그리고 비교되지 않는 화력의 열세가 합쳐진 극한의 조건에서 벌인 20여일의 장진호 전투를 마감하는 9병단의 비장한 피날레였다.

장진호 전투에서 미디어의 정동적 조절과 통제력이 가장 의미심장하게 나타나는 것은 아마도 빙조련일 것이다. 장진호 전투에 관한 비탄과 슬픔의 정서가 가장 깊고 단단하게 응축된 것은 빙조련이다. 이는 앞서 왕 수정이 말했던바 장진호 전투를 돌아보는 것 자체를 고통스럽게 하는 상징적 형상이기도 하다. 지난 10여년 빙조련에 대한 서사는 눈에 띄게 재조직되고 있었다. 「빙혈 장진호」는 황초령 고지에서 해병 1사단의 퇴로를 점거하던 58사의 병사들이 동사한 장면을 아래와 같이 기술했다.

쉬 방리(徐邦禮)는 20군 58사 172단 2영 6연의 지도원이었다. 그들의 임무는 매복해 있다가 도로로 들어오는 미 해병 1사단의 퇴로를 막는 것이었다. 그러나 미군이 그 도로를 통과할 때 정작 6연은 맹공을 퍼붓지 않았다. 58사 사장(師長)은 격노했다. 그러나 그들의 매복 지점으로 간 사장의 눈앞에는 믿을 수 없는 광경이 펼쳐져 있었다. 전 연의 전사 절반이 사격 자세를 유지한 채 진지 위에 동사해 있었던 것이다. 그들의 모습은 마치 얼음조각 같았다. 나머지 절반도 심각한 동상

---

120 『百旅之杰: 二十軍史話』(上) 463면.

을 입은 상태였다. "그 동상자들을 보고 우리 사장은 그 자리에서 엉엉 울었어요. 정치위원이 사장을 위로하려고 했는데 그도 말이 나오지 않았어요. '사장, 이러면 안 됩니다'라고 말을 시작하기도 전에 자기도 같이 엉엉 울어버렸죠. 그 동상이 얼마나 비참했는지. 어떤 이들은 손이 없었어요. 손가락만 떨어져 나간 이도 있었고 손목부터 떨어져 나간 이도 있었어요. 산 전체, 도로 전체를 우리가 봉쇄했었습니다. 적은 돌파하는 쪽이고, 우리는 막아선 쪽이니까, 완전히 우리가 이긴 싸움이었죠. 그런데 싸울 수가 없었습니다. 동상 때문에, 막상 전투가 시작되자 병력이 없었던 거예요."(「빙혈 장진호」, 2011)

그런데 같은 대목이 2020년에 오면 아래와 같이 바뀐다.

지원군 제20군 58사 172단은 수문교 근처의 고지에서 미군의 퇴로를 막는 임무를 맡았다. 그곳에 정찰을 나온 미 해병 1사단 선두부대는 눈앞에 펼쳐진 광경에 아연했다. 지원군의 수많은 전사들이 전투 대형으로 눈밭에 엎드려 있었다. 하나같이 손에 무기를 든 자세로, 눈은 전방을 노려보면서, 눈밭에서 얼어죽었던 것이다. 나중에 아군의 후속부대가 전장을 정리하다가 쑹 아마오(宋阿毛)라는 상하이에서 온 열사의 상의 주머니에서 엽서 한장을 발견했다. 거기에는 이렇게 쓰여 있었다. '나는 내 가족과 조국을 사랑하지만, 나의 명예를 더 사랑한다. 나는 영광스런 지원군 전사다. 빙설아, 나는 결코 너에게 굴복하지 않겠다. 얼어죽을지언정 내 진지 위에 자랑스럽게 우뚝 서련다.' 장장 백여명의 연 전체가 극악한 자연환경에 맞서 진지를 영원히 지켰

던 것이다.(「국가기억: 빙호혈전」, 2020)

　두 기술에서 발견되는 첫번째 차이는 빙조련을 바라보는 시점이 지원군에서 해병대로 바뀐다는 것이다. 이는 최근 빙조련 서사의 일관된 경향이다. 2021년의 다큐멘터리 「뜨거운 눈」에서는 이 대목을 아예 미군의 내레이션으로 대체했다. 그리고 영화 「장진호」에서는 스미스 해병 1사단장이 얼어붙은 58사의 병사들 앞에 경례를 붙이며 "이렇게 강한 의지력을 지닌 병사들과 싸우는 한 우리는 이길 수 없다"고 말하는 장면으로 처리했던 것이다. 미군의 눈에 비춰진 빙조련에는 부하들의 참혹한 죽음을 목도한 58사 간부의 억제되지 않는 감정이 가지런히 걸러져 있다. 적의 퇴로를 선점하고도, 퇴각하는 적을 눈앞에 두고도, 허무하게, 그리고 비참하게 죽어간 부하들을 바라보는 지휘관의 참담함과 비통함, 자괴감은 '경외로운 적'을 향한 미군의 눈과 입을 통해 숭고함이라는 정결한 감정으로 정돈되는 것이다.

　2020년대 빙조련 서사의 또다른 특징, 쑹 아마오의 메모 역시 빙조련에 얽힌 정돈되지 않은 감정을 가다듬는 데 기여한다. "빙설아, 나는 결코 너에게 굴복하지 않겠다"는 쑹 아마오의 엽서는 「뜨거운 눈」에서는 쑹 아마오의 유서로 등장한다. 그런데 쑹 아마오라는 인물의 출현 자체가 도대체 의심적다. 이제껏 어디에도 기록되지 않았던 이 인물이 돌연 2020년대 장진호 서사에 단골로 등장하고 있는 것이다. 그것이 왜곡인지 뒤늦게 발견된 역사적 사실인지는 알 수 없다. 분명한 것은 쑹 아마오의 메모가 중국인들의 무의식 깊은 곳에 오랫동안 잠복해 있던, 너무 고통스러워 다시 돌아보는 것 자체가 힘들었던 장진호의 어둡고 축축한 부분을, 승리와 영광의 원환으로 둘러싸인 밝은 빛 가운데로 불러내는 데 크게 기여했다는 사실이다. 스포트라이트의 환한 불빛 아래 소환된 빙조련은 앞서 다이 진화가 말한 역사의 재익명화를 상기시킨다. 이름 없는 얼음 병사에게 쑹 아마오라는 이름을 붙여주고 그를 다시 역사에 봉헌하는 과정에서, '영웅적 희생'이라는 공적 서사로 등록되지 못한 감정과 경험의 특이성들은 역사의 어둠 속으로 영영 사라지고 마는 것이다.

자기 고발을 당할 각오

「장진호의 수문교」는 미 10군단이 철수한 흥남항을 붉은 깃발과 승리의 함성으로 메우는 장엄한 피날레로 막을 내렸다. 「장진호」 시리즈는 오랫동안 봉금선(封禁線)의 주변을 서성였던 항미원조전쟁이 시 진핑 시대 주선율의 방향타를 확고히 틀어쥐었음을 보여준다. 「장진호」 시리즈는 항미원조전쟁을 소환하는 최근 중국의 기류를 냉전의 귀환으로 단순화하거나 미중 '신냉전' 정세에 따른 역사기억의 동원으로 보는 데 그쳐서는 안 된다는 것을 일깨워준다. 주목해야 할 것은, 「장진호」의 스포트라이트가 항미원조전쟁을 선택적으로 소환함으로써 공적 서사에 등록되지 않고 행간을 부유하는 정동의 흔적들을 어떻게 재조직하느냐이다. 「장진호」가 의도한 것은 중국인들의 무의식 깊은 곳에 숨겨져 있던 냉전시대의 음영을 환한 곳으로 끌고 나와 집단의 '긍정적 에너지(正能量)'로 재구축하는 것이다. 그 일단을 혁명시대의 선전영화와 확연히 달라진「장진호」의 영웅상에서 찾을 수 있다. 「상감령」과「영웅아녀」등 1950~60년대 영화의 영웅들은 역경과 고난을 헤치고 극한의 한계로 자신을 끌어올려 산화시키는 숭고한 초인이었다. 당시 지원군 전사들을 부르는 전인민적 칭호였던 '가장 사랑스런 이(最可愛的人)'라는 말에는 아름다운 영혼과 품성을 지닌 "일류의 인간형"에 대한 동경과 경외, 애환과 비탄의 감정들이 복잡하게 뒤섞여 있었다. 불과 10여년 전만 해도 동부전선에 관한 중국의 공적·반(半)공적 서술에는 행간에 숨겨진 이같은 형용하기 힘든 감정과 정서의 편린들이 순간순간 무의식적으로 노출되곤 했다. 그런데 영화「장진호」시리즈는 이 모든 내향적 정동을 외부의 적, 즉 미국에 대한 적대감이라는 단순명쾌한 감정으로 대체했다. 외유내강의 초인이 서 있던 자리에 들이닥친 것은 미국과 제대로 한판 붙을 힘을 길러 돌아온 한 무리의 전랑(戰狼)들이었다.

비통과 애환의 골짜기에 숨겨둔 동부전선을 화려한 조명 아래로 끌고 나옴으로써,「장진호」는 항미원조전쟁의 기억 어딘가 웅크려 있던 한움큼의 모호함, 한자락의 어둠까지도 낱낱이 찾아내어 '긍정적 에너지'로 재편성했다. 우리는 항미원조전쟁이 미중대결이라는 작금의 첨예한 정치적 장으로 소환되는 현상 그 자체보다, 그 소환의 과정에서 의도적으로 버리고 온 것이 무엇이냐에 주목해야 한다. 치욕의 역사를 승리의 역사로 전환시키기 위해서는 얼어붙은 장진호에 두고 온 수많은 죽음에 들러붙은 회한과 비탄 등 불순한 정서적 잔재를 털어버려야 했다. 197,653명의 전사자를 열사로 불러세우는 호명 행위는 이 죽음의 의미와 책임을 진지하게 추궁하는, 이제껏 모호하게 회피해온 과제를 공식적으로 면책하는 것을 의미한다. 그 점에서 「장진호」가 의도한 것은 냉전으로의 회귀라기보다 냉전과의 고별이다. 시 진핑의 '신시대'가 여는 새로운 백년을 맞이하여 지난 백년 역사의 어두웠던 한 단락과의 단절을 위한 작업이 진행되고 있는 것이다.

장진호 동쪽에서 망각된 미군 장병의 희생을 필름을 되돌리듯 몇번이고 반추했던 애플맨은 "우리는 장차 자기고발을 당할 것을 인식해야 한다"고 말했다. 지옥의 계곡에서 10군단을 성공적으로 탈출시킨 스미스 사단장을 포함하여, 그는 31연대전투단을 구출하지 않고 손을 씻는 빌라도의 역할을 했던 이들의 이름을 하나하나 거명하며 집요하게 추궁했다.[121] 반면, 오랜 침묵과 망각에서 장진호를 건져낸 영화 「장진호」는 9병단의 희생을 묻는 방식에서 오히려 과거보다 더 퇴보했다. 수많은 의문을 품고 있음에도 간결한 기록만을 남긴 이 전장을 조명하는 작업은 이제 막 시작되었을 뿐인데, 「장진호」는 아무런 유의미한 질문도 던지지 않은 채 황급히 피날레로 끝맺은 것이다.

「장진호」를 제대로 감상하는 방법은 신흥리의 승리와 수문교 폭파를 중심으로 재구성된 서사의 실타래를 역으로 풀어가면서 실타래 속에 감겨들어간 질문들을 하나씩 빗겨내어 명료히 드러

---

121 로이 애플맨, 앞의 책 430~36면.

내는 것이다. 물론 이러한 과제는 중국에만 던져진 것이 아니다. 어쩌면 이것이야말로 한국전쟁을 복수의 당사자들이 함께 반추하는 하나의 두서일지 모른다. 각자의 현재에서 자기고발을 각오하는 것, 각자의 어둠을 집요하게 추궁하는 작업을 통해 비로소 과거의 (어쩌면 현재도 여전히 그러한) '적'과 대화할 길이 열릴 것이며, 진정으로 종전을 논할 정동적 기초를 마련할 수 있을 것이다. 그것은 또한, 이미 역사화되었다고 생각했던 냉전이 부단히 현재로 살아돌아오는 지금, 지연시켜온 냉전의 극복을 진정으로 재사유하는 길이기도 하다.

제4장

소인물(小人物)의 역사

최근 우후죽순처럼 생겨나는 항미원조전쟁 관련 영상물들을 보며 드는 의문은 중국에도 언젠가 반전(反戰)의 사고를 담은 작품이 나올 수 있을까 하는 것이다. 전쟁이 곧 혁명의 일환이었던 중국의 현대사를 생각하면, 쉽지 않아 보인다. 지구상에 피 흘리지 않고 세운 국가가 얼마나 되겠느냐만, 유격대 혁명을 성공시켜 근대 국가를 세운 중화인민공화국에서 전쟁과 혁명의 관계는 유독 긴밀하다. 항일전쟁과 해방전쟁은 그 자체가 중국공산당이 걸어온 혁명사이자 중화인민공화국의 건국사이다. 여기에, 오랫동안 국가기억의 불편한 퍼즐 조각으로 남아 있던 항미원조전쟁까지 최근 건국사로 귀환하고 있다. 항미원조전쟁 70주년 담화에서 시 진핑은 이 전쟁의 성격을 '정의로운 전쟁', '평화를 위한 전쟁'으로 공식화했다. 전쟁에 대한 미화가 국가 정체성의 중요한 기초가 되는 현실은 반전의 사고를 구조적으로 제약한다. 그렇다면 중국의 항미원조 예술과 서사는 출로가 없는 것일까.

그런 점에서 영화 「금강천」은 한번 곱씹어볼 만한 작품이다. 관 후(管虎)를 총감독으로 루 양(路陽)과 궈 판(郭帆)이 함께 만든 「금강천」은 2020년 항미원조전쟁 70주년 기념작으로 출시되었다. 이 작품은 또한 2021년 한국의 모 배급사가 국내에 수입하려다 여론의 뭇매를 맞고 계획을 접었던 것이기도 하다. 「금강천」의 배경인 7·13 금성 전투는 이승만의 '6·18 반공포로 석방'에 대한 보복조치로서 금성 지역에 배치된 국군을 타깃으로 전개한 작전이었다. 영화 속 금강천의 실제 이름은 금성천이다. 휴전협정에서 모든 협의가 이루어져 서명을 앞둔 1953년 6월 17일 심야에 이승만 대통령은 송환하기로 한 반공포로를 석방하는 한편 단독 북진을 주장하며 휴전을 거부했다.[1] 휴전협정 서명을 위해 베이징에서 개성으로 가던 길에 이 소식을 들은 펑 더화이는 마오에게 협정 서명을 연기할 것을 건의하고 "이승만 군대에 막대한 타격"을 가할 7월 공세를 준비한다.[2] 『6·25전쟁 1129일』의 전쟁 일지를 참고하면, 금성돌출부를 뺏고 뺏기는 치열한 공방전은 적어도 7월 25일까지 지속되었다.[3]

한국 국방부가 펴낸 전사는 중공군의 7월 공세에는 이승만에 대한 징벌이라는 표면적 이유 외에도 화천저수지를 점령하여 한국전쟁에서 최종 승리했다는 이미지를 구축하려는 목적이 있었

---

1 국방부 군사편찬연구소 『6·25전쟁사11』, 343면.
2 軍事科學院軍事研究部 『中國人民志願軍抗美援朝戰爭史』, 1990, 205면.
3 이중근 편저 『6·25전쟁 1129일』, 우정문고 2014, 970~78면.

다고 말하고 있다. 아무튼 이 전투로 인해 국군은 금성 돌출부를 상실한 상태에서 휴전을 맺게 된다.[4] 총 5개군을 동원한 금성 전투는 1951년 4월 5차전역 이후 지원군이 전개한 가장 큰 규모의 공세였다. 중국의 전사에도 상세하게 기록되어 있는 금성 전투는 항미원조전쟁에서 거둔 대표적 전과로 자국 내에서 꽤 선전이 되

---

4 『6.25전쟁사11』 473~74면.

었던 모양이다. 특히 7월 13일 국군수도사단 '백호연대'를 타격한 것을[5] 소재로 삼아 만든 경극 「백호단 기습」(1959년 초연)은 문화대혁명 시기 8대 모범극(樣板戲)의 하나로 꼽혔으며, 1972년 창춘영화제작소에 의해 경극 영화로 제작되기도 했다. 한국 여론이 「금강천」수입에 알레르기 반응을 보였던 것은 그만한 내막이 있는 것이다.

같은 소재에서 취했지만 영화 「금강천」은 「백호단 기습」과는 전혀 다른 작품이다. 북한의 인민군과 금성천 마을 주민, 중국인민지원군이 서로 힘을 합쳐 미국 침략자와 그 '괴뢰'군을 물리친다는 내용의 「백호단 기습」과 달리, 국군을 타깃으로 삼은 전투임에도 「금강천」에는 오로지 미국과 중국만이 등장한다. 게다가 미군도 공중에서 폭격을 가하는 전투기로만 나타나고 있어, 사실상 120분에 달하는 러닝타임 대부분을 채우는 것은 지원군 자신이다. 첨단 특수효과와 수많은 엑스트라를 동원하여 스펙터클한 전투신(scene)을 찍는 데 치중하는 최근 항미원조전쟁 영상물의 추세와 달리, 「금강천」은 제한된 장소와 시간 그리고 인물만을 가지고 전장의 한 장면을 미시적이면서 심층적으로 보여주는 독특한 접근을 택했다.

한국에서 「금강천」을 수입하려고 했을 당시 쏟아졌던 비난 여론의 주된 근거는 이 작품이 중국의 시각에서 중공을 찬양하고 애국주의를 고취하는 프로파간다 영화라는 것이었다.[6] 우선, 중

---

5 『中國人民志願軍抗美援朝戰爭史』 208면.
6 「"한국군 피로 물들인 전투" 중공군 영화, 中 공산당 선전물이었다」, 『조선일보』

국에서 만든 영화이니 중국의 시각에 입각하여 자국 병사들을 미화한 것은 어쩔 수 없다. 그런데 이 작품을 과연 애국주의를 고취하는 프로파간다 영화로 치부하고 말 것인가. 물론, 「금강천」이 미중 대결을 주축으로 재편되는 시 진핑 시대의 항미원조 서사를 구현하는 주선율 계열의 작품이라는 데에는 이견의 여지가 없다. 그런데 2~3개월이라는 짧은 기간에 제작되어 항미원조전쟁 기념일인 10월 23일에 맞추어 개봉한 데서 보이듯, 「금강천」은 작가가 오랫동안 준비했다기보다 어떤 우연한 상황에서, 외부적 요구에 의해 급히 만들어진 작품이다. 이례적으로 대하드라마를 두편이나 내보내며 항미원조전쟁 70주년을 떠들썩하게 기념했던 2020년, 만약 「금강천」이 없었더라면 영화가 한편도 없었을 뻔했던 것이다. 추측건대 감독 관 후에게 「금강천」 제작의 임무가 주어진 이유는 그해 8월에 출시한 그의 야심작 「팔백」(八佰, The Eight Hundred)이 시장과 평단에 깊은 인상을 남겼기 때문일 것이다. 관 후가 10년 동안이나 준비했다고 알려진 「팔백」에 비하면 「금강천」은 완성도나 작품성에서 한참 떨어진다. 다만, 두 작품에는 전쟁과 역사, 그리고 국가를 보는 작가의 모종의 일관된 시선이 관통해 있다.

우선, 「금강천」의 플롯구조를 살펴보자. 작품의 설정은 1953년 7월 13일 금성 총공세를 맡은 대부대의 우익을 엄호하기 위해 옌산(燕山)부대가 12일 아침 6시까지 금성에 도달해야 한다는 전제

2021.9.17.

에서 시작한다. 옌산부대가 금성으로 가기 위해서는 금강천 위에 걸린 간이 교량을 건너야 한다. 그런데 수시로 지원군의 동향을 감시하는 미군이 교량이 보수되는 기미가 보이면 바로 전투기를 보내 교량을 파괴한다. 「금강천」은 금강천의 교량이 미군의 B26, 유탄포, 시한폭탄, 그리고 B29 소이탄에 의해 네차례 파괴되고 그때마다 지원군에 의해 보수되는, 7월 12일 단 하루의 이야기이다. 같은 사건을 지원군 사병, 미국 전투기 조종사 스미스(Smith), 고사포 부대의 시선으로 세차례에 걸쳐 보여주는 기법은 크리스토퍼 놀란(Christopher Nolan) 감독의 「덩케르크(Dunkirk)」의 영향을 받은 것이다. 「덩케르크」는 2차대전 중 독일군의 공격에 몰린 영국군과 프랑스군이 프랑스 북부 됭케르크(Dunkerque) 항구에서 구출되는 하루 동안의 과정을 하늘, 바다, 육지 3개의 관점에서 보여주었다.

하나의 사건이 복수의 각도에서 반복적으로 재연되면서 시간이 갈지자로 횡보하는 「금강천」의 복잡한 플롯을 한번 보아 이해하기는 쉽지 않다. 미군 전투기에서 B26, 원거리 유탄포, 시한폭탄, B29 소이탄이 투하되고, 유탄포와 시한폭탄이 떨어지는 어느 중간 시점에 지원군의 포병대로부터 카튜샤 로켓포가 미군 진영을 향해 발사된다. 이들은 복수의 시점에서 전개되는 이야기 각각의 시간 흐름의 아귀를 맞추는 기준점 역할을 한다. 즉, 각각의 포가 발사되는 시간을 기준으로 삼아 사병, 스미스, 고사포의 시선을 통해 진행되는 이야기를 퍼즐처럼 맞춰가다보면 마지막에 가서야 비로소 플롯의 전모가 드러나는 것이다. 웬만한 인내심을 가지고 영화를 뜯어볼 준비가 되어있지 않은 독자라면 거듭되는 되풀이와 더딘 진행에 금세 지루해질 것이다. 한마디로 「금강천」은 청중에게 불친절한 블록버스터다. 물론 그 난해함과 지루함의 원인을 작품의 완성도의 부족에서 찾을 수도 있다. 「덩케르크」의 영향을 받았지만 분명 「금강천」은 그 수준까진 가지 못했다. 그러나 만약 「금강천」이 한국의 매체가 비판한 것처럼 대중의 의식화와 국가 이념의 선전을 위한 프로파간다 영화라면 이런 난해하고 거추장스런 기법을 사용할 필요가 있었을까? 하나의 사건을 여러 관점에서 고집스럽게 되풀이한 데에는 표면에 드러나는 주제 외에 보여주고 싶은 다른 무언가가 있었기 때문 아닐까.

「금강천」의 줄거리 자체는 단순하다. 정해진 시간 안에 금성으로 가야 하는 옌산부대를 저지하기 위해 교량을 폭파하는 미군 전투기와 그에 맞서 교량을 지키려는 고사포 부대의 7월 12일 하루 낮밤에 걸친 사생결단이다. 작품 초반, 중국군 대 미군이라는 다소 개괄적이던 대결구조는 시간이 흐르면서 조종사 앤드루 힐(Andrew Hill)과 고사포반 반장 장 페이(張飛)의 대결로 좁혀진다. 수차례의 폭격에도 번번이 교량이 재건되는 데 약이 오른데다 작전 중 동료 조종사 콜린스(Collins)를 잃고 자신도 부상당한 힐은 점점 이 싸움에 복수와 오기라는 개인적 감정을 투여하기 시작한다. 장 페이도 마찬가지다. 힐에 의해 고사포 부대 전우를 잃은 장 페이 역시 힐과의 결투에 모든 것을 건다. 지상과 공중의, 거의 광기에 가까운 이 대결은 결국 두 사람 모두 장렬하게 전사하는 것으로 종결된다.

장 페이와 힐의 대결은 정찰 임무를 맡고 교량 인근 고지에 잠복해 있던 3반 반장 류 하오(劉浩)와 그의 사병들의 관점, 힐의 동료 조종사 스미스의 관점, 고사포대 반장 장 페이의 관점에서 세 번 반복된다. 먼저, 류 하오 일행에 의해 원경으로 포착된 것은 싸움의 실루엣일 뿐 그들은 거기서 구체적으로 무슨 일이 벌어지고 있는지 알 수 없다. 한밤중에 고사포대가 불을 밝혀 자기 위치를 노출하는 광경을 바라보면서, 류 하오는 그것이 본대의 안전한 도하(渡河)를 위한 자기 '희생'이라고 확신한다. 이어, 스미스의 시야를 통해 대결의 내막이 보다 구체화된다. 다시 그날 오전, B26으로 교량을 폭파하는 작전에서 힐과 함께 출격한 신참 조종사 콜린스의 전투기가 격추된다. 잠시 후 재건된 교량을 유탄포로 다시 폭파한 힐은 귀대하라는 명령에 불복하여 고사포에 보복 공격을 가한다. 그 과정에서 예기치 못한 반격을 당하면서 힐은 고사포대가 한대가 아니었음을 알게 된다. 얼마후 힐이 다시 2호 고사포를 찾아 출격한다. 그러자 2호 고사포대가 조명을 밝혀 자신의 위치를 알린다. 그때 강물에 매설된 시한폭탄이 터져 교량이 다시 파괴된다. 힐이 2호 고사포를 격파하고 교량이 폭파된 것까지 확인한 다음 귀대하려고 할 때, 이미 궤멸된 줄 알았던 1호 고사포에 또다시 불이 들어온다. 대형 선더버드(Thunderbird) 전투기가 출격하여 1호 고사포와 교량을 향해 B29 소이탄을 투하하는 순간, 불을 뿜은 1호 고사포가 힐의 전투기를 격추시킨다. 마지막으로, 장 페이의 시선으로 다시 사건 처음으로 되돌아간다. 고지와 하늘에서 내려다보았을 때 보이지 않았던, 무성한 옥수수밭에 가려져 있던 두 고사포대의 이야기가 다시 시작된다.

하늘의 전투기와 땅의 고사포 간의 대결이라는 「금강천」의 메인 플롯은 전형적인 주선율 영화의 스테레오타입이다. 폭격을 맞아 팔다리가 하나씩 잘려나간 장 페이가 이를 악물고 1호 포대까지 기어가 마지막 탄환으로 적기를 격추시키는 장면은 마치 시진핑이 70주년 담화에서 원용했던 마오 쩌둥의 호전적 발언들을 스크린에 구현한 듯하다. "(중국을) 잘못 건드리면 골치 아파집니다" "네가 원자탄으로 싸우면 나는 수류탄으로 싸운다". 영화 마지막에서 "나는 아직도 지옥을 살고 있다"는 스미스와 "그때 우리 중 죽음을 두려워하는 이는 아무도 없었지"라는 지원군 노병의 회고가 이루는 대비 역시 주선율 영화의 상투성을 보여준다. 죽음을 불사하여 미국에 대항하는 중국인의 결연한 각오를 형상화했다는 점에서, 「금강천」은 작금의 미중 대결의 정세가 요구하는 항미원조 서사의 모범답안을 충실하게 그려냈다.

그런데 과연 이것이 「금강천」이 말하려는 바의 전부였을까? 그랬다면 굳이 같은 이야기를 되풀이하는 복잡한 기법을 쓸 필요가 있었을까. 「금강천」의 백미는 주선율의 화려한 파사드(façade) 뒤에 숨겨진 이면 세계에 대한 생생한 포착에 있다. 각도를 바꿔가며 수차례 같은 사건으로 되돌아가는 과정에서 '항미'라는 거대역사 이면에 숨겨진 미시적 세계가 조금씩 진면목을 드러낸다. 관 후가 자신의 기량을 한껏 펼쳤던 영화 「팔백」에서 보여주려고 했던 것도 그것이었다. 미시적 세계에서 발견하게 되는 것은 역사의 위대한 순간은 영웅이 아니라 수많은 이름 없는 소인물(小人

物)에 의해 만들어진다는 사실이다. 그 소인물의 세계가 「금강천」에도 약동한다. 카메라의 렌즈를 바짝 당겨, 근거리에서 관찰한 금강천의 전장은, 고지 위, 하늘 위에서 내려다보았을 때 잡히지 않았던 생동하는 디테일로 가득하다.

「금강천」에는 항미원조전쟁 서사에 언제나 존재하는 영웅이 없다. 오히려 「금강천」의 인물들은 혁명극을 통해 정형화된 영웅의 상을 미묘하게 비틀고 심지어 희극화한다. 이 작품에 코미디언 감독이자 배우인 덩 차오(鄧超)가 카메오로 출현한 것도 이런 효과를 기한 것이다. 덩 차오는 옌산부대 8연 연장 가오 푸라이(高福来) 역을 맡았다. 원래 8연은 선두부대로서 가장 먼저 금강천을 도하(渡河)할 예정이었다. 그런데 미군에 의해 교량이 폭파되자 단(團)의 사령부는 8연에게 공병대 예하로 들어가 교량을 보수하라고 명령한다. 공병대와 협력하다가 공병대에 사고가 생기면 즉각 교량 보수 임무를 승계하고 본대가 모두 도하한 후 맨 마지막으로 전투에 합류하라는 것이다. "뭐라고? 다리를 고치라고?" 단장의 지시를 전달하러온 통신병을 대하는 가오 연장의 말투와 표정은 혁명극에서 흔히 접하는 충성스런 기층 간부의 모습이 아니다. "반드시 임무를 완수하겠습니다!"라며 마지못해 경례를 붙이는 가오 연장의 손은 이마까지 제대로 올라가지도 않는다. 새 임무에 불만을 품은 이는 가오 연장만이 아니었다. 하루 빨리 전공을 세워 상장을 받을 생각만 하는 류 하오도 있다.

"가오 형님, 왜 항상 우리 연입니까? 전에도 우리 연, 이번에도 또

우리 연, 어떻게 매번 우리한테만 이럽니까? 우리가 싸우러 왔지, 다리 고치려고 왔습니까?"

"다리 고치는 건 싸움 아니야? 다릴 안 고치면 어떻게 싸워? 니 대가리엔 뭐가 들었냐?"

"전에 약속했잖아요. 난 애들 몫까지 상장 받아가야 한다고요."

"상장 받기 싫은 사람 있어? 니 그 좁은 속을 내가 모를까? 그만 좀 징얼거려."

같은 해 방영된 대하드라마 「압록강을 건너」에서 본대의 안전한 철수를 위해 기꺼이 희생을 감수하는 50군의 한강 방어전이나 63군의 철원 저지전을 떠올리면, 「금강천」의 이 장면은 낯설다 못해 코믹하기까지 하다. 가뜩이나 단장의 명령이 못마땅했던 가오 연장이 애매한 류 하오에게 화풀이를 해대자, 류 하오가 연장의 말은 사투리가 심해 알아들을 수 없다고 되받는 대목도 압권이다. 가오 연장은 억센 장시성 억양을, 류 하오 역시 알아듣기 힘든 쓰촨성 사투리를 쓰고 있다. 전국 각지에서 온 지원군 병사들이 사투리로 인해 의사소통이 원활치 않은 상황을 희극적으로 그려낸 이 대목은 언뜻 소소하지만, 원경에서 바라볼 때 포착되지 않는 전장의 디테일이다. 미시적인 세계에서 벌어지는 일견 하찮고 소쇄한 이 대화는 모두가 정확한 표준말로 메시지를 또렷하게 주고받는 혁명극의 세계가 얼마나 추상적인지 일깨워준다.

「금강천」의 감독들이 가장 심혈을 기울여 만든 부분은 미시적 시선으로 포착된 고사포 부대의 모습이다. 원래 고사포반 반장은 관 레이(關磊)였다. 담이 크고 제멋대로인 관 레이는 군의 보안 사항인 금연 규정을 어겨 장 페이에게 반장 지위와 1호 고사포 지휘봉을 빼앗긴다. 그는 소심하고 겁 많은 장 페이에게 자기 자리를 내준 것이 영 마뜩잖다. 1호 고사포는 전면에서 공격을 지휘하고, 2호 고사포는 후면에 숨어 지원한다. 미군 전투기가 B26을 투하하여 교량을 폭파했을 때 1호 고사포를 맡은 장 페이는 포탄을 아끼느라 적시에 대응하지 못했다. 그러자 득달같이 달려온 관 레이가 장 페이를 밀어내고 단번에 (콜린스의) 전투기 한대를 격추시킨다. 내친김에 두번째 (힐의) 전투기를 향해 포를 발사하려고 했지만 장 페이가 포탄을 내주지 않는다. 수만명이 도하하는 내일 새벽을 위해 포탄을 아껴야 한다는 것이다.

"고사포를 가지고 저격수 노릇을 하면 되겠어? 장 페이, 장 페이, 우리나라 사람들의 마음에 그 이름이 얼마나 용맹스럽냐? 그 이름을 지어준 니 엄마아빠가 뭐라고 하시겠니? 그 이름을 왜 지어주셨을까? 고사포가 네 손에 있는 한 전투기는 고사하고 파리 한마리 못 잡을걸. 똥 안 쌀 거면 구덩이 차지하고 있지 말고, 2호 포대로 꺼지라구!"

그러나 콜린스의 전투기를 격추하는 과정에서 위치를 노출하고 만 1호 고사포는 잠시 후 힐의 보복 공격에 참혹하게 궤멸당한다. 관 레이를 비롯한 1호 고사포 대원들은 시신조차 수습할 수 없을 정도로 산산조각났다. 관 레이와 전우들을 잃고 넋이 나간 장 페이는 완전히 다른 사람으로 돌변한다. 공격부대가 도하를 개시한 밤, 힐의 전투기가 다시 돌아온다. 장 페이는 야광탄 다섯발을 쏘는 것으로도 모자라 아예 포대 주위에 불을 붙여 자신의 위치를 환하게 밝히며 힐을 자극한다. 좀전까지만 해도 남은 포탄 수를 세며 전전긍긍하던 장 페이는 온데간데없이 사라지고, 하늘을 향해 미친 듯 포를 난사하는 그는 여지없이 『삼국지』 속의 장비(張飛)다.

장 페이는 과연 영웅인가? 「금강천」은 이 대목을 모호하게 처리했다. 기슭 저편에서 바라보는 류 하오 일행의 눈에 자신의 위치를 노출하여 적기를 유인하는 고사포대의 행동은 숭고한 희생 외에 설명이 되지 않는다. 그러나 실제로 고사포대에서 무슨 일이 벌어졌는지, 그들은 알지 못한다.

"사실 우리는 기슭 저편 고사포대의 전우들을 줄곧 주시하고 있었다. 그러나 전장이라는 게 그렇다. 그들이 누구인지, 이름이 무언지 알지 못한다. 그들이 우리의 전우이며, 강을 건너는 우리를 보호하고 있다는 것만을 짐작할 뿐이다. 어떤 이들은 평생 다시 만날 기회도 없을 것이다. 그곳에서 무슨 일이 일어나고 있었는지, 아무도 모른다. 그러나 우리는 마음으로 알고 있다. 그게 희생이 아니라면 또 무엇이겠는가."

관 후는 이것이 바로 역사이자 전쟁이라고 말하고 있다. 역사서에 기술된 영웅들의 행적은 모두가 원경에서 바라본 기록일 뿐이다. 류 하오가 추정한 고사포대의 '희생'은 곧 의심할 수 없는 진실로 고정된다. 그러나 고사포대가 숨어 있는 옥수수밭 안에 카메라의 렌즈를 대고 들여다보면, 그곳에는 '희생'이라는 공적 서사로 설명되지 않은 온갖 소쇄한 요소들이 살아 숨 쉬고 있다. 은폐가 생명인 고사포대가 불을 밝혀 위치를 노출하는 자살 행위에 가까운 결정이 과연 순전히 도강하는 주력부대를 보호하려는 지공무사(至公無私)한 의도에서 나왔을까. 장 페이가 '점화'를 명령했을 때 고사포 대원들의 당황한 표정은 무언가 다른 이야기를 하고 있다. 지나칠 정도로 신중하고 소심하여 늘 관 레이에게 무시와 놀림을 받던 장 페이가 돌연 그런 무모한 결정을 하게 된 동력은 단일한 하나의 요인만은 아니었다. 1호 고사포대원을 통째로 잃은 쇼크, 복수심, 오기, 증오 등 수많은 감정이 찰나에 뒤섞여 아무도 생각지 못한 폭발력이 장 페이의 내면에서 터진 것이다. 촌각에 삶과 죽음이 오가는 전장에서, 그런 충동적인 감정을 희생정신과 판연하게 구별하기는 쉽지 않다. 관 후가 보여주려고 했던 것은 바로 그것이었다. 역사책에 기록된 영웅들의 애국심과 희생정신이 발현되는 '위대한' 순간을 정지시켜놓고 현미경을 갖다 대면 거기엔 온갖 우발적이고 사사롭고 소소한 요인들이 복잡하게 뒤엉켜 있다는 것. 「금강천」의 영어 제목이 일반명사 'sacrifice'가 아니라 고사포대의 바로 그 희생을 지시하는 'The Sacrifice'라는 데 주목하자. 고사포대의 '그 희생'의 순간을 집요하게 파고듦으로써, 「금강천」은 거시적인 역사기술과 그것에 기록되지 못한 미시적인 세계 사이의 광활한 간극을 보여주고자 했던 것이다.

사실, 관 후가 거대역사의 어느 순간을 잡아 미시사로 다시 쓰는 작업을 본격적으로 시도했던 작품은 「팔백」이었다. 「팔백」은 1937년 상하이를 침략한 일본군과 장 제스(蔣介石) 국민군의 3달 간의 치열했던 쑹후 전투(淞滬會戰)를 배경으로 한다. 상하이가 거의 함락되어가는 막바지에, 국민혁명군 88사 524단 약 420여 명이 자베이(閘北)의 쓰항(四行)백화점 창고를 점거한다. '800'은 524단 단장 셰 진위안(謝晉元)이 병사들의 수를 외부에 부풀려 발표한 수치였다. 「팔백」의 표면적 주제는 524단 용사들의 목숨을 건 애국항거이다. 그러나 쓰항백화점 창고 안에는 결코 용맹한 병사들만 있었던 게 아니었다. 그곳에는 타 부대에서 탈주했다 총살을 피하기 위해 어쩔 수 없이 524단에 합류한 두안우(端午), 샤오후베이(小湖北), 라오후루(老葫蘆) 같은 이들도 있었다. 죽음의 항거가 계속되는 쓰항창고에는 자살폭탄을 품고 일본군을 향해 창밖으로 뛰어내리는 영웅들도 있지만, 어떻게든 창고를 빠져나가 제 한 목숨 구하기에 급급한 소인물도 적지 않다. 「팔백」은 영웅과 소인물이 공존하는 쓰항 창고 나흘 밤낮의 항전사이다.

「금강천」은 영웅과 소인물의 간극을 「팔백」만큼 적나라하게 드러내진 않았다. 즉, '나는 사람을 죽이지 못한다'며 총 잡기를 거부하는 두안우나 '나는 장사치이지 군인이 아니'라며 비굴하게 창고를 빠져나가는 라오쑤안판(老算盤) 같은 인물이 「금강천」에는 나오지 않는다. 그러나 적어도 「금강천」의 인물들은 국가와 민족을 위한다는 대의를 위해 한치의 흔들림 없이 임무를 수행하고 결연히 목숨을 바치는 「장진호」나 「압록강을 건너」의 영웅상과는 거리가 있다. 물론 결과적으로 8연 병사 대부분은 교량을 지키다 희생된다. 그러나 그 희생으로 가는 과정에는 '애국' '결사항전' '숭고한 희생' 같은 공적 서사의 성긴 틈새로 빠져나가는 소쇄한 동기와 욕망, 계기들이 무수하다. 상장을 받고 고향에 돌아가 보다 안락한 삶을 살고자 하는 류 하오의 소박한 욕망, 빛이 나지 않는 교량 보수보다 공격에 가담하여 전공을 세우고 싶은 가오 연장의 공명심, 고사포대의 지휘를 놓고 벌이는 관 레이와 장 페이의 쪼잔한 실랑이. 전장의 현실은 역사책에 기술된 것처럼 숭고하고 장엄한 요소로만 이뤄진 것이 아니다. 선더버드에서 투하된 B29 소이탄에 교량이 네번째로 파괴되었을 때 평범하고 어딘가 모자라 보이던 8연의 병사들이 서로를 몸으로 지탱하여 거대한 인간교량으로 화(化)하는 「금강천」의 마지막 장면은, 한편으로는 중국 인민의 집단적 결기를 드러내는 주선율의 형상화이기도 하지만, 동시에 그 주선율을 지탱하는 것은 깨알처럼 작은 소인물이라는 감독의 메시지를 시각화한 것이기도 하다. 역사의 위대한 순간은 종종 이처럼 작은 인물들의, 때로 대의보다는 사사로운 이기심과 소소한 공명심, 충돌적인 감정과 우발적 계기가 한데 엉겨 만들어진 것임을 「금강천」은 넌지시 보여주려고 했던 것이다.

아쉽게도 「금강천」이 드러낸 미시세계는 거대서사에 의미있는 타격을 주기엔 너무 미미했다. 「금강천」은 기법에서 「덩케르크」를 참조했지만, 전쟁에서 중요한 것은 살아남는 것이라는 「덩케르크」의 반전적 메시지를 가져오는 데까진 이르지 못했다. 「덩

「케르크」에 보내는 관 후의 오마주가 본격적으로 표현된 것은 「팔백」이다. 항일전쟁을 다룬 「팔백」이 중국의 다른 혁명극과 구별되는 중요한 차이는 '살아남는 것'의 가치를 제기했다는 것이었다. 전세가 확연히 기울었음에도 "군인으로서" "조상들의 체면을 지키기 위해" 결사항전을 고집하는 셰 진위안 단장을 논박하는 국민정부 사절의 말이 의미심장하다. "이 나라 백성에 비하면 셰 진위안 한 사람의 명예는 중요하지 않네." 전쟁이란 결국 정치를 위해 벌이는 쇼에 불과하며 전쟁에서 고통을 당하는 것은 평범한 백성들이다, 그러니 400여명의 "장거를 더이상 소극(笑劇)으로 만들지 말고" 속히 조계로 철수하라는 사절의 위엄 서린 권고는 대의와 명분에 감싸여 숭고하고 거룩한 것으로 들어올려진 전쟁의 민낯을 가차 없이 드러낸다. 결국 셰 진위안은 명예로운 죽음 대신 병사들의 목숨을 살리는 쪽을 택한다. 524단의 병사들이 일본군의 접근이 금지된 조계를 향해 난 저장루교(浙江路橋)를 목숨을 걸고 달려가는 「팔백」의 엔딩 장면은 그야말로 인상적이다. 일본군의 빗발치는 총탄에 병사들이 교량 위에서 무참하게 쓰러지고, 교량 저편에서는 단 한명이라도 살아서 건너오기를 애타게 응원하는 조계 시민들의 내민 손들이 크게 클로즈업된다. 간절함을 담은 그 손들은 됭케르크 항구에서 생환한 패잔병들을 기차역에서 따뜻하게 맞아준 어느 노신사의 말을 연상시킨다. 뜻밖의 환대에 어리둥절한 영국 병사가 "우리가 한 거라곤 살아남은 것뿐인걸요(All we did is survive)"라고 했을 때 노신사는 이렇게 답했다. "그거면 충분해."

항미원조전쟁이 오랜 유폐에서 화려하게 귀환하는 지금 중국 안팎의 정세는 분명 낙관적이지 않다. 반세기 이상 기억의 주변을 서성이던 항미원조전쟁이 '정의의 전쟁'으로 되살아나 역사 한가운데로 불러세워지는 가운데, 잊혔던 젊은 생명들이 열사로, 영웅으로 돌아오고 있다. 물론 우리가 한국전장에서 희생한 국군 병사들의 죽음을 끊임없이 반추하고 불러내야 하는 것처럼, 70여년 전 무참히도 뜨거웠던 한반도의 냉전 현장에서 하릴없이 생명을 헌납한 중국 젊은이들의 희생을 오늘의 중국인들은 애도하고 기념할 수 있어야 한다. 문제는 그것이 미중 대결이 첨예화되는 악성적인 정치적 환경과 맞물려 일어나고 있다는 것이다. 그러나 역설적으로, 악성적 정치 환경을 타고 항미원조의 기억이 오랜 봉금에서 해방되고 서사의 공간을 확보해가는 상황은 그 자체로 반가운 일이다. 필경 역사는 기억되어야 하고 현재에 바로 서기 위해 끊임없이 되돌아가야 할 원점이기 때문이다. 앞으로도 상당 기간 지속될 것으로 예견되는 미중 갈등의 정세는 항미원조전쟁의 기억이 발굴되고 재현되며 조직되는 광활한 토양을 공급할 것이다. 또한 그렇게 만들어진 서사의 주류를 차지하는 것은 국가와 민족의 대의를 위해 치른 생명의 댓가를 숭고한 희생으로 미화하고 심지어 고무하는 애국주의일 터이다.

그러나 영화 「금강천」이 보여준 것처럼, 주선율 사이사이 숨겨둔 하위선율로부터 전쟁을 바라보는 '다른' 시선과 목소리가 비집고 나올 가능성을 전연 배제해선 안 된다. 설령 미약할지언정, 소인물의 시선으로 거대서사에 각인된 역사의 현장을 부단히 반추하면서 철갑처럼 단단한 공적 서사에 미세한 균열을 낸 시도 자체를 외면해서는 안 되는 것이다. '영웅적인 희생'보다 '살아남는 것'의 소중함을 강조하는 반전의 메시지가 중국인의 감수성과 문법으로 항미원조 서사에 자생하여, 한국과 북한, 미국을 포함하여 이 불행한 전쟁에 참여했던 모든 당사자들에게 모종의 울림을 전하는 작품으로 탄생하는 날을 기대해본다.

누가 가장 사랑스런 이인가(誰是最可愛的人)

웨이 웨이(魏巍)

조선에 있던 하루하루, 나는 늘 무언가에 감동했습니다. 내 사상감정의 조수가 언제나 세차게 흘러넘쳤습니다. 그 모두를 조국의 벗들에게 말해주고 싶지만, 우선은 나의 사상감정에서 얻은 어느 중요한 깨달음을 먼저 알려주고 싶습니다. 바로, 우리의 가장 사랑스런 이가 누구인지를 내가 더 절실히 느끼게 되었다는 사실입니다! 우리의 가장 사랑스런 이는 누구일까요? 우리의 부대, 우리의 전사, 나는 그들이 가장 사랑스런 이라고 생각합니다. 누군가는 마음속으로 슬그머니 물을지 모릅니다. "당신이 말하는 게 그 '병사'들인가? 보기엔 평범하고 보잘것없던데. 고명한 학식이 있는 것도 아니고 풍부한 감수성이 있는 것도 아니고." 그러나 나는 이렇게 말하고 싶습니다. 그것은 당신이 우리의 전사들을 가까이서 접하지 못해서라고, 그래서 그들을 충분히 이해하지 못하는 거라고. 그들의 품격이 얼마나 순결하고 지고무상한지, 그

의지가 얼마나 단단하고 굳건한지, 그 기질이 얼마나 순박하고 겸손한지, 그 가슴은 또 얼마나 아름답고 광활한지!

나의 이야기를 한번 들어주세요.

2차전역 때의 일입니다. 지원군의 어느 부대가 적진의 후방으로 내달려 군우리에서 적의 퇴로를 차단할 때입니다. 그들이 서당참(書堂站)에 도착했을 때 도주하던 적도 그곳에 도착하기 직전이었습니다. 적의 차량들이 바로 눈앞에서 다가오고 있었죠. 선봉대(3연)는 재빨리 도로 한편 나지막한 민둥산 언덕을 점거하여 적을 막아섰습니다. 격렬한 박투가 시작되었지요. 살아남기 위해 적은 32대의 전투기, 10여량의 탱크로 3연 진지를 집중 공격했습니다. 산언덕 전체가 헤집어졌고 진지는 네이팜탄의 화염으로 불타올랐습니다. 그러나 용사들은 화염과 연기 가득한 산언덕에서 구호를 높이 외치며 한차례 또 한차례 접근하는 적을 쓰러뜨렸습니다. 산언덕 앞에는 적들의 시체가 볏단처럼 높이 쌓였고 피로 언덕을 붉게 물들였습니다. 그래도 적들은 죽어라 공격해왔습니다. 그들의 주력부대는 건재했던 것입니다. 이 격전은 장장 8시간 동안 지속되었습니다. 용사들의 총알이 떨어지자 적들은 벌떼처럼 밀려와 산봉우리를 점령하고 전사들을 산 밑으로 밀어내었습니다. 전투기에서 떨어진 네이팜탄이 그들의 몸을 불살랐습니다. 그때에도 용사들은 포기하지 않았습니다. 그들은 총을 내던지고 몸과 머리에 불이 지글지글 타오르는 상태로 적에게 달려들었습니다. 진지를 빼앗으려는 적을 껴안고 제 몸에 붙은 불로 그들을 태워 죽였습니다… 그 영(營)의 영장 말이, 전투가 끝난 후

3연 진지에 가보니 총기들이 죄다 부서져 있었고 온산에 기관총 부품들이 가득했다고 합니다. 열사들의 시신은 각종각양의 모습이었습니다. 적의 허리를 껴안은 이, 적의 머리를 끌어안은 이, 적의 목을 조르는 이, 적을 땅바닥에 짓누르는 이, 적과 함께 뒤엉켜 불타버린 이. 그리고 어느 전사의 손에 꼭 쥐어진 수류탄은 표피가 뇌수로 범벅이 되어 있었습니다. 그와 함께 죽은 미국놈은 머리가 깨져 바닥에 뇌수가 질펀했습니다. 또다른 어느 전사는 입에 적의 귓조각을 물고 있었습니다. 열사들의 시신을 땅에 묻을 때, 적을 어찌나 꽉 끌어안고 있었던지 손을 뺄 수 없어 손가락 몇개를 부러뜨려야 했다고 합니다… 그 연은 막대한 사상자를 냈지만 300여명이나 되는 적을 무찔렀습니다. 특히 우리의 주력부대가 후방에서 적을 포위·섬멸할 수 있도록 시간을 벌어주었습니다.

이것이 바로 조선전장의 가장 격렬했던 송골봉 전투입니다. 혹자는 서당참 전투라고도 합니다. 기념비를 세운다면 저는 몸에 불이 붙은 채로 적에게 달려들고 대검으로 적과 육탄전을 벌인 열사들의 이름을 기록하고 싶습니다. 그들의 이름은 왕 진촨(王金傳), 싱 위탕(邢玉堂), 후 촨지우(胡傳九), 징 위줘(井玉琢), 왕 원잉(王文英), 숑 관취안(熊官全), 왕 진허우(王金侯), 자오 시제(趙錫傑), 수이 진산(隋金山), 리 위안(李玉安), 딩 전다이(丁振岱), 장 구이성(張貴生), 추이 위량(崔玉亮), 리 수궈(李樹國). 그리고 이름을 알 수 없는 전사들도 있습니다. 우리의 열사들은 천고만세에 영원토록 기억되어야 합니다!

저에게 당시 상황을 이야기해주던 영장은 느린 목소리에 침통한 심정이었습니다. 진지 위에서 열사들을 매장할 때 그는 눈물을 흘렸다고 했습니다. 그러나 이어서 그는 이렇게 말했습니다. "나는 그들 때문에 슬픈 것이 아닙니다. 나는 그들이 자랑스럽습니다! 우리의 전사들은 너무나 위대하고 너무나 사랑스럽습니다. 나는 그들이 주는 감동 때문에 눈물을 흘리지 않을 수 없었던 겁니다!"

벗들이여, 이런 영웅의 사적을 들으면 당신은 어떤 감정이 드나요? 우리의 전사들이 사랑스럽다고 생각되지 않나요? 우리의 조국에 이런 영웅이 있다는 게 자랑스럽지 않은가요?

우리의 전사는 적에게는 그토록 매섭지만 조선인민에 대해서는 그토록 자애롭고 푸근한 국제주의로 충만했습니다.

한강 북안(北岸)에서 나는 어느 청년 전사를 만났습니다. 올해 스물 하나인 그의 이름은 마 위샹(馬玉祥)입니다. 헤이룽장 칭강(靑崗)현 사람입니다. 검붉은 얼굴과 큰 키를 한 그가 저편에 서 있으면 마치 가을 들판의 붉은 고량처럼 소박하고 사랑스러웠습니다. 그런데 진지에서 막 내려온 그의 얼굴이 다소 지쳐 보였습니다. 눈에는 실핏줄이 가시지 않은 채였죠. 그는 원래 포병연이었습니다. 어느날 밤 울음소리가 들려 나가보니, 어느 조선 노부인이 언덕 위에 웅크리고 앉아 울고 있었답니다. 집이 폭격을 맞아 산속에 움집을 짓고 살고 있었는데 그 움집마저 폭격을 맞았던 거였어요… 부대에 돌아온 그는 바로 연부(連部)를 찾아가 자신을 보병연으로 보내달라고 요청했다고 합니다. 인력이 부족했던 보병연은 바로 그의 요청을 들어주었지요. 제가 그에게 물었습니다. "포병연도 적과 싸우기는 마찬가지 아닙니까?" "다르죠!"그가 말했어요. "적에 근접해서 싸울수록 더 통쾌하고 속이 시원합니다!"

한강 남안에 주둔하던 어느날 그가 밥을 짓기 위해 진지에서 내려왔을 때입니다. 마을에 들어서려는데 갑자기 적기 몇대가 날아와 기관총 공습을 해댔습니다. 그러고는 대형 소이탄 2대를 떨어뜨렸지요. 집 몇 채에 불이 붙었는데, 불길이 거세지고 연기가 피어올라 어찌할 수 없었습니다. 그때 그는 연기 속에서 어린아이의 울음소리를 들었습니다. 황급히 연기를 헤치고 들어가보니 마당에 어느 조선 중년 남자가 쓰러져 있었습니다. 아이의 울음소리는 집 안에서 들렸고요. 그는 문앞까지 갔지만 활활 타는 불길에 들어갈 수가 없었습니다. 창호지로 된 문이 완전히 타고 있었지요. 뭉게뭉게 피는 연기를 따라 아이의 울음소리가 흘러나왔습니다. 절박한 순간이었습니다. 여기까지 이야기한 그는 이렇게 말했습니다. "그 상황에서 어떻게 안 들어갑니까? 안 되죠! 저는 이런 생각을 했어요, 만약 나의 조국에서 이런 상황이 생겼다면 나는 들어갔을 거다, 그러면 조선에선 왜 못 들어가나? 조선인과 우리 조국 인민은 같은 사람 아닌가? 나는 곧장 발로 방문을 차부수고 안으로 뛰어들어갔습니다. 아! 온 집안이 검은 연기였습니다. 울음소리만 들리고 사람은 보이진 않았어요. 눈을 뜰 수 없고 얼굴은 칼로 벤 듯 따가웠습니다. 몸에 불이 붙는지 상관할 겨를도 없이 방바닥을 여기저기 헤집었죠. 어른 몸이 만져졌습니다. 잡아당겨봤는데 꿈쩍도 하지 않았어요. 어른 뒤에 아이 다리가 만져졌어요. 나는 황급히 그애를 들쳐안고 문밖으로 뛰어나왔습니다. 보니까 멀쩡한 아이였어요. 반바지를 입고 두 다리를 내놓은 상태였는데 다리를 마구 흔들며 앙앙 울어댔죠. 나는 생각했습니다. '네가 울건 말건, 네 부모를 구하지 않으면 누가 널 키우겠니?' 그때 불길은 더 거세지고 있었습니다. 벽지까지 타들어가기 시작했어요. 나는 그애를 바닥 한쪽에 두고 다시 불구덩이 속으로 들어갔습니다. 어른의 몸을 잡아당겨도 끄응 신음소리만 한번 내고 더는 움직이지 않았어요. 가까이 다가가 보니 그녀 얼굴에서 난 피가 흰 저고리 가슴께로 흘러내리고 있었습니다. 눈은 이미 감겨 있었고요. 나는 그녀가 이미 틀렸음을 깨닫고 밖으로 뛰어나왔습니다. 몸에 붙은 불을 잡아 끄고 그 부모 없는 아이를 끌어안았어요……"

벗이여, 이런 이야기를 들을 때 당신은 어떤 느낌이 드나요? 우리의 전사들이 가장 사랑스런 이라고 생각되지 않나요?

조선전장이 고생스럽다는 건 누구나 아는 사실입니다. 그러나 그들은 어떻게 생각할까요? 어느날 나는 방공동(防空洞)에서 미숫가루 한줌 눈 한줌을 먹고 있는 전사 하나를 보았습니다. 그에게 물었어요. "힘들지 않습니까?" 입안으로 눈을 떠넣으려던 그는 수저를 거두고 씩 웃으며 말했습니다. "안 힘들긴요! 우리 혁명군대가 무슨 괴물은 아니니까요! 하지만 우리의 영광도 여기에 있습니다." 그는 아예 수저를 내려놓고 씩씩하게 말했습니다. "눈을 먹는 걸로 말하자면 말이죠. 우리가 여기서 눈을 퍼먹는 것은 우리 조국의 인민들이 눈을 퍼먹지 않게 하기 위함입니다. 그들이 환한 집에서 찻주전자가 끓는 화로 앞에 모여앉아 먹고 싶은 음식을 먹고 하고 싶은 일을 할 수 있게 하기 위함입니다." 그는 또 축축한 방공동을 가리키며 이렇게 말했습니다. "이 방공동에 웅크리고 있으면 숨이 콱콱 막혀요. 밖에 태양이 멀쩡하게 떠 있고 길이 널찍한데도 나갈 수가 없잖아요! 하지만 우리가 이 방공동에 웅크리고 있는 이유는 조국의 인민들이 방공동에 웅크리고 있지 않게 하기 위함입니다. 그들이 아무렇지도 않게 큰길을 활보하고 자전거를 타고 싶으면 타고 걷고 싶으면 걷고 여유있게 떠들며 돌아다닐 수 있도록. 그 얼마나 행복한 삶인가요! 그래서," 그는 또다시 눈을 한줌 입에 넣고 이렇게 말을 맺었다. "우리가 여기서 피 흘리는 건 별거 아닙니다. 고생하는 것도 별거 아니고요!" 나는 다시 그에게 물었습니다. "조국이 그립지 않나요?" 그는 웃었습니다. "누가 안 그립겠어요? 아니라면 거짓말이죠. 그러나 우리는 돌아가고 싶지 않습니다. 지금 돌아가면 조국의 백성들이 묻겠죠, 우리가 부여한 임무를 제대로 완성했느냐고요. 제가 어떻게 답하겠습니까? 조선에 가보니 반은 빨갛고 반은 까맣더라고 하면 그게 답이 되겠어요?" 나는 또 물었습니다. "당신들은 이런 위험 속에서 이 고생을 하는데, 조국과 조선에 바라는 것이 있습니까?" 그는 잠시 생각하더니 이렇게 답했습니다. "우리는 아무것도 원하지 않습니다. 하지만, 솔직히 말하면 그것도 맞는 말은 아니네요. 실은 요만한 소원이 하나 있거든요." 그는 웃으며 손가락으로 동전 모양을 그려보였다. 그러고는 내가 못 알아들을까봐 이렇게 덧붙였다. "조선해방기념훈장이요, 그걸 가슴에 달고 우리의 조국으로 돌아가고 싶습니다."

벗들이여, 일일이 예를 더 들 것도 없습니다. 당신들은 이미 우리의 전사들이 어떤 사람인지 충분히 잘 알고 있으니까요. 그들이 어떤 품성을 지녔는지, 그들의 영혼이 얼마나 아름답고 드넓은지를. 그들은 역사와 세계를 통틀어 일류의 전사들이며, 일류의 인간입니다! 그들은 전세계 모든 선량하고 평화를 사랑하는 인민들의 눈부신 꽃입니다! 우리 조국의 자랑스러운 영웅입니다! 우리 조국에 이런 영웅들이 있다는 것이 자랑스럽고, 이러한 영웅들의 나라에 살고 있다는 것이 자랑스럽습니다!

친애하는 벗들이여, 당신이 이른 아침 첫 전차를 타고 공장으로 바쁘게 걸어갈 때, 쟁기를 메고 들판으로 향할 때, 아침 두유를 마신 후 책보를 메고 학교에 갈 때, 사무실 책상에 조용히 앉아 하루의 일과를 계획할 때, 당신 아이들의 입에 사과 한 알을 넣어줄 때, 아내 혹은 남편과 유유히 산책할 때, 벗들이여, 당신은 당신이 행복하다는 것을 의식하고 있습니까? 어쩌면 당신은 소스라치며 이렇게 말할지 모릅니다. "이건 지극히 평범한 삶 아니오?" 그러나 조선에서 돌아온 사람들은 당신이 지금 행복한 일상을 보내고 있다는 것을 알 것입니다. 이것이 행복임을 의식하세요. 당신이 그것을 의식할 때, 비로소 우리의 전사들이 조선에서 목숨 걸고 싸우는 이유를 더 깊이 이해하게 될 것입니다. 벗들이여, 당신은 이미 우리 조국을 사랑하고 우리 영도자를 사랑해야 함을 알고 있습니다. 이제 우리의 전사들을 더 깊이 사랑하세요. 그들은 정말로 우리가 가장 사랑해야 할 사람입니다!

(『人民日報』1951.4.11)

중국인민지원군 참전부대 서례표

출처: 軍事科學院軍事圖書館 編
『中國人民解放軍全史』 第6卷,
北京: 軍事科學出版社 2004.
부록 1~12면.

기동전 초기(1950년 10~12월)

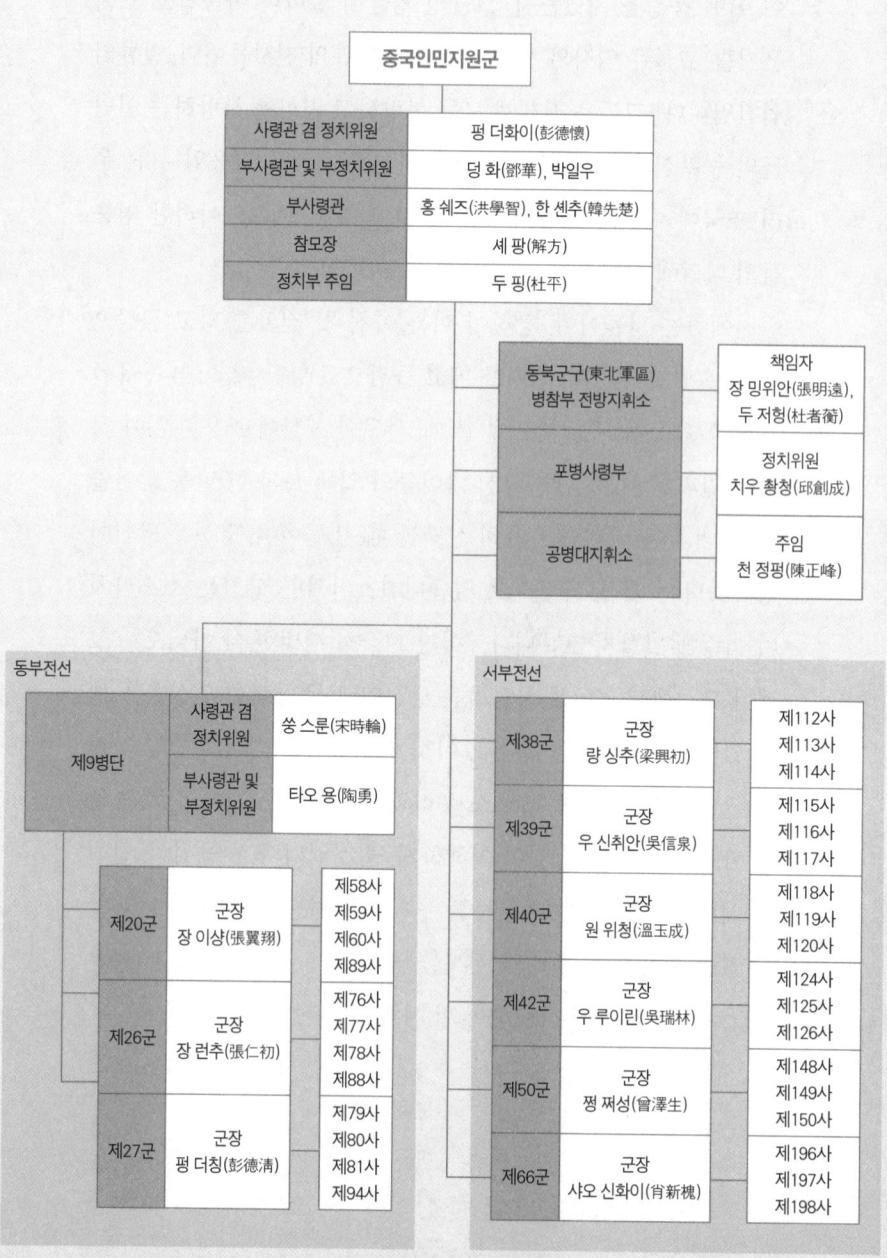

중국인민지원군

사령관 겸 정치위원	펑 더화이(彭德懷)
부사령관 및 부정치위원	덩 화(鄧華), 박일우
부사령관	훙 쉐즈(洪學智), 한 셴추(韓先楚)
참모장	셰 팡(解方)
정치부 주임	두 핑(杜平)

동북군구(東北軍區) 병참부 전방지휘소	책임자 장 밍위안(張明遠), 두 저헝(杜者衡)
포병사령부	정치위원 치우 촹청(邱創成)
공병대지휘소	주임 천 정펑(陳正峰)

동부전선

제9병단	사령관 겸 정치위원	쑹 스룬(宋時輪)
	부사령관 및 부정치위원	타오 용(陶勇)

제20군	군장 장 이샹(張翼翔)	제58사 제59사 제60사 제89사
제26군	군장 장 런추(張仁初)	제76사 제77사 제78사 제88사
제27군	군장 펑 더칭(彭德淸)	제79사 제80사 제81사 제94사

서부전선

제38군	군장 량 싱추(梁興初)	제112사 제113사 제114사
제39군	군장 우 신취안(吳信泉)	제115사 제116사 제117사
제40군	군장 원 위청(溫玉成)	제118사 제119사 제120사
제42군	군장 우 루이린(吳瑞林)	제124사 제125사 제126사
제50군	군장 쩡 쩌성(曾澤生)	제148사 제149사 제150사
제66군	군장 샤오 신화이(肖新槐)	제196사 제197사 제198사

진지전 초기(1951년 6~9월)

중국인민지원군

사령관 겸 정치위원	펑 더화이(彭德懷)
부사령관 겸 부정치위원	덩 화(鄧華)
부사령관	천 겅(陳賡), 쑹 스룬(宋時輪), 홍 쉐즈(洪學智), 한 셴추(韓先楚)
부정치위원 겸 정치부 주임	간 쓰치(甘泗淇)
참모장	셰 팡(解方)
참모장 대리	장 원저우(張文舟)
부참모장	왕 정주(王政柱)
정치부 부주임	두 핑(杜平)

후방병참사령부	사령관 홍 쉐즈
공군사령부	사령관 류 전(劉震)
포병지휘소	주임 쾅 위민(匡裕民)
장갑병지휘소	주임 황 구쎈(黃鵠顯)
공병대지휘소	주임 천 정펑(陳正峰)
철도운수사령부	사령관 허 진녠(賀晉年)

제3병단
- 사령관 겸 정치위원: 천 겅
- 부사령관 및 부정치위원: 왕 진산(王近山)

군	군장	예하 사단
제12군	쩡 사오산(曾紹山)	제31사 제34사 제35사
제15군	친 지웨이(秦基偉)	제29사 제44사 제45사
제60군	웨이 제(韋傑)	제179사 제180사 제181사

제9병단
- 사령관 겸 정치위원: 쑹 스룬
- 부사령관 및 부정치위원: 타오 용(陶勇)

군	군장	예하 사단
제20군	장 이샹(張翼翔)	제58사 제59사 제60사
제26군	장 런추(張仁初)	제76사 제77사 제78사
제27군	펑 더칭(彭德清)	제79사 제80사 제81사

제19병단
- 사령관: 양 더즈(楊德志)
- 정치위원: 리 즈민(李志民)

군	군장	예하 사단
제63군	푸 충비(傅崇壁)	제187사 제188사 제189사
제64군	쩡 쓰위(曾思玉)	제190사 제191사 제192사
제65군	샤오 잉탕(肖應棠)	제193사 제194사 제195사

제20병단
- 사령관: 양 청우(楊成武)
- 정치위원 겸 정치부주임: 장 난성(張南生)

군	군장	예하 사단
제67군	군장 대리 리 샹(李湘)	제199사 제200사 제201사
제68군	천 팡런(陳坊仁)	제202사 제203사 제204사

제23병단
- 사령관: 동 치우(董其武)
- 정치위원: 가오 커린(高克林)

군	군장	예하 사단
제36군	군장 대리 왕 젠예(王建業)	제106사 제107사
제37군	장 스전(張世珍)	제109사 제110사

직속 군

군	군장	예하 사단
제38군	량 싱추(梁興初)	제112사 제113사 제114사
제39군	우 신취안(吳信泉)	제115사 제116사 제117사
제40군	원 위청(溫玉成)	제118사 제119사 제120사
제42군	우 루이린(吳瑞林)	제124사 제125사 제126사
제47군	차오 리화이(曹里懷)	제139사 제140사 제141사
제50군	쩡 쩌성(曾澤生)	제148사 제149사 제150사

참고문헌

1. 드라마, 영화, 다큐멘터리

드라마

「毛岸英」, 34부작, 劉毅然 감독, 韓毓海·張麗·王鈞釗·劉毅然 극본, 2010.

「三八線」, 38부작, 夢繼 감독, 王海平 극본, 2016.

「彭德懷元帥」, 36부작, 宋業明 감독, 馬繼紅·高軍·徐江 극본, 2016.

「跨過鴨綠江」, 40부작, 董亞春 감독, 餘飛·辛志海·韓冬·郭光榮·王乙涵 극본, 2020.

영화

「上甘嶺」, 沙蒙·林杉 감독, 林杉·沙蒙·曹欣·肖予 극본, 長春電影製片廠 1956

「英雄兒女」, 武兆堤 감독, 毛烽·武兆堤·巴金 극본, 長春電影製片廠 1964.

「彭大將軍」, 劉斌·李育才·劉浩學 감독, 鄭重 극본, 西安電影製片廠 1988.

「彭德懷在三線」, 白宏 감독, 白宏 극본, 北京電影製片廠 1995.

「三八線上的女兵」, 王曉民 감독, 李茂林 극본, 電影衛星頻道節目制作中心 1999.

「集結號(Assembly)」, 馮小剛 감독, 劉恒 극본, 華誼兄弟影業有限公司 2007.

「我的戰爭(My War)」, 彭順 감독, 劉恒 극본, 中國電影股份有限公司 2016.

「八佰(The Eight Hundred)」, 管虎 감독, 管虎·葛瑞 극본, 華誼兄弟影業有限公司·北京
    七印象文化傳媒有限公司 2020.

「金剛川(The Sacrifice)」, 管虎·郭帆·路陽 감독, 管虎 극본, 中國電影股份有限公司 2020

「長津湖(The Battle at Lake Changjin)」, 陳凱歌·徐克·林超賢 감독, 蘭曉龍·黃建新 극
    본, 北京博納影業集團有限公司·中國人民解放軍八一電影製片廠 2021.

「長津湖之水門橋(The Battle At Lake Changjin II)」, 徐克 감독, 蘭曉龍·黃建新 극본,
    北京博納影業集團有限公司·中國人民解放軍八一電影製片廠 2022.

다큐멘터리

「冰血長津湖」, 付勇 감독, 中國人民解放軍八一電影製片廠 2011.

「上甘嶺: 最長的43天」, 10부작, CCTV 2012.

「血戰長津湖」, CCTV 2013.

「鐵在燒: 志願軍第63軍鐵原戰記」, 6부작, 劉新 감독, 北京華錄百納影視股份有限公司
    2015.

「血戰重生: 五十軍朝鮮戰記」, 4부작, 鳳凰TV 2015.

「生死突圍: 180師在朝鮮」, 5부작, 鳳凰TV 2015.

「國家記憶: 氷湖血戰」, CCTV 2020.

「熱的雪: 偉大的抗美援朝」, 6부작, 中央廣播電視總臺, 2021.

2. 단행본

국방부 군사편찬연구소『6·25전쟁사10: 휴전회담 고착과 고지쟁탈전 격화』, 2012.

국방부 군사편찬연구소『6·25전쟁사11: 고지쟁탈전과 정전협정 체결』, 2012.

국방부 전사편찬위원회『장진호전투: 한국전쟁전투사 12』, 국방부 1981.

군사과학원군사역사연구소(軍事科學院軍事歷史研究所)『중공군의 한국전쟁사: 항
    미원조전사』한국전략문제연구소 옮김, 세경사 1991.

김명호『중국인 이야기 8』한길사 2020.

다이 진화『거울 속에 있는 듯』, 주재희·김순진·임대근·박정원 옮김, 그린비 2009.

로이 E. 애플맨『장진호 동쪽: 4일낮 5일밤의 비록』, 허빈 옮김, 다트앤 2013.

리펑『항미원조』, 이재연·정명기 옮김, 다른생각 2021.

박두복 엮음『한국전쟁과 중국』, 백산서당 2001.

백선엽『백선엽의 6·25전쟁 징비록』(전3권), 유광종 정리, 책밭 2016.

브루스 커밍스『브루스 커밍스의 한국전쟁: 전쟁의 기억과 분단의 미래』, 조행복 옮김, 현실문화 2017.

브라이언 마수미『정동정치』, 조성훈 옮김, 갈무리 2021.

조르조 아감벤『도래하는 공동체』, 이경진 옮김, 꾸리에 2017.

션즈화『조선전쟁의 재탐구: 중국 소련 조선의 협력과 갈등』, 김동길 옮김, 선인 2014.

_____『최후의 천조』, 김동길·김민철·김규범 옮김, 선인 2017.

이중근 편저『6·25전쟁 1129일』, 우정문고 2014.

왕수쩡『한국전쟁: 한국전쟁에 대해 중국이 말하지 않았던 것들』, 나진희·황선영 옮김, 글항아리 2015.

왕후이『단기 20세기: 중국혁명과 정치의 논리』, 송인재 옮김, 글항아리 2021.

프랑크 디쾨터『마오의 대기근: 중국 참극의 역사 1958~1962』, 최파일 옮김, 열린책들 2021.

햄프턴 사이즈『데스퍼레이트 그라운드』, 박희성 옮김, 플래닛미디어 2021.

허 자오톈『현대 중국의 사상적 곤경』, 임우경 옮김, 창비 2018.

헨리 키신저『헨리 키신저의 중국 이야기』, 권기대 옮김, 민음사 2016.

홍학지『중국이 본 한국전쟁』, 홍인표 옮김, 한국학술정보 2008.

巴金『英雄的故事』, 成都: 四川人民出版社 1979.

百旅之傑編委會 編『百旅之傑: 二十軍史話』(上), 杭州: 杭州出版社 1999.

常彬『硝煙中的鮮花: 抗美援朝文學敍事及史料整理』, 北京: 人民出版社 2018.

陳賡『陳賡日記』, 北京: 解放軍出版社 2002.

鄧小平『鄧小平文選』, 北京: 人民出版社 2009.

逄先知·金冲及 主編『毛澤東傳』(三), 北京: 中央文獻出版社 2021.

賀照田『革命-後革命: 中國崛起的歷史·思想·文化省思』, 新竹: 國立交通大學出版社 2020.

軍事科學院軍事歷史研究部『中國人民志願軍抗美援朝戰史』, 北京: 軍事科學出版社 1990.

軍事科學院軍事研究部『抗美援朝戰爭史』第2卷, 北京: 軍事科學出版社 2000.

軍事科學院軍事圖書館 編『中國人民解放軍全史』第6卷, 北京: 軍事科學出版社 2004.

抗美援朝戰爭政治工作經驗總結審編小組『中國人民志願軍抗美援朝戰爭政治工作』, 北京:
　　解放軍出版社 1985.

李前寬·肖桂雲『雲開天地寬: 李前寬、肖桂雲研究文集』, 北京: 中國電影出版社 2003.

李銳『廬山會議實錄』, 北京: 春秋出版社 1989.

馬兆民『硝煙軼事: 志願軍五六三團抗美援朝紀實』, 北京: 解放軍文藝出版社 2013.

毛澤東『毛澤東文集』第六卷, 北京: 人民出版社 1999.

彭德懷傳記編寫組 編『彭德懷軍事文選』, 北京: 中央文獻出版社 1988.

『彭德懷傳』編寫組 編『彭德懷傳』, 北京: 當代中國出版社 2015.

戚本禹『戚本禹回憶錄』, 香港: 中國文革曆史出版社 2016.

沈志華 主編『中蘇關係史綱: 1917~1991 中蘇關係若干問題再探討』(上), 北京: 社會科學
　　文獻出版社 2016.

徐一朋『錯覺: 180師朝鮮守挫記』, 南京: 江蘇人民出版社 1997.

楊鳳安·王天成『架馭朝鮮戰爭的人』, 北京: 中共中央黨校出版社 1993.

＿＿＿＿＿＿『北緯三十八度線: 彭德懷與朝鮮戰爭』, 北京: 中共中央黨校出版社 1999.

張澤石『我的朝鮮戰爭: 一個志願軍戰爭俘的六十年回憶』, 北京: 金城出版社 2011. (장 쩌
　　스『나의 한국전쟁: 한 중국인민지원군 전쟁포로의 60년 회고』, 손준식·이사사
　　옮김, 소명출판 2022.)

中國人民解放軍軍事科學院『毛澤東軍事文選』(內部本), 1981.

中國人民解放軍砲兵學院訓鍊部『中國人民志願軍抗美援朝戰爭簡史』, 1982.

志田善明『彭德懷の中國革命』, 東京: 文芸社, 2021.

Chen, Jian. *Mao's China and the Cold War*. Chapel Hill and London: The University
　　of North Carolina Press 2010.

Chu, Yiu-Wai Stephen. *Main Melody Films: Hong Kong Directors in Mainland
　　China*. Edinburgh: Edinburgh University Press 2022.

Endicott, Stephen and Hagerman, Edward. *The United States and Biological Warfare:
　　Secrets from the Early Cold War and Korea*. Bloomington and Indianapolis: Indiana

University Press 1998. (스티븐 앤디콧·에드워드 해거먼 『한국전쟁과 미국의 세 균전』, 안치용·박성휴 옮김, 중심 2003.)

Peng Dehuai, Grimes, Sara ed., Zheng, Longpu tr. *Memoirs of a Chinese Marshal: The Autobiographical Notes of Peng Dehuai(1898-1974)*. Honolulu: University Press of the Pacific 2005.

31st Infantry Regiment Association. *The 31st Infantry Regiment: A History of "America's Foreign Legion" in Peace and War*. North Carolina: McFarland & Company 2018.

3. 논문, 글

김란 「중국 영화와 드라마 '항미원조' 기억과 재현」, 『역사비평』 2017년 봄호.

김지훈 「현대 중국의 한국전쟁 인식 변화: 역사 교과서의 서술 변화를 중심으로」, 『사림』 제64호, 2018.

다이 진화 「역사와 기억 그리고 재현의 정치」, 김정수 옮김, 『문화과학』 2014년 가을호.

리 리펑 「모호한 주체: 근대중국의 '군중' 담론」, 소동옥 옮김, 『개념과 소통』 제 21호, 2018.

백지운 「전지구화 시대 중국의 '인터넷 민족주의'」, 『중국현대문학』 34호, 2005.

———「'일대일로'와 제국의 지정학」, 『역사비평』 2018년 여름호.

———「항미원조전쟁의 귀환, 그 위험과 가능성의 양날」, 『오늘의 문예비평』 2021년 가을호

———「진먼섬 포격과 동아시아 냉전의 역설적 중층성」, 백원담 엮음 『1919와 1949: 21세기 한중 '역사다시쓰기'와 '다른 세계'』, 진인진 2021.

———「중국 '항미원조전쟁' 기억의 소환과 굴절: '인민전쟁' 개념을 중심으로」, 『역사비평』 2022년 가을호.

———「영화 〈장진호〉가 소환한 냉전과 고별한 냉전」, 『뉴래디컬리뷰』 2022년 겨울호.

———「포스트혁명의 사상무의식을 넘어: 허자오톈의 『혁명-포스트혁명: 중국 굴 기의 역사·사상·문화적 성찰』과의 대화」, 『아시아리뷰』 제12권 1호, 2022.

센즈화「중국의 한국전쟁 참전결정에 대한 평가」, 박두복 엮음『한국전쟁과 중국』, 백산서당 2001.

이남주「동아시아 질서의 변화와 새로운 지역협력의 모색: 샌프란시스코체제의 동학(動學)을 중심으로」,『경제와사회』2020년 봄호.

이동기·구갑우·백지운·이성용·조영철·주윤정「쿼바디스, 피시즈」,『평화들(PEACES)』창간호, 2022.

임우경「번신하는 국민과 냉전: 항미원조 시기 중국의 반미대중운동」, 백원담·임우경 편『'냉전' 아시아의 탄생: 신중국과 한국전쟁』, 문화과학사 2013.

조성훈「한국전쟁의 세균전 논쟁 비판」, 박두복 엮음『한국전쟁과 중국』, 백산서당 2001.

한담「탈혁명시대 중국 항미원조 기억 서사의 난처함: 영화「나의 전쟁」을 둘러싼 논쟁을 중심으로」,『중국현대문학』87호, 2018.

홍석률「한국전쟁기 중국군에 대한 이승만의 인식과 대응」,『역사비평』2022년 가을호.

홍성후「북한 미술, '항미원조'를 그리다」,『근대서지』제22호, 2020.

陳思和「巴金研究的幾個問題」,『社會科學』2006年 第8期.

陳思和·李輝「論巴金前期的愛國主義思想」,『齊魯學刊』1983年 第6期.

薑雨杉「彰顯信仰之美 凝聚中國力量」,『電視研究』2016年 第7期.

傅喜峰 口述, 劉洪亮 整理「爭鋒長津湖雪域大搏殺: 記長津湖戰役1240高地爭奪戰」,『春秋』2013年 第4期.

候松濤「抗美援朝運動與一種運動動員模式的形成」,『學習與探索』總第177期, 2008.

李際均「朝鮮戰爭的珍貴紀實: 評『架馭朝鮮戰爭的人』」, 楊鳳安·王天成『架馭朝鮮戰爭的人』, 中共中央黨校出版社 1993.

李文甫「從「團圓」到〈英雄兒女〉: 斷裂與承續」,『風格與特色』2015年 第16期.

宋強「巴金與〈英雄兒女〉」,『河南工業大學學報』2005年 第3期.

孫科佳「毛澤東人民戰爭思想在抗美援朝戰爭中的新發展」,『軍事歷史』1990年 第5期.

錢理群「我們這一代人的世界想像」,『書城』2006年 11月號.

王彪「『彭德懷自述』手稿保存始末」,『黨史縱橫』2011年 第7期.

吳愛紅·孫易君「『我的戰爭』: 後革命語境下的戰爭敍事與英雄影像」,『電影文學』2019年

13號.

吳明宗「從「團圓」到〈英雄兒女〉: 巴金小說及其電映改編之比較」,『中外文學』第43卷 第
　　4期, 2014.

張治宇「傅崇璧與文化名人的交往」,『世紀情緣』2014年 第3期.

周立民「巴金在朝鮮戰爭」,『中國現代文學叢刊』2001年 第2期.

朱曉明「冰凍長津湖: 抗美援朝著名戰役介紹之二」,『黨史博采』2010年 第9期.

道上知弘「巴金の朝鮮戰爭戰地訪問とその作品について」,『藝文硏究』第85集, 2003.

高橋伸夫「高崗事件再考」,『法學硏究』91卷 11號, 2018.

Denmark, Abraham and Myers, Lucas Myers. "Eternal Victory." *Wilson Quarterly*
　　Summer 2020.

Johnston, R Peter. "Attack on Triangle Hill." *Military History*. 2006 Jan/Feb.

Kaye, Jeffrey. "A Lost Document from the Cold War: The International Scientific
　　Commission Report on Bacterial Warfare during the Korean War." *Monthly*
　　Review 2017.9.11.

Ying, Xie. "The Patriotism and Heroism Embedded in the Subtitles of Chinese-
　　English Movies: The Mission of 'Main Melody' Films." *International Journal of*
　　Comparative Literature & Translation Studies Vol. 8, Issue 3. 2020.

4. 언론기사 및 온라인 자료

이기환「비무장지대에 지하만리장성이 있다」,『경향신문』2018.5.24.

이문원「왜 6.25 영화는 잘 안 만들어질까」,『월간조선 뉴스룸』2021년 6월.

서명수「영화는 영화다」,『뉴스토마토』2021.9.14.

「"한국군 피로 물들인 전투" 중공군 영화, 中 공산당 선전물이었다」,『조선일보』
　　2021.9.17.

백지운「그들이 기억하는 한국전쟁: 최근 중국의 '항미원조전쟁' 서사에 대한 단
　　상」,『평화공감』42호, 2021.12.27.

「사드·코로나·나토에도 계속되는 중국군 유해 송환…한·중 9차 송환 합의」,『중앙

일보』2022.7.3.

「6·25전쟁 중국군 유해 88구 中에 인도…中, 대규모 행사」, 『뉴시스』2022.9.16.

「육군 지작사, 한국전쟁의 분수령 '지평리전투 전승기념행사' 개최」, 『파이낸셜뉴
　　스』2023.2.16.

「不朽的楊根思排」, 『人民日報』1950.12.25.

魏巍「誰是最可愛的人」, 『人民日報』1951.4.11.

朱丹南「我們到了上甘嶺」, 『人民日報』1952.12.7.

王玉章「馬特洛索夫式的英雄黃繼光」, 『人民日報』1952.12.21.

「黃繼光烈士的母親寫信給毛主席和志願軍」, 『人民日報』1953.1.16.

「警惕地捍衛著亞洲和世界和平」, 『人民日報』1960.10.25.

「首都集會紀念志願軍抗美援朝十周年」, 『參考消息』1960.10.26.

「首都盛大集會紀念志願軍抗美援朝十周年」, 『人民日報』1960.10.26.

「用鮮血凝成的偉大友誼: 紀念中國人民志願軍赴朝作戰二十周年」, 『人民日報』
　　1970.10.25.

「中朝軍民堅決把反對美帝和日本軍國主義的鬪爭進行到底, 首都集會紀念中國人民志願軍
　　赴朝參戰二十周年, 周恩來、康生、黃永勝、江靑、張春橋、姚文元、葉群、李先念、吳
　　法憲、李作鵬、邱會作、李德生、紀登奎、汪東興、郭沫若等同志出席, 黃永勝、玄峻極
　　同志以及黃宗德同」, 『人民日報』1970.10.26.

「戰友情誼永葆靑春: 紀念中國人民志願軍赴朝作戰三十周年」, 『人民日報』1980.10.25.

「裴溶在臨時代辦擧行宴會, 紀念我志願軍赴朝參戰三十周年, 李先念等出席同朝鮮同志暢
　　敍友情」, 『人民日報』1980.10.25.

習仲勳「彭總在西北戰場」, 『人民日報』1981.1.25, 26, 28.

「關於建國以來黨的若干歷史問題的決議」, 『人民日報』1981.6.27.

「鮮血凝成的偉大友誼: 紀念中國人民志願軍赴朝參戰四十周年」, 『人民日報』1990.10.25.

「首都各界紀念中國人民志願軍抗美援朝出國作戰50周年大會隆重擧行」, 『新華網』
　　2000.10.15.

「江澤民主席在紀念抗美援朝50周年大會上發表重要講話」, 『新華網』2000.10.25.

「江澤民會見蒙代爾, 强調當前雙方要做的最重要的事情就是要加强中美兩國和兩國人民的
　　相互理解」, 『人民日報』2000.10.25.

「愛國主義和革命英雄主義的不朽豐碑: 紀念中國人民志願軍抗美援朝出國作戰50周年」, 『人民日報』2000.10.25.

「中國高級軍事代表團赴檜倉憑弔志願軍烈士, 江澤民李鵬朱鎔基李瑞環等獻的花圈安放在志願軍烈士陵前, 金正日和朝鮮勞動黨、最高人民會議、內閣等也獻了花圈」, 『人民日報』2000.10.25.

「首都隆重集會紀念志願軍抗美援朝出國作戰50周年」, 『人民日報』2000.10.26.

「30集電視劇《抗美援朝》於近日停機」, 『人民網』2001.4.28.

「「抗美援朝」導演李前寬接受採訪」, 『新華社』2001.9.4.

「南方人物週刊: 前臺長楊偉光解密央視」第20號, 2009.6.1.

「志願軍9兵團長津湖血戰是最漫長的追擊」, 『生活三聯周刊』2010.9.17.

「軍委領導批示同意拍攝《彭德懷元帥》, 劉源等任總顧問」, 『人民網』2014.12.16.

「電視劇《彭德懷元帥》開機」, 『長沙晚報』2014.12.23.

「「彭德懷元帥」"奮戰"橫店」, 『東方電影』2015年 5月號.

「「彭德懷元帥」腰斬10集, 廬山會議文革盡刪」, 『星島日報』2016.6.21.

「向長眠在遠方的英魂致敬: 作家劉恒談電映〈我的戰爭〉」, 『人民日報』2016.9.22.

「郎朗白宮演奏《我的祖國》引發爭議」, 『今日華聞』2018.1.28.

「1987年, 老幹部聯名舉報朝鮮族人趙南起是队底, 爲何仍被授上將?」, 『騰訊網』2018.6.17.

徐平「上甘嶺戰役爲什麼這麼出名?」, 『中國軍網』2019.6.17.

「最新! 一批抗美援朝題材劇待播」, 『搜狐』2020.7.28.

「中央曾憂損中美關係, 禁播「抗美援朝」片」, 『明報』2020.8.1.

「抗美援朝影視劇吹響集結號」, 『天津日報』2020.8.11.

「紀念抗美援朝: 江澤民高調鄧小平淡化的玄機」, 『多維新聞』2020.10.21.

「在紀念中國人民志願軍抗美援朝出國作戰70周年大會上的講話」, 『新華網』2020.10.23.

「中國高調紀念抗美援朝70周年五大亮點 北京談背說意義」, 『多維新聞』2020.10.23.

「抗美援朝197653位犧牲烈士, 記住他們!」, 『央視新聞』2020.10.23.

「大力弘揚偉大的抗美援朝精神: 紀念中國人民志願軍抗美援朝出國作戰70周年」, 『人民日報』2020.10.23.

齊德學「抗美援朝戰爭中的反細菌戰是中國方面的造假宣傳嗎?」, 『澎湃』2021.12.20.

王品淳・吳意雯・王漢軒・曾澤龍「光影三十年: 中國主旋律電影的發展之路」, 『澎湃』

2022.7.5.

「紀念抗美援朝勝利70周年電視劇〈戰旗如畫〉在沂南開機」, 『大衆日報』 2023.2.9.

琥珀 「電視劇「抗美援朝」: 斥資3000萬, 雪藏20年, 爲何不上映?」(https://www.gushiciku. cn/dl/02QQC/zh-tw) 최종 검색일 2023.3.29.

「《抗美援朝》電視劇被禁播多年, 究竟爲何?」, 『烏有之鄕』 2020.7.27.

「北緯38度線, 抗美援朝(2000)」, 『紅色文化網』 2013.5.1.

倪文尖 「被刪20年的《誰是最可愛的人》回歸, 沒在課上聽過的, 請來補一補吧」(https:// www.youtube.com/watch?v=3B7JYnYHHBg), 최종 검색일 2022.3.29.

「『彭德懷元帥』禁播10集的背景」(https://www.backchina.com/blog/281424/article-253560. html), 최종 검색일 2023.3.29.

「中華人民共和國憲法」(1954.9.20), 『共産黨員網』(https://news.12371.cn/2015/03/18/ ARTI1426665514681575.shtml), 최종 검색일 2022.8.16.

「第二十七軍第二次戰役經驗簡要報告」(1951.1.16), 志願軍(三)三(8)-10號

官宗禮 「十二月份後勤準備工作報告」(1950.12.13).

"Korean War Death Stats Highlight Modern DoD Safety Record." *American Forces Press Service* 2000.6.8.

"Did Pianist Lang Lang Intend To Snub The U.S.?" *National Public Radio* 2011.1.24.

항미원조
중국인들의 한국전쟁

초판 1쇄 발행 / 2023년 4월 7일

지은이 / 백지운
펴낸이 / 강일우
책임편집 / 박주용 이수빈
조판 / 박아경
펴낸곳 / (주)창비
등록 / 1986년 8월 5일 제85호
주소 / 10881 경기도 파주시 회동길 184
전화 / 031-955-3333
팩시밀리 / 영업 031-955-3399 편집 031-955-3400
홈페이지 / www.changbi.com
전자우편 / human@changbi.com

ⓒ 백지운 2023
ISBN 978-89-364-7934-3 93910

＊이 책은 2021년 대한민국 교육부와 한국연구재단의 일반공동연구지원사업의 지원을 받아
 수행된 연구입니다(NRF-2021S1A5A2A03063022).